Mit Spürsinn unterwegs

Mit Spürsinn unterwegs

Wanderungen durch die
Braunschweigische Landschaft

Braunschweigische
Landschaft e.V.

Herausgegeben von der Braunschweigischen Landschaft e. V.,
Arbeitsgruppe Literatur

Titelfoto: Marianne Zimmermann
Karten: Bernd Kristen
Karte S. 138: Linda Entz
Gesamtherstellung: Ruth Printmedien GmbH, Braunschweig

ISBN 3-937664-37-8

Inhaltsverzeichnis

Zum Geleit

Nichts ist naheliegender – im doppelten Sinn des Wortes – für einen Verein wie die Braunschweigische Landschaft, als ein Projekt zu unterstützen bzw. zu ermöglichen, das die Schönheiten und die interessanten Besonderheiten eben dieser Landschaft auf ungewohnt „verdichtete" Weise vorstellt: nämlich auf unterschiedlichsten Entdeckungstouren und mit feinem Spürsinn.

Es ist faszinierend, was es alles in einer Welt, die gewissermaßen vor der Haustür liegt und die viele vielleicht zu kennen glauben, an Überraschendem und Geheimnisvollem zu erforschen und zu entdecken gibt; und manchmal sind es gerade die scheinbar unscheinbaren Kleinigkeiten, die am meisten Spaß und Freude bereiten.

Die Arbeitsgruppe Literatur, die bereits mehrere vielbeachtete Bücher herausgebracht hat – hier sei nur an die deutsch-russische Anthologie „Die anderen Menschen" erinnert –, hat gerade in den letzten Jahren zahlreiche neue Mitstreiter gewinnen können, deren Wirken im letzten Projekt „Literarische Visitenkarten" zum Ausdruck gekommen ist.

Die Lebendigkeit, die Kreativität und das Engagement von Schriftstellern aus dem Bereich der Braunschweigischen Landschaft einer breiten Öffentlichkeit durch ein neues Buch vorstellen zu können, ist eine erfüllende und lohnenswerte Aufgabe; und mit diesem verwirklichten Projekt sei die Hoffnung verknüpft, dass noch weitere interessante Vorhaben in ähnlicher Form in die Tat umgesetzt werden können!

Burkhard Drake
Vorsitzender der
Braunschweigischen Landschaft e. V.

ANDREAS HARTMANN

Zeit-Erscheinungen

Landschaft,
nur sich selber,
nur den Zeiten überlassen,
verändert sich
natürlich;

Menschen greifen ein
und hinterlassen Spuren,
unterliegen aber auch
der Zeit –
natürlich!

Vorwort

Mit Spürsinn unterwegs, das gilt zunächst für die Autorinnen und Autoren, die sich allein oder in Begleitung, zu Fuß oder mit Fortbewegungsmitteln auf die verschiedensten Wege in der Braunschweigischen Landschaft gemacht haben, um Sehenswertes und Merkwürdiges aufzuspüren, festzuhalten und zu beschreiben.

Wenn es dabei natürlich auch um Fakten geht – schließlich werden Orte, Straßen, Wege, Plätze, Gebäude, Flüsse, Berge, Zahlen und Daten genannt –, so sind die getroffene Auswahl, die jeweilige Perspektive, die Art zu schauen und die empfundene Atmosphäre zu schildern dagegen subjektiv; und gerade hierin liegt ein besonderer Reiz: die Leser bzw. Nachspürer sollen ja durch diese einerseits objektive, andererseits individuelle Darstellungsweise an die Hand genommen, berührt und angeregt werden, selber zu suchen, zu finden, zu erleben und sich in unterschiedliche Stimmungen versetzen zu lassen.

Mit Neugier und entschleunigter Muße können der Geist eines Ortes oder sogar dessen Geister erspürt werden, und plötzlich ereignen sich Begegnungen mit berühmten Literaten, Fürsten und lebendig gewordenen Gemälden. Auf einer fast vergessenen Parkbank Erinnerungen nachzuhängen, ist genauso möglich, wie mit Till Eulenspiegel geschliffene Dialoge zu führen.

Nicht alles ist dabei immer sichtbar, manches ist verschwunden oder hat sich verändert, wird aber auf spannende und überraschende Art und Weise wieder wachgerufen oder feiert in historischer Gestalt und Umgebung anschauliche Auferstehung.

So wird also auch der Leser – inspiriert durch die Erlebnisse und Erfahrungen der Autorinnen und Autoren – mit Spürsinn auf seinen Entdeckungsreisen in der Braunschweigischen Landschaft unterwegs sein und wird zu neuen, ganz persönlich gefärbten Eindrücken gelangen.

Andreas Hartmann

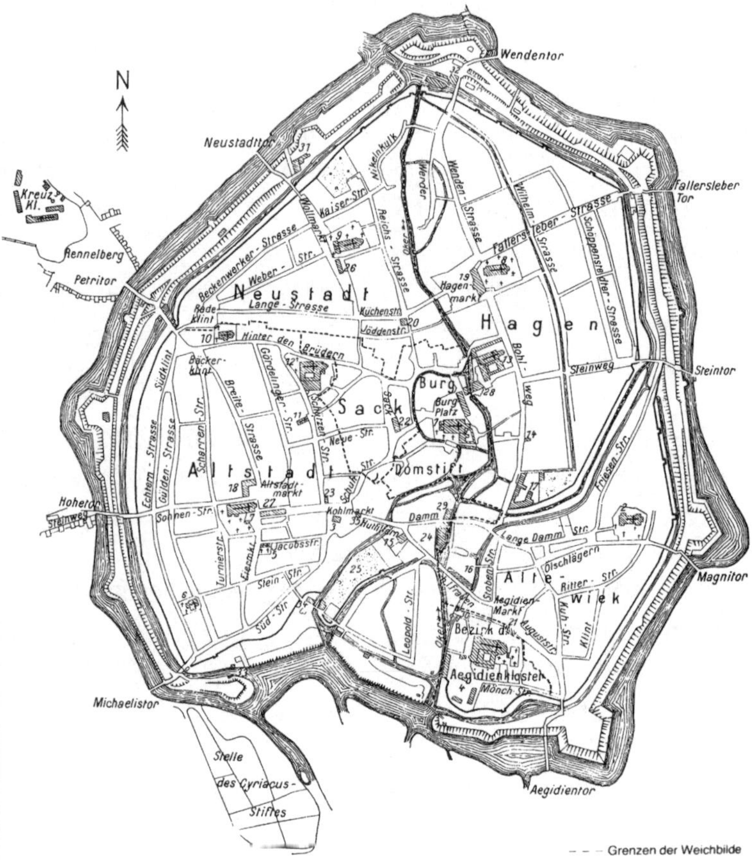

Karte des spätmittelalterlichen Braunschweig

1 Dom
2 Magnikirche
3 Altstadtwaagehaus, südöstlich davon einst die Ulricikirche
4 Ackerhof des Ägidienklosters
5 Jakobikirche
6 Michaeliskirche
7 Martinikirche
8 Katharinenkirche
9 Andreaskirche
10 Petrikirche
11 Bartholmäikirche
12 Brüdernkloster
13 Paulinerkloster
14 Matthäikapelle
15 Johanniskapelle
16 Marienhospital
17 Grauer Hof des Klosters Riddagshausen
18 Altstadtrathaus
19 Rathaus und Gewandhaus des Hagen
20 Rathaus der Neustadt
21 Rathaus der Altenwiek
22 Rathaus des Sack
23 Münze
24 Alexiushaus
25 Johanniterhof
26 Neustadtwaagehaus (Alte Waage)
27 Gewandhaus der Altstadt
28 Burgmühlen
29 Dammmühle
30 Ägidienmühle
31 Neustadtmühle
32 Wendenmühle
33 Gieseler
34 Südmühle, südöstlich davon das Bruchtor
35 Lauenturm

Nach Karl Steinacker: Die Stadt Braunschweig. Stuttgart/Berlin 1924. (Historische Stadtbilder. 4.)

Auf der Spur des Löwen durch Braunschweig
Heinrichs Ankunft aus dem Exil im Herbst 1185

Der Himmel über Braunschweig hat die Landesfarben gehisst, blau und gelb. An diesem sonnigen Herbstsamstag finde ich einen Parkplatz am Hohetorwall. Längst sind die Befestigungsanlagen geschliffen, aber etwa an dieser Stelle hat Heinrich der Löwe die erste Stadtmauer samt Graben um Braunschweig anlegen lassen. Ob er hier entlang geritten ist? Man weiß so wenig über den Herzog, nicht einmal Jahr und Ort seiner Geburt, vermutlich 1130 in Schwaben. Fest steht dagegen, er starb 1195 in Braunschweig, das er zu seinem Machtzentrum ausgebaut und dadurch „über den ganzen Erdkreis ... glanzvoll erhöht" hat, wie es so „bescheiden" über ihn und seine Frau Mathilde im Widmungsgedicht seines weltberühmten Evangeliars heißt. Aber womit hat er Braunschweig derart glanzvoll erhöht? Auf der Spur Heinrichs des Löwen will ich das mittelalterliche Braunschweig erkunden.

Inzwischen befinde ich mich auf der Sonnenstraße. Hier in der Altstadt erinnert auf den ersten Blick nichts an die alte Fachwerkstadt, der bereits Heinrichs Großvater Kaiser Lothar III. als ältestem Weichbild[1] Braunschweigs das Stadtrecht verliehen hat. Trotz der Bombardierung im 2. Weltkrieg folgt die Straßenführung noch weitgehend dem mittelalterlichen Verlauf. Und wenn ich nach rechts in die Echternstraße abbiege, kann ich an der südwestlichen Ecke des Parkplatzes mit etwas Glück eine offen stehende Tür entdecken. Dahinter befindet sich ein alter Wehrgang. Im weiteren Verlauf der Echternstraße stoße ich auf einige Fachwerkhäuser sowie die Michaeliskirche von 1157. Sie wurde von den Bürgern der Umgebung finanziert und im Beisein des Herzogs beurkundet. Ob Heinrich der Löwe wie andere Reisende durch Berühren des heute abgeriebenen Christuskopfes an der Kirchenmauer zur Güldenstraße um Segen für seine Fahrten gebeten hat, ehe

[1] Abgeleitet von Wik (Siedlung) und Bild (Recht)

er die Stadt durch das längst verschwundene Michaelistor verließ? Immerhin war er wie jeder Mensch des Mittelalters tief gläubig und nach heutigen Maßstäben gleichzeitig abergläubisch.
Rings um die Kirche befinden sich einige sehenswerte Fachwerkhäuser, besonders lohnend ist das „Haus zur Hanse" auf der Güldenstraße. Ich folge ihr bis zum Prinzenweg, an dem ein Rest der Stadtmauer erhalten ist. Seine Lage stammt aus Heinrichs Zeit. Obwohl nichts vom Kloster St. Cyriacus jenseits der Mauer überdauert hat, spürt man hier am Prinzenweg durch Mauer, Graben und die schmalbrüstigen Fachwerkhäuser, die sich früher aus Geldmangel aneinander und gegen die Stadtmauer lehnten, noch ein wenig mittelalterliche Atmosphäre. Auf dem Rückweg überquere ich die Güldenstraße und vergleiche die Fachwerkhäuschen mit dem mächtigen Patrizierhaus in der Heydenstraße. Der Steinbau mit seiner breit gelagerten Front zeugt vom Reichtum dieses Geschlechts, das der Straße den Namen gab. Meistens hatten solche reichen Patrizier weiteren Grundbesitz, um sich derart kostspielige Steinhäuser auf den teuersten Grundstücken am Marktplatz leisten zu können. Ähnliche burgartige Bauten, die sowohl vor Überfällen als auch vor Feuersbrünsten schützten, gab es bereits zu Heinrichs Zeit.
Die Heydenstraße mündet auf den Eiermarkt. Hier befinden sich zwei Kirchen aus der Zeit des Löwen: die kleine Jakobskapelle, ursprünglich ein Saalbau aus dem 10. Jahrhundert, und die dominierende Martinikirche. Ich gehe auf ihre Westfront zu, die wie ein Bollwerk ins Blau ragt. Nach dem Vorbild des Doms hat Heinrich sie als romanische Hallenkirche in Auftrag gegeben, ihre Fertigstellung im gotischen Stil natürlich nicht mehr erlebt.
Der Altstadtmarkt löste bereits zur Zeit des Löwen Kohl- und Eiermarkt als bedeutendste Handelsplätze ab. Schade, dass erst nach Heinrichs Tod mit dem Bau des Gewandhauses und des Rathauses begonnen wurde. Diese reich verzierten gotischen Gebäude zeigen den Stolz und Reichtum der Bürger und lohnten ebenso wie die Martinikirche einer eingehenderen Betrachtung, aber ich beschränke mich auf die Front des Altstadtrathauses. An den Pfeilern vor dem Laubengang stehen Herzogs- und Königspaare, auch Heinrich mit

seiner zweiten Frau Mathilde. In der Sonne funkelt der vergoldete Schmuck. Bestimmt hätte der Herzog sich gewundert, dass sein Großvater Lothar III. als einziger ohne seine Gemahlin Kaiserin Richenza in der Ecke des Zweiflügelbaus abgebildet ist, und ihr Fehlen trotz der Schönheit des Rathauses als Mangel empfunden. Schließlich hatte Richenza nach dem Tod seiner Eltern für den unmündigen Heinrich die Vormundschaft übernommen.

Ich schlendere an dem herrlichen gotischen Marktbrunnen vorbei zur Poststraße. Auf dem Kohlmarkt mache ich einen kurzen Abstecher auf die Schützenstraße bis St. Bartholomäus. Diese ehemals romanische Pfarrkirche stammt aus dem 12. Jahrhundert und wurde nach ihrer Zerstörung im 2. Weltkrieg sehr schlicht neu errichtet. An diesem Samstag im Herbst scheinen die Menschen viel Zeit zu haben. Am quirligen Kohlmarkt suche ich mir ein ruhiges Plätzchen auf den Stufen des Ulrichsbrunnens mit seinen wasserspeienden Löwenköpfen. Obwohl erst vor anderthalb Jahrhunderten gebaut, erinnert der Name des Brunnens an die längst abgerissene Marktkirche, schon um 1036 geweiht. Farbige Pflastersteine zeichnen heute St. Ulricis Grundriss nach. Sonst existiert nichts Sichtbares aus der Zeit des Löwen, selbst der Name Kohlmarkt verweist nur vage auf seine frühere Bedeutung als Umschlagplatz für Holzkohlen. Wie am Eiermarkt kreuzten sich hier die großen Handelsstraße von Süden nach Norden mit denen von Westen nach Osten. Waren aus Köln, Göttingen, Goslar, Frankfurt, Hildesheim, Magdeburg und Erfurt, aus Lüneburg und den Küstenregionen wurden umgeschlagen.

Von hier führt der kürzeste Weg zum Burgbezirk durch die Schuhstraße. Einen ähnlichen Weg musste schon Heinrich nehmen, wenn er nach Dankwarderode reiten wollte, damals allerdings durch unbebautes Sumpfgelände, denn der Sack wurde als letztes der fünf Braunschweiger Weichbilde erst im 13. Jahrhundert bebaut. Zu Heinrichs Lebzeiten bestand die ummauerte Stadt nur aus drei Weichbilden: der Altstadt, in der ich mich noch immer befinde, dem von Heinrich gegründeten Hagen und der Neustadt, alle vom Herzog mit einer Mauer umgeben. Jedes Weichbild besaß sein eigenes Rathaus, seinen eigenen Markt mit eigener Kirche sowie seine eigenen Rechte. Da zur Zeit des Löwen der Sack unbebaut war, gehe ich weiter über Hutfiltern und den Damm. Rechts lag der Hafen, von dem genauso wenig zu sehen ist wie von der Oker. Einen ihrer Arme überquere ich auf der Münzstraße, deren Asphaltdecke ihn seit dem 19. Jahrhundert verbirgt. Das Wasser füllte den nahen Burggraben, den man am Ruhfäutchenplatz noch sehen kann.

Unter dem Anbau des C&A-Gebäudes am Damm befinden sich die nur kurzfristig freigelegten Fundamente der Nicolaikirche. Sie gehörte zum Ägidienkloster, das von der letzten brunonischen Gräfin Gertrud, Heinrichs Urgroßmutter, 1115 gegründet und von seinem Großvater Lothar III. unter seinen Schutz genommen wurde. Ägidienkirche und -kloster liegen Richtung Süden deutlich erhöht; wie die meisten großen Gebäude wurden sie damals auf Sandinseln errichtet. Zur Zeit des Löwen endeten Bebauung und Stadtmauer hinter der Nicolaikirche, da hier mehrere Okerarme und Sumpfland die Stadt ausreichend schützten.

Jenseits des Bohlwegs liegt das gemütliche Magniviertel, entstanden aus einem ehemaligen Herrendorf. Der Sage nach wurde es von Herzog Bruno erbaut, dessen Bruder Dankward die Burg auf einer Halbinsel in der Okerniederung errichten ließ. Im Weiheprotokoll der damals dörflichen Kirche St. Magni wurde 1031 erstmals der Name Brunesguik erwähnt. Erstaunlicherweise hat Heinrich diese Braunschweig den Namen gebende älteste Siedlung wie das Ägidienkloster nicht in seine Befestigungsanlagen einbezogen, vermutlich weil es zu kostspielig war, die breite Okerniederung mit ihren Wasserläufen zu berücksichtigen.

Deshalb wende ich mich nach Norden und schlendere über den von Heinrich planmäßig angelegten Bohlweg Richtung Hagenmarkt. Die Straße wurde wie das Weichbild des Hagen mit Katharinenkirche von Heinrich angelegt. Aber erst einmal musste das sumpfige Gebiet trockengelegt werden; dazu holte der Löwe Flandern nach Braunschweig. Nördlich des Hagenmarkts lagen Wendentor und das Hafengebiet des Werder, westlich die Neustadt mit der Pfarrkirche St. Andreas. Ob sie und St. Petri in der Altstadt Gründungen Hein-

richs sind, ist nicht gesichert. Aus diesem Grund führt mein Weg mich direkt über Casparistraße, Ruhfäutchenplatz zum Domplatz.
Bereits die brunonische Gräfin Gertrud hatte hier um 1030 das Kollegiatsstift St. Blasii neben der gleichnamigen Kirche gegründet. Heinrich ließ die kleine Kirche abreißen und an ihrer Stelle den so genannten Dom errichten, dessen zwei niedrige Türme die mächtige Westfront nur wenig überragen. Mit dem Kopf im Nacken blicke ich empor. Das wuchtige, ehemals verschlossene Mauerwerk wurde entgegen dem Entwurf des Herzogs nach seinem Tod durch Portal, Fensterrosette und Glockenhaus aufgelockert, während die Türme um einiges niedriger ausgeführt sind als von ihm geplant. Seine Grabkirche St. Blasius und Johannes war der erste durchgehend gewölbte Bau Norddeutschlands; als dreischiffige Basilika wurde sie zum Vorbild für weitere Kirchen nicht nur in Braunschweig.
Ich betrete den Burgplatz mit seinem berühmten Löwenstandbild, der ersten freistehenden Großplastik diesseits der Alpen, aus Bronze gegossen und ehemals vergoldet. Heinrich ließ den Löwen 1166 als Zeichen seiner Macht und Gerichtsbarkeit vor seiner Burg Dankwarderode errichten, nachdem er die brunonische Burg abgerissen und – nach dem Vorbild der Kaiserpfalz in Goslar – eine wesentlich eindrucksvollere erbaut hatte.
Durch das Seitenportal betrete ich den Dom mit seinem schlichten und wohl gerade deshalb so stimmungsvollen Inneren. Der ursprüngliche Bau einer romanischen Kirche ist trotz der angefügten spätgotischen Seitenschiffe noch gut erkennbar. Wie bei jedem Besuch der Grabkirche Heinrichs und seiner Frau zieht das von ihnen gestiftete Imervardkreuz meinen Blick als Erstes auf sich. Die Entstehungsgeschichte des für mich beeindruckendsten Kunstwerks im Dom ist unbekannt, man weiß durch die Inschrift nur den Namen des Künstlers: Imervard (me fecit). Dieses Großreliquiar enthielt mehrere Reliquien im ausgehöhlten Hinterkopf. Wechselnd einfallendes Licht verändert den faszinierenden Gesichtsausdruck Christi. Sein Mund mit den herabgezogenen Lippen und die Kerben von der schmalen Nase bis zum Bart verstärken den Ausdruck tiefen Schmerzes. Die übergroßen Augen

mit den gesenkten Lidern betrachten etwas für mich Unsichtbares, mal glaube ich, es sei das Böse und mal jedes denkbare Leid. Wie so oft verliere ich mich beim Betrachten des schmalen Kopfes in Zeit und Raum. Welche Gefühle mag dieser trotz des schmerzerfüllten Gesichts ungebrochen aufrechte Körper bei seinem Auftraggeber Heinrich ausgelöst haben, als er nach seiner ersten Verbannung ins anglonormannische Reich seines Schwiegervaters, König Heinrich II., nach Braunschweig zurückkehrte? Wurden die Rachegedanken des gläubigen Herzogs gegen Abtrünnige und seinen Cousin Kaiser Friedrich I. Barbarossa gemildert, nachdem der seinem Rivalen nicht nur den Schutz, sondern mit dem Entziehen der Herzogtümer Sachsen und Bayern auch dessen Vorrangstellung im Reich genommen hatte?
Plötzlich sehe ich unter dem Blick der zeitlos wirkenden Christusfigur, der kein Geschehnis fremd zu sein scheint, einen Himmel, in den Schäfchenwolken das Jahr 1185 getupft haben. Wie kostbares Glas spannt sich durchsichtig wirkendes Blau über bunt gefärbte Wälder und tiefbraunen Löss, Goldfäden aus Sonnenstrahlen fallen durch die Blätter der Bäume. Die veilchenfarbene Silhouette des Harzes begrenzt den Horizont. Der Tag wäre eines Kaisers würdig gewesen, aber er gilt einem entmachteten Herzog. Nicht einmal diesen Titel hat sein verfluchter kaiserlicher Cousin ihm gelassen. Trotzdem wird er, Heinrich der Löwe, sich nie, wirklich nie anders bezeichnen, das hat er bei den Gebeinen seiner Großmutter, Kaiserin Richenza, geschworen.
Mit seiner Frau Mathilde und ihren zwei Söhnen Heinrich und Otto reitet er in angespannter Erwartung hinter den Fahnenträgern von Westen her auf Bruneswich zu, das er zu seinem Machtzentrum erhoben hat. Ihnen folgt sein Truchsess Jordan von Blankenburg mit den wenigen treu gebliebenen Vasallen samt einem Tross aus Rittern mit Knappen, Soldaten, Hofdamen, Knechten und Mägden. Reisewagen werden von Pferden oder Maultieren gezogen. Ehrerbietig oder ängstlich wird dem Zug Platz gemacht von entgegenkommenden Reitern und Fußgängern, Bauern führen ihre Ochsengespanne und Kaufleute ihre bepackten Maulesel zur Seite. Jeder kennt das Wappen des Löwen, das auf Fahnen, Mänteln und Pferdedecken im Sonnenlicht glänzt.

Inzwischen blasen in Bruneswich die Turmwächter das verabredete Signal für die Bewohner, sich am Hohen Tore zu versammeln, denn schon längst haben Herolde die Ankunft des Herzogpaares verkündet. Ritter, Hofgeistliche, Ministeriale und eine Abordnung der Patrizier sind ihm schon vorher entgegen geritten, um es gebührend einzuholen mit Kniefall oder Verneigung. Ihre Ankunft hat seinen kleinen Zug eindrucksvoll verstärkt, wie Heinrich voller Freude vermerkte.
Aber je näher die Stadt rückt, desto unruhiger wird er. Was wird ihn nach seinem dreijährigen Exil bei seinem Schwiegervater in Bruneswich erwarten? Die Bürger werden ihm wohlgesonnen sein, zu viel haben sie ihm zu verdanken. Schließlich hat er die Stadt mit festen Mauern gesichert; in ihrem Schutz blühen Handel und Einkommen der Bürger wie sein eigenes. Ist die Wehranlage, mit der er seine Stadt umgeben hat, wirklich intakt, wie ihm berichtet wurde? Oder haben seine Gegner seine Abwesenheit genutzt und doch einen Überfall gewagt? Was hat sich sein verfluchter kaiserlicher Cousin ausgedacht? Frage um Frage schießt ihm durch den Kopf, denn so ganz traut er den Berichten nicht, die ihn erreichten.
Immer mehr Volk kommt aus der Stadt geströmt. Soweit Heinrich erkennen kann, ist die vor ihm liegende Mauer tatsächlich unversehrt. Linker Hand von ihm liegt auf dem Rennelberg das Benediktinerinnenkloster Heilig Kreuz, rechts sieht er, ebenfalls außerhalb der Befestigungsanlagen, hinter den Türmen des Michaelistors St. Cyriacus aus dem Gewirr von Okerarmen ragen.
Aus der Stadt grüßen die Türme von St. Jacobi und Ulrici, St. Nicolai und Michaelis. Er ist enttäuscht, dass von der neuen Stiftskirche, in der er mit seiner Frau beigesetzt werden will, noch nichts zu sehen ist, immerhin erfolgte der Baubeginn bereits vor zwölf Jahren, also zwei Jahre früher als der Neubau von Tanquarderoth, und der ist längst fertig. Überhaupt muss sein Machtzentrum eindrucksvoller werden. Nicht bloß im Hagen soll eine prachtvolle Kirche nach dem Vorbild seiner Grabkirche entstehen. Damit täte er Gott gefällige Werke, und mit seinen mehr als vierzig Jahren sollte er sich verstärkt um sein Seelenheil kümmern, auch Mathilde drängt dazu. Außerdem fänden

seine vielen kostbaren Reliquien, deren Besitz ihn so sichtbar mit dem Jenseits verbindet, einen würdigeren Rahmen in neuen Kirchenbauten. Die Knochen vieler Heiliger, die er vor dreizehn Jahren auf seiner glanzvollen Pilgerfahrt ins Heilige Land erworben oder als Gastgeschenke vom byzantinischen Kaiser erhalten hat, sind längst nicht alle kostbar gefasst. Heute, dreizehn Jahre später, würde Kaiser Manuel ihn nicht mehr wie einen Bruder empfangen und mit Kostbarkeiten überschütten. Heinrich tröstet sich mit dem Gedanken, dass für die Fassung der Reliquien noch mehr Gold- und Silberschmiede nach Bruneswich ziehen müssen. Und die später reich ausgestatteten Kirchen werden seine Macht demonstrieren, Pilger anlocken und damit ihm, aber auch den Bürgern neue Einkünfte durch Markt und Münze, Zoll und Gerichtsgebühren bringen. Das wird sein Ansehen wieder erhöhen, und mehr Ansehen braucht er unbedingt, seit sein verfluchter kaiserlicher Vetter ihn verbannt und seinen Machtbereich in derart unvorstellbarer Weise beschnitten hat. Fünf Jahre ist es jetzt her, dass auf diesem vermaledeiten Reichstag in Erfurt die land- und lehnsrechtliche Aberkennung seiner beiden Herzogtümer Bayern und Sachsen unter Barbarossa beschlossen wurde. Selbst der Fußfall vor seinem verfluchten kaiserlichen Vetter hat das nicht verhindert, bloß seine Allodialgüter[2] hat er ihm zurück gegeben. Aber noch gibt Heinrich sich nicht geschlagen. Zumindest einen Teil seines früheren Einflusses will er zurückgewinnen, egal ob durch Kampf, Bestechung oder Erpressung. Glücklicherweise ist er immer noch reich genug, auch dank Mathildes üppiger Mitgift. Jedes Mittel ist recht, um möglichst viele der Grafen, Ritter und Ministerialen wieder auf seine Seite ziehen, die während seines Exils scharenweise von ihm abgefallen sind. Manche haben sich geradezu unverschämt aufgeführt und paktieren mit seinen Gegnern. Einen Kopf kürzer sollte man sie machen!

Mittlerweile hat der Zug den Steinweg vor dem Hohen Tor erreicht. Hinter ihm aufgestaut haben sich Kaufleute, Geistliche, Spiel-

---

[2] Lehensfreier, also von Abgaben freier Grundbesitz

leute, Arbeit suchende Ritter und städtische Bauern, deren Felder außerhalb der Mauern liegen. Karren dröhnen, Tierhufe hallen auf den Steinen, so dass die Menschen brüllen müssen, wenn sie sich verständlich machen wollen. Obwohl das schwere, eisenbeschlagene Tor zu seinem Empfang weit geöffnet ist, gerät der Zug ins Stocken. An beiden Seiten stehen die Menschen Spalier, ein buntes Durcheinander von Arm und Reich, das vor ihm auf die Knie sinkt. Die Ungeduld, seine Stadt endlich betreten zu können, überträgt sich auf sein Pferd, das unruhig hin und her zu tänzeln beginnt.

Endlich kann er unter dem hochgezogenen Fallgitter durch die geöffneten Tore Einzug halten. Wohlgefällig blickt er vom Pferd herab auf die reich gekleideten Patrizier. Manche Männer tragen sogar teure Lederstiefel mit Pelzbesatz wie er selber, dazu ein pelzbesetztes Wams. Seine Augen prüfen Qualität und Quantität der Stoffe und ihre unterschiedlich teuren Farben. Selbstverständlich ist nur sein eigener Mantelüberwurf aus Purpur[3]. Solche wundervollen Wollstoffe hat er zusammen mit Pferden und Waffen als Gastgeschenke Kaiser Manuel überbracht. In der Sonne blitzen die Goldfäden des Löwen auf seiner Schulter mit dem breiten, goldbestickten Saum um die Wette. Damit jeder den kunstvollen Gurt mit dem prachtvoll verzierten Schwert gebührend bewundern kann, schlägt Heinrich den Mantel scheinbar unabsichtlich zurück. Natürlich übertreffen auch seine schwere goldene Halskette mit dem juwelenbesetzten Kreuz und der breite, mit Edelsteinen geschmückte Gürtel alle anderen bei weitem.

Seine Augen verweilen auf den Ausschnitten einiger hübscher Jungfrauen, deren offen getragene Haare mit silbernen Haarspangen oder Reifen geschmückt sind. Flüchtiger gleitet sein Blick über die Ehefrauen mit ihren steifen Gebänden, die nicht nur beim Lachen und Essen hinderlich sind, sondern auch beim Küssen. Dann wandert sein Blick in die Echternstraße. Aus ihr stinkt es penetrant nach Blut und Fäkalien. Nein, verbessert er sich, der Blutgeruch muss aus den Verkaufsständen der Fleischer in der Scharrnstraße stammen. Hier an der Stadtmauer

---

[3] Seidig glänzender, feiner Wollstoff

wohnen die Armen, Dirnen und Scharfrichter, deren enge Häuser sich wie schutzsuchend aneinander und gegen die Stadtmauer lehnen. Auf der schmalen Straße häuft sich der Unrat. Höchstens träumen können diese Menschen von schönen Stoffen, selbst einfache Sandalen sind unerschwinglich für sie. Sollte sich da eben ... Nein, er täuscht sich nicht. Hebt doch eine der Dirnen nicht nur ihr zerschlissenes Oberkleid, sondern auch das schmutzig-graue Unterkleid, aus dem ihr weißes Hinterteil erblüht! Wem soll das gelten? Er kann sich ein Grinsen nicht verkneifen, zu wohlgeformt ist der Hintern.

Die Hochrufe schmeicheln ihm, obwohl er nichts anderes erwartet hat, schließlich hat er Bruneswich als sein Machtzentrum stets besonders gefördert. Viele Menschen von nah und fern zieht es an, sich im Schutz der sicheren Mauern niederzulassen. Er hat Flandern aus ihrer Heimat geholt zur Trockenlegung der Sumpfgebiete, hat die Weichbilde von Hagen und Neustadt gegründet, die Altstadt erweitert. Der Neubau seiner Burg und Kirche brachte Maurer und Steinmetze in die Stadt. Fernhändlern erschloss er neue Märkte. Das hat nicht nur Bruneswichs Stadtsäckel, sondern natürlich auch seine eigenen Schatullen gefüllt. Ja, er war einer der mächtigsten und reichsten Fürsten im ganzen Abendland. Klar, dass seinen verfluchten kaiserlichen Cousin der Neid gepackt hat auf seine königsgleiche, um nicht kaisergleiche Position zu sagen und auf seinen Herrschaftsbereich, der von Nord- und Ostsee bis Oberitalien reichte. Bitterkeit und Wut steigen in ihm auf. Beides drängt er beiseite, jetzt will er endlich seine Stadt inspizieren.

Über die Köpfe der Schaulustigen blickt er in die Güldenstraße, wo eine kleine Gruppe Reisender um Segen bittend den Christuskopf an der Michaeliskirche berührt. Viel zu bescheiden erscheint ihm ein Stück weiter Bruneswichs älteste Kirche am belebten Eiermarkt. Zwar ist St. Jacobi aus Stein, im Gegensatz zur Ulricikirche auf dem Kohlmarkt. Aber über das wichtigste Handelszentrum mit täglichem Markttag muss eine wesentlich eindrucksvollere Marktkirche gen Himmel ragen. Und im Hagen und der Neustadt ebenfalls. Ob er sie nach dem Vorbild seiner Stiftskirche bauen lassen soll, damit Bruneswichs Pracht weithin gerühmt wird?

Erfreut sieht er, dass auf den großen Grundstücken rund um Eier- und Altstadtmarkt seit seiner Abreise vor drei Jahren einige Baulücken mit stattlichen Häusern geschlossen sind. Also haben seine Vergünstigungen für Neubürger Erfolg gehabt. Manche Häuser sind sogar komplett aus Stein. Hinter einigen großen Fachwerkhäusern entdeckt er immerhin steinerne Kemenaten. Alle Grundstücke scheinen ihren eigenen Brunnen und eine Kloake zu besitzen. Diese gerissenen Tuchhändler müssen über Grundbesitz in der Stadt und auf dem Land verfügen, sonst könnten sie sich derartige Häuser nicht leisten.
Auf dem Altstadtmarkt verneigen die Händler sich tief vor dem Herzog, nur einzelne Bauernlümmel in ihren grauen Kitteln preisen lautstark weiter ihre Waren an. Botterstöter und Eiervogt haben ihre Kontrollen unterbrochen und beweisen dem Herzog ihre Ehrerbietung, Träger schleppen Stoffballen, Fässer und Körbe mit teuren Gewürzen, Seife und Tongeschirr. Ihm fällt auf, dass nur ein paar Tagelöhner ihre Dienste anbieten. Haben sich die übrigen unter die Schaulustigen gemischt?
Am Brunnen machen ein paar Mägde in Kleidern aus grobem braunem oder grauem Leinen lange Hälse. Hemmungslos beginnen sie plötzlich zu kichern. Ein neues Gasthaus an der Gördelingerstraße, wie ihre Parallelstraßen bereits von seinem Großvater, dem Kaiser, planmäßig angelegt, erregt sein Interesse. Es gehört zu den besseren, wie er durch die offen stehende Tür am strohbedeckten Boden erkennt. Um einen großen Tisch sind Ritter in ein Würfelspiel vertieft, andere Gäste versuchen sich gegenseitig mit grölendem Gesang zu übertönen. Offensichtlich haben sie zuviel von dem ungepanschten Wein getrunken, den ein gutes Gasthaus ausschenkt. Ob sich Kundschafter seiner Gegner unter den Gästen befinden?
Wenige Meter weiter wirft Heinrich einen kurzen Blick nach links auf die dritte Kirche der Altstadt, St. Bartholomäi. Dann erreicht er den Kohlmarkt. Von der unscheinbaren Holzkirche nimmt kein Mensch Notiz. Auch die Stadtwaage steht verlassen da. Die meisten Marktbesucher haben sich um einen fahrenden Spielmann geschart, den man schon von weitem an seinem zweifarbigen Gewand erkennt.

Er begleitet sein derbes Lied mit der Laute und entsprechenden Gebärden. Mit geröteten Gesichtern grölen und lachen die Zuhörer. Hier in Hafennähe türmt sich Holzkohle aus dem Harz. Es stinkt nach faulendem Fisch und vergammelnden Abfällen, Schweine grunzen, Enten schnattern, Hühner gackern.
Heinrich zügelt sein Pferd und blickt über das unbebaute Bruchgebiet auf seinen Burgbezirk. Erfreut stellt er fest, dass der Ostteil der neuen Stiftskirche ein ganzes Stück mehr gewachsen ist, als er aus der Ferne angenommen hat. Gott gebe, dass kein Feind Tanquarderoth erobert! Und seine Nachfahren die Burg noch mehr verschönern! Er wendet sich an Mathilde, ob sie den direkten Weg nehmen möchte, er selber wolle weiter über Hutfiltern und Damm reiten, trotz seiner Müdigkeit die Stadt inspizieren. Nicht allein seine Frau zieht es vor, nach den Strapazen der wochenlangen Reise auf dem kürzesten Wege zur Burg zu reiten. Nur wenige Ministeriale sowie ein Schreiber in seinem schlichten schwarzen Gewand schließen sich Heinrich an.
Als kleiner Trupp kommen sie wesentlich schneller voran. Über den Hutfiltern geht es auf dem Damm durch sumpfiges Gelände und den Hafen zur Nikolaikirche, die zum Ägidienkloster gehört. Bettler hocken vor dem Portal und hoffen auf ein Almosen. Heinrich ist in Spendierlaune. Auf seinen Wink wirft ein Knappe ihnen mehrere Münzen zu. Hinter der Kirche konnte er sich die Mauer zum Glück sparen. Das ausgedehnte Sumpfgebiet mit mehreren Okerarmen schützt hier die Stadt zur Genüge. Im Süden ragt das Ägidienkloster auf dem Köpfeberg über das Wasser. Seine Urgroßmutter hat es gegründet, sein Großvater, der Kaiser, unter seinen Schutz genommen.
Die sinkende Sonne hat den Himmel rosa und orange gefärbt. Die Farben spiegeln sich in der Oker. Der Sommer muss regenreich gewesen sein, denn Heinrich hat den Eindruck einer Seenlandschaft mit wenigen bebauten Inseln. In blinkenden Mäandern ziehen sich die Flussarme durch Wälder mit eingestreuten Wiesen und Feldern Richtung Harz. Am Ufer waschen wie üblich Mägde die Wäsche ihrer Herrschaft, Reisende tränken Pferde und Ochsen. Im Osten liegt vor den Reitern die nur von Hecken umgebene Alte Wiek, deren Bauernhöfe sich um die

Kirche St. Magni scharen. Die Schatten sind lang geworden. Zwei Lehnsbauern in grauen, zerschlissenen Beinlingen und steifen Kitteln geben Acht, nicht auf ihren Schatten zu treten, weil das Unglück bringt.
Richtung Norden begrenzt die Stadtmauer den gerade verlaufenden Bohlenweg und seinen neu gegründeten Hagen. Der kleine Trupp muss das Friesentor bei regem Betrieb passieren. Mit den Tieren drängen sich zurückkehrende städtische Hirten zwischen Bürgern und Leibeigenen durch. Die Baumstämme des Bohlenwegs dröhnen unter den Pferdehufen. Der Geruch von Farben hängt in der Luft, denn links und rechts haben sich an beiden Okerarmen Lohgerber, Färber und Tuchmacher niedergelassen. Trotz der Entwässerungsmaßnahmen gibt es immer noch genug Wasser für sie. Die verhältnismäßig neuen Häuser sind zwar klein, wirken aber mit ihren bunt gestrichenen Fensterläden fröhlicher als die dunklen der Altstadt. Abwechselnd wirft Heinrich kritische Blicke nach rechts auf die Stadtmauer, vor allem jedoch nach links auf Tanquarderoth mit der mächtigen Burgmauer. Alles in Ordnung. Voll Stolz stellt er fest, dass der Umbau der alten brunonischen Burg mit seiner Doppelkapelle, mehreren Türmen und unterschiedlichen Dachformen auf alle Vorbeikommenden großen Eindruck machen muss. Und er hat die Pfalz seines verfluchten kaiserlichen Cousins in Goslar noch übertroffen.
Der Weg führt den Löwen weiter zum Hagenmarkt. Hier will er eine große Kirche errichten. Ihre Weihe wird er nicht mehr erleben, aber vielleicht die jungen Mädchen, die auf die Knie sinken, als er an ihnen vorbei reitet, und seine Söhne. Er wirft einen kritischen Blick nach Norden auf das besonders gut gesicherte Wendentor, durch das der Heerweg ins Wendland führt. Wie viele Male ist er dorthin geritten, wie viele Kämpfe hat er mit den Wenden ausfechten müssen! Schließlich siedeln sie bis an die Ise[4]. Flüchtiger betrachtet er das Fallersleber Tor im Osten. Alles intakt. Am geöffneten Mannloch durchsuchen Bürgerwachen das hochbepackte Ochsengespann eines Kaufmanns. Der kleine Trupp wendet sich Richtung Westen. In der Neustadt gibt es weit

[4] Nebenfluss der Aller

mehr Baulücken als Häuser. Mathilde und er werden längst in ihrer Grabkirche ruhen, ehe dieses Gebiet so dicht wie die Altstadt besiedelt sein wird. Am Werder sitzen ein paar Fischerfamilien vor ihren kleinen Häusern. Dahinter sind erste Steinbauten der reichen Fernhändler zu sehen, denn auf dem Umschlagplatz hier am Hafen stapeln sich Waren nach oder aus Dänemark, Schweden, Norwegen und Russland. War ein verdammt zähes Ringen mit den dortigen Herrschern, Sonderbedingungen für die normalerweise erheblich höheren Zölle auszuhandeln! Klar, dass die hiermit verbundenen hervorragenden Einnahmen nicht nur bei seinem verfluchten kaiserlichen Vetter Begierde erweckten. Hinter der Hagenbrücke biegt Heinrich nach Süden ab und reitet durch gänzlich unbebautes Bruchgebiet. Irgendwann sollten die Flandern auch dieses Sumpfland trockenlegen, aber das ist eine Aufgabe für seine Nachkommen. Noch gibt es genug freien Baugrund.

Unter dem Gehämmer der zahlreichen Schmiede, die sich vor Tanquarderoth angesiedelt haben, überquert Heinrich zum letzten Mal an diesem Tag eine Okerbrücke. Endlich reitet er nach dreijähriger Abwesenheit wieder durch das mächtige Westtor. Trotz der zeremoniellen Begrüßung scheinen die Wachsoldaten in ihren Kettenhemden erfreut, ihn zu sehen. Dagegen wendet der vergoldete Löwe auf seinem hohen Steinsockel ihm wenig ehrfurchtsvoll das Hinterteil zu. Sein Hoheitszeichen muss jedem Ankömmling Achtung einflößen. Immer noch werden Packwagen ausgeladen, Kessel und Körbe von den Seiten genommen. Pagen, Knechte und Mägde schleppen Truhen, Kisten und Säcke mit dem Löwenwappen über den Burghof in seine Wirtschafts- oder Wohngebäude. Stalljungen eilen herbei, um sein Pferd und die Tiere seiner Begleiter in die Stallungen zu führen. Über blank gelaufene Steine balancieren Küchenmägde Geschirr in den Palas. Gerade werden die Fackeln in den Wandhalterungen entzündet und die Steinmetze lassen ihre Arbeit ruhen.

Zufrieden stellt Heinrich fest, dass St. Blasius und Johannes in ihrem Ausmaß eher einem Dom als einer Stiftskirche entspricht. Reich wird er sie mit Reliquien und anderen Kunstwerken ausstatten. Kostbare Glasfenster sollen sie schmücken. Vielleicht sogar seinen Palas?

Nicht mal die Kaiserpfalz in Goslar kann damit aufwarten. Seinen verfluchten kaiserlichen Cousin soll vor Neid der Schlagfluss treffen, ist der doch sowieso schon voller Missgunst auf seine neue Burg. Wie er wohl reagiert, wenn er hört, dass sich in Mathildes Gefolge berühmte Dichter befinden, wenn auch nicht Bertran de Born. Zwar ist Heinrich stolz, dass der berühmte Troubadour Mathilde zwei seiner schönsten Minnelieder gewidmet hat, aber in seiner Verehrung für Mathilde soll Bertran dem Geschwätz nach zu weit gegangen sein. Auch ohne ihn werden französische Dichtkunst und Hofkultur Einzug halten in Tanquarderoth.

In diesem Moment tritt der Truchsess mit einem Becher aus dem Palas, um dem Herzog den Willkommenstrunk zu reichen. Als Heinrich vom Pferd steigt, merkt er, wie zerschlagen er ist. Am liebsten würde er sich auf seinem Lager unter warmen Schaffellen und Decken ausstrecken, aber erst sind die Gäste zu begrüßen. Angenehm, dass er sich im Palas aufwärmen kann, statt in einem zugigen Zelt auf feuchter Erde sitzen zu müssen. Nicht umsonst hat er beim Umbau seiner Burg Unsummen in die Warmluftheizung investiert, damit der große Saal nicht bloß von ein paar Kaminen kümmerlich erwärmt wird. Schade, dass auch die Kaiserpfalz in Goslar ein Hypokaustum besitzt. Die Düfte, die aus dem Küchentrakt herüberziehen, lassen ihm das Wasser im Munde zusammenlaufen. Er meint einige seiner Lieblingsgerichte wie Kapaun in Pfeffersoße, Lamm mit Ingwer, Aal in Senfsoße, Salbeitorte oder Früchtekuchen zu erkennen. Dazu erwarten ihn gleich Berichte aus seinem Allodialbesitz. Bereits vor seiner Verbannung hat sein verfluchter kaiserlicher Cousin zwar seine beiden Herzogtümer geteilt und seine beiden schlimmsten Rivalen mit dem Herzogtum Sachsen belehnt, aber trotzdem wird Heinrich sich weiterhin Herzog nennen. Denn wer die Macht hat, kann sich das Recht nehmen … Bloß sein Siegel hat er geändert. Auf seinem neuen soll der Löwe an seinen Machtanspruch erinnern. Und sein Hof soll an Pracht und Kunst alle anderen übertreffen. Kein Fürst, auch sein verfluchter kaiserlicher Cousin nicht, soll mit ihm mithalten können, gerade der Demütigung zum Trotz. Aber das ist nur einer von vielen anderen Plänen.

Welche das sind, erfahre ich nicht, denn eine laute Stimme schreckt mich aus meinem Tagtraum. Es fällt mir schwer ins Heute zurückzufinden. Ein Blick auf den Marienaltar, in dessen mittlerer Säule sich ursprünglich Reliquien befanden, sowie den unvergleichlichen siebenarmigen Bronzeleuchter. Die vier Löwen seines Fußes ähneln dem Burglöwen. Beide Kunstwerke wurden von Heinrich und seiner Frau gestiftet, während das Grabmahl des Herzogpaars erst Mitte des 12. Jahrhunderts geschaffen wurde. Mathilde liegt mit betend zusammengelegten Händen, während Heinrich in einer Hand das Modell seines Doms trägt, in der anderen ein Schwert.

Nachdenklich betrete ich den sonnigen Burgplatz. Welchen Anblick mochte er tatsächlich zur Zeit Heinrichs geboten haben? Die Burg ist zwar auf dem Grundriss von Heinrichs Saalbau errichtet, aber eher eine phantasievolle Rekonstruktion des vorletzten Jahrhunderts. Keines der Häuser am Burgplatz existierte damals, und das Äußere des Doms ist stark verändert. Vielleicht könnte der Löwe eine Antwort geben, doch leider ist er eine Kopie. Das Original wurde zu seinem Schutz in die Burg Dankwarderode verbannt.

LITERATUR:
Neben diversen weiteren Quellen insbesondere
* Karl Jordan: Heinrich der Löwe , München 1995
* Braunschweig – das Bild der Stadt in 900 Jahren, Band 1, Städtisches Museum Braunschweig 1985

SIGRID SCHWARTZ-DIEFENBACH

Burgplatzlöwen

Stoisch bewachte der Löwe den Burgplatz,
seit Jahrhunderten genährt
vom Staub trockener Sommer
und Schneeflocken im Winter.
Vom Podest erblickte er Heinrich
im Zenit von Macht und Glanz
vor dem Neubau der Burg und des Doms,
dann den vom Kaiser entrechteten Heinrich.

Der Löwe hörte Jubel zum Jammerschrei,
Schritte Verfolgter und ihrer Verfolger.
Er roch Pariser Parfums,
Weißwäsche, Weihrauch und Wein.
Er schmeckte die Ausdünstung der Pest,
in Bombennächten versengtes Fleisch.
Er sah Büßer und nackte Brüste,
blitzende Ritter und stumpfe Braunhemden.

Jahrhunderte trotzte er Sonne und Frost,
glänzend vor Regentropfen, stand schneeverhüllt
vor gefallenen Mauern,
bis die Zeit ihn benagte.
Vom hohen Podest verbannt
unter die immergleiche Decke
eines Museumkerkers
wischt weder Wind noch Regen den Staub ihm ab.

Der Blick des Doppelgängers auf dem Burgplatz
bleibt nach Osten gerichtet,
wo Reiche und Republiken
erblühen oder vergehen,
wo kanalisierte Ströme
durch sterbende Dörfer fließen.
Kraftvoll spannt der Löwe die Hinterläufe
– bereit für den Absprung.

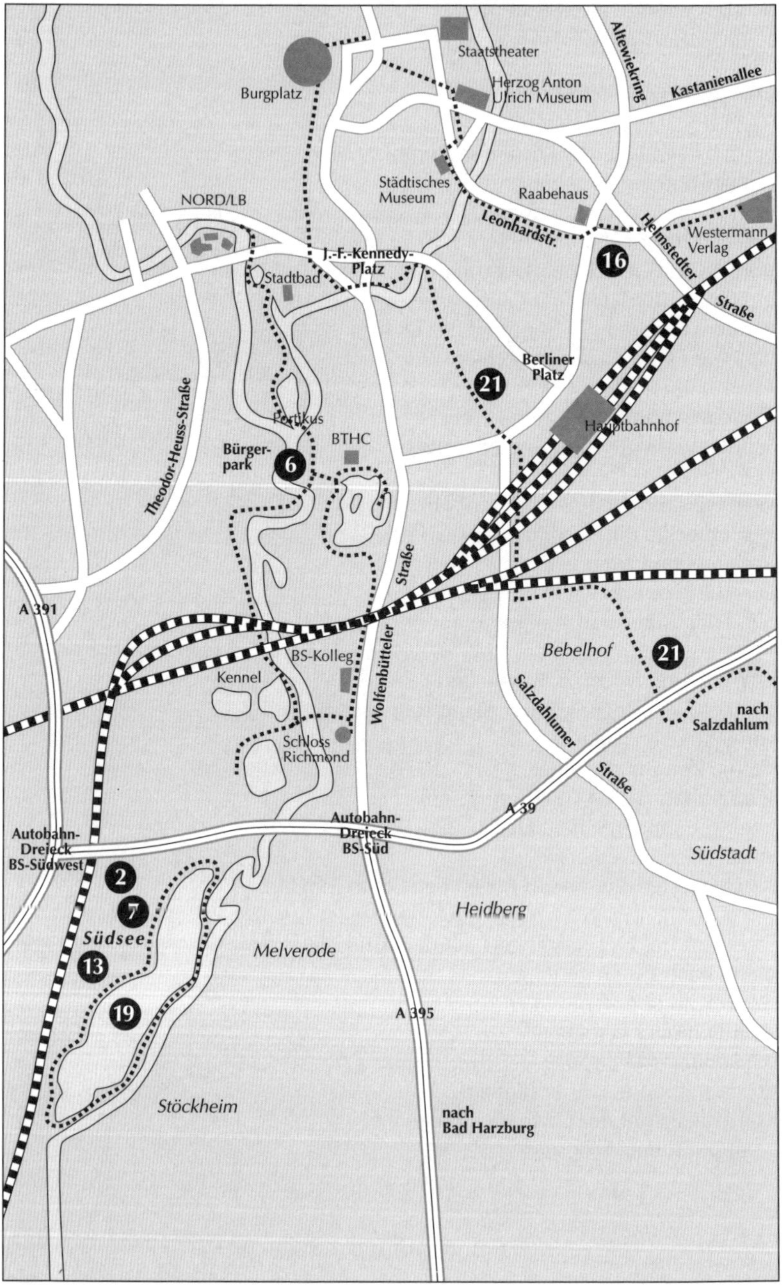
Burgplatz
Staatstheater
Herzog Anton Ulrich Museum
Altewiekring
Kastanienallee
Städtisches Museum
Raabehaus
NORD/LB
Leonhardstr.
Helmstedter Straße
Westermann Verlag
J.-F.-Kennedy-Platz
Stadtbad
16
Berliner Platz
21
Theodor-Heuss-Straße
Portikus
BTHC
Bürgerpark
6
Hauptbahnhof
Wolfenbütteler Straße
A 391
Bebelhof
21
BS-Kolleg
Kennel
Salzdahlumer Straße
nach Salzdahlum
Schloss Richmond
A 39
Autobahn-Dreieck BS-Südwest
Autobahn-Dreieck BS-Süd
Südstadt
2
7
Heidberg
Südsee
13
Melverode
19
A 395
Stöckheim
nach Bad Harzburg

Fortgesetzte Morgenfahrt

Der Mensch verspürt doch immer mehr
bei früher Radfahrt um den See
Natur-Empfinden und wie sehr
dann dieses seine Stimmung hebt:
Der Reiher, der am Südsee lebt,
steht heute ganz in Radwegs Näh'.

Vom Südsee und vom Oker-Lauf
erhebt sich langsam Wasserdunst.
Davor noch steigt aus Wiesen auf
der Morgennebel, und zwei Pferde
suchen in tiefer Gras-Matsch-Erde
das frische Gras jetzt noch umsonst.

Am See entlang zwitschern in Bäumen
schon Vögel in noch dürren Zweigen.
Es geht schon um Besitz von Räumen
zum Nestbau, und weil Frühling lockt,
wird – stimmlich – heftig schon gezockt
bei dem Revier-Besitz-Anzeigen.

Der Wasserstand ist schon gesenkt
nach langer Regen-Hochstand-Zeit:
Die Oker, wie gehabt, sich lenkt
durch angstammtes Windungsbett,
und an den Südsee-Rand dort tritt
ein Angler, schon zum Fang bereit.

Und rechter Hand am Südsee-Ende,
am Teich – von Oker separiert –,
erhebt sich – nicht gerad' behende –
ein Bussard für den kurzen Flug
zum Eichen-Kamp, der ihm genug
an Schutz und Abstand garantiert
zu ihm, dem Menschen, der jetzt schließt
sein neues Morgen-Resümee.
Was er beim nächsten Mal genießt
und sein Natur-Empfinden trifft,
wird wieder er in Wort und Schrift
erfassen, dass es ewig steh'.

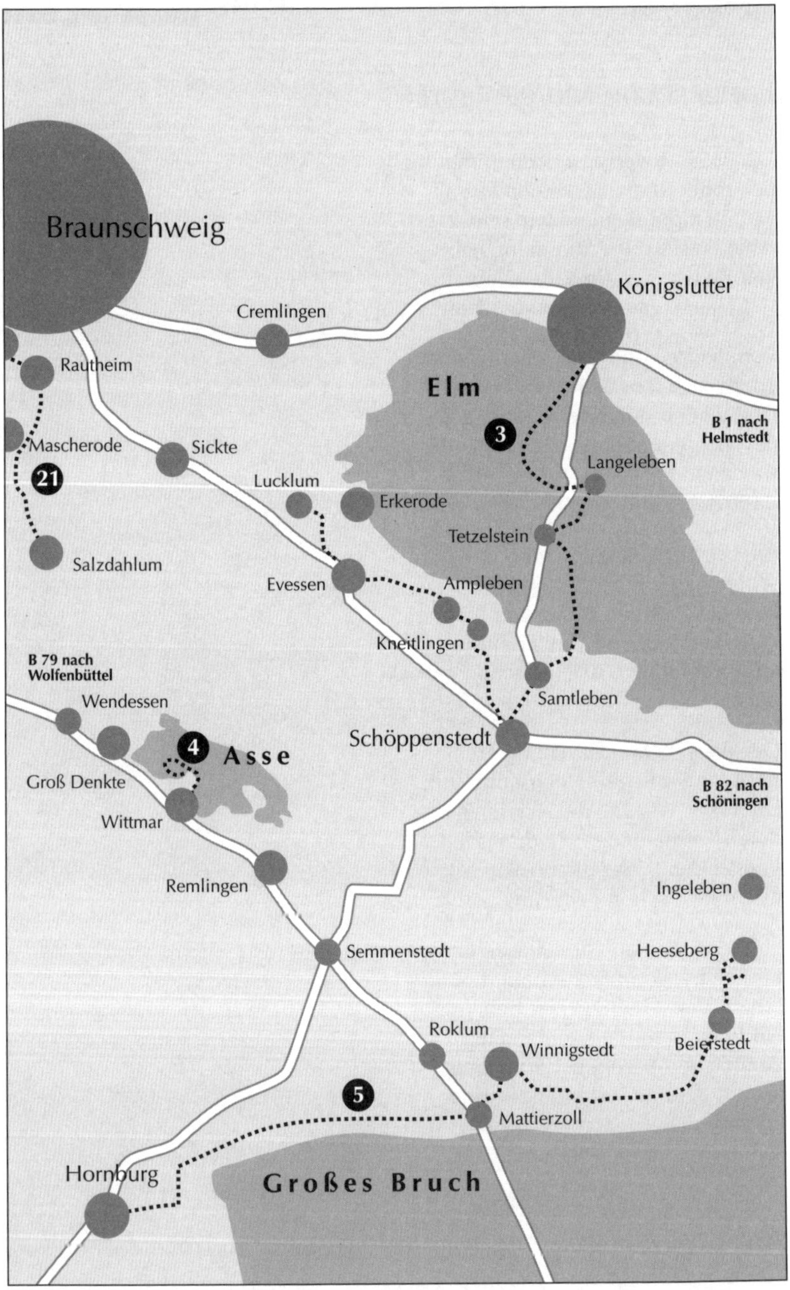
Braunschweig
Königslutter
Cremlingen
Rautheim
Elm
B 1 nach
Helmstedt
3
Mascherode
Sickte
Langeleben
21
Lucklum
Erkerode
Tetzelstein
Salzdahlum
Evessen
Ampleben
Kneitlingen
B 79 nach
Wolfenbüttel
Samtleben
Wendessen
Schöppenstedt
4
Asse
Groß Denkte
B 82 nach
Schöningen
Wittmar
Remlingen
Ingeleben
Semmenstedt
Heeseberg
Roklum
Winnigstedt
Beierstedt
5
Mattierzoll
Hornburg
Großes Bruch

Im Elm mit Till

Immer wieder reizt die Landschaft.
Man erneuert die Bekanntschaft
Mit den Wegen und den Bäumen.
Fast versucht, recht schön zu träumen,
Wandert man versonnen, stumm
Um das Ackerland herum.
(aus: Kurt A. E. Müller,
Der Spaziergang, Braunschweig 1959)

Ein bisschen fühlte ich mich an speakers corner erinnert, wo in London eigentümliche Menschen den Passanten die Welt erklärten. Auch dieser Kerl war seltsam gekleidet und erzählte von Zusammenhängen, die niemanden zu interessieren schienen; jedenfalls eilten alle Vorübergehenden ihres Weges und nahmen ihn gar nicht wahr. Ich dagegen blieb stehen und hörte, wie er jetzt über meine Heimatstadt herzog, das Oberzentrum der Region, das alles Umliegende dominiere. Zu unrecht! Wie Heinrich der Löwe, dieser Machtbesessene, der alles an sich riß, was er kriegen konnte. Der rebellische Sachsenkönig könnte von Glück sagen, dass er – der Redner – damals noch nicht gelebt hatte: Er hätte ihm ganz schön eingeheizt. Offenbar war sein Umfeld nicht in der Lage, Heinrich in die Schranken zu weisen. „Sein Großvater, Kaiser Lothar von Süpplingen, ließ hier in Königslutter, lange vor dem Braunschweiger Abklatsch, einen Dom errichten, der in seiner Klarheit noch heute fasziniert", lobte der bunte Kerl das Bauwerk, vor dem er stand. „Da sind die Löwen am Portal noch ordentlich in Stein gehauen und nicht etwa in Bronze gegossen und dieser ganze Firlefanz!" Mein lieber Herr Gesangverein, dachte ich, der hat ja wirklich einen ziemlichen Brast auf alles Braunschweigische.

Ich wollte mich abdrehen und weggehen, denn das musste ich mir nicht wirklich länger anhören, obwohl es – wie ich aber erst später erfuhr – von eindrucksvoller historischer Kenntnis zeugte. Doch der Kerl stieg von seiner Kiste und mir nach. Er wollte mir ein Geheimnis verraten, was es nur an diesem Gotteshaus gäbe. Um Himmels Willen, dachte ich: Einmal der Rede eines Verrückten gelauscht – es ist nicht wieder gutzumachen. Und als ich in Gedanken die verschiedenen Möglichkeiten durchspielte, wie ich ihn wohl wieder loswerden könnte, standen wir schon vor der Apsis, wo der Kerl, der offensichtlich vergessen hatte, sein Karnevalskostüm auszuziehen, weiter dozierte: „Der Jagdfries ist ein beliebtes Sujet gewesen in jenen alten Tagen, aber dieser hier ist einzigartig", und er forderte mich auf, die Eigentümlichkeit zu finden. Ich fand sie natürlich nicht. Jäger und Hasen und hetzende Hunde, die sich über das erlegte Wild hermachten. Wo, bitte schön, sollte hier das Besondere verborgen liegen? „Mach dir nichts draus, mein Freund, die wenigsten wissen Bescheid. Ich auch nur, weil einer meiner Vorfahren die Hand im Spiel hatte, ein Bildhauer aus Modena." Jetzt war ich schon sein Freund. Ich musste zusehen, wie ich seinen Fängen entkommen könnte und wollte anheben zum Protest, als ich die Mitte des Frieses sah, auf die der Typ im Schlafanzug nunmehr hektisch hinwies. Dort waren Hasen zu sehen, die sich über einen Jäger hermachten! Verkehrte Welt, dachte ich. „Genau: verkehrte Welt", echote der Kerl, der doch wohl nicht zu allem Überfluss auch noch Gedanken lesen konnte. Eine Groteske, die das traditionelle Jagdmotiv auf den Kopf stellte. Sensationell für die Zeit, Mitte des 12. Jahrhunderts. „Aber wenn ich recht informiert bin", ging ich jetzt in die Offensive, „hat Heinrich der Löwe diesen Kaiserdom seines Großvaters vollendet. Wer sagt dir, dass es nicht der Sachsenherzog war, der diesen Jagdfries in Auftrag gab?" Den Auftrag mochte er gegeben haben, aber dieses Ergebnis hätte er nicht bestellt, meinte der Clown und bot mir an, mich ein wenig zu begleiten – wir hätten noch einen weiten Weg vor uns. Also doch, er wusste, was ich wollte. Und wenn ich ihn schon nicht abschütteln konnte, wollte ich wenigstens wissen, mit wem ich es zu tun habe. Er heiße Till, rief er fröhlich und streckte mir zum Gruß die Hand entgegen und die Zunge heraus. Woher er käme, würde er später noch zeigen. Vorerst genügten sein Name und die Versicherung, dass er der beste Wanderführer weit und breit wäre. Niemand durchstreifte die Gegend hier länger und intensiver als er.

Ich wollte den Elm von Königslutter aus überqueren und am Südrand noch ein wenig Richtung Westen wandern. Den meisten ist er nur aus dem Kreuzworträtsel bekannt: Höhenzug bei Braunschweig mit drei Buchstaben. Der Brockhaus wird konkreter: „Im nördlichen Harzvorland, Niedersachen, südöstlich von Braunschweig, bis 322 Meter ü.M.; ein NW-SO verlaufender, salztektonisch aufgewölbter Muschelkalksattel; Steinbrüche; ausgedehnte Buchenforsten; Teil des Naturparks Elm-Lappwald (47 km^2) , der sich nach NO bis an die Grenze zur DDR erstreckt." Das ist mir immer noch zu wenig, weil einige Details fehlen. Zum Beispiel, dass sich dieser Muschelkalkstein aus zahllosen Stielgliedern von Seelilien gebildet hat und dass der Elm deshalb als größter „Seelilienfriedhof" der Welt bekannt geworden ist. Oder dass dieser Elmkalkstein zum „Exportschlager" wurde, fast sämtliche Kirchen, Klöster, Burgen und Schlösser der Region aus diesem Baumaterial entstanden, dass die Altstadt von Braunschweig deshalb die „Stadt des weißen Elmkalksteins" genannt wurde und dass Bildhauer daraus Plastiken schufen wie die Löwen am Kaiserdom, Heinrichs Grabmal im Braunschweiger Dom und den Bremer Roland. Der Buchenwald, den der Brockhaus so lapidar abhandelt, gilt als schönster Norddeutschlands.
Vom Dom aus geht man rechts an der Klostermauer entlang, dann links den Weg empor bis zu den Teichen, wo das Naturschutzgebiet beginnt. Ein Schild bedroht mich mit dem Hinweis, dass es 16 Kilometer bis nach Schöppenstedt sind. Noch begegnet man vereinzelt Spaziergängern im Jogginganzug und solchen, die laufen; die einen gehören als Patienten zum hiesigen Landeskrankenhaus, die anderen tun alles Erdenkliche, um nicht dahin zu kommen. Das Wirtshaus Lutterspring lassen wir links liegen und können das getrost tun – es hat sicher bessere Tage erlebt. Hinweis für Kulturmuffel: Wer sich den Dom sparen will oder ihn schon kennt, kann seine Wanderung auch erst hier beginnen, hat allerdings dann auch die wirklich malerischen Teiche verpasst, an denen die Lutterquelle liegt. Am Wanderparkplatz begeben wir uns bergan in südöstlicher Richtung in den Wald, zunächst am Erlebnissteinbruch Hainholz entlang. Der Weg heißt Steinkohlenstraße und ist nicht so schlimm, wie er klingt. Überhaupt

haben die Gemarkungen hier wortgewaltige Bezeichnungen: Sie heißen Butterberg und Honigkuchengrund, Hucketal, Drachenberg und Düsterer Winkel, Altfeld, Langelebener Platz und Weißer Weg. In den nächsten zwei Stunden werden wir den Wald nicht verlassen. Man muss auf alles vorbereitet sein, vielleicht nur nicht darauf, dass man plötzlich mit den landestypischen Kalksteinchen beworfen wird: Till wollte wieder mal auf sich aufmerksam machen. Während ich meinem Enzyklopädiewissen und dem Wanderkartenstudium nachhing, hat er mir aus herumliegenden Buchenzweigen einen wunderbaren Wanderstock geschnitzt.

Der mit einem zünftigen Stiefel gekennzeichnete Hauptwanderweg, der uns bislang Orientierung gab, führt weiter ins Reitlingstal hinab. Wir biegen vor dem Drachenberg links ab. Am höchsten Punkt dieses 4-Wälder-Rundweges soll ein Funkturm stehen, aber es sind gleich drei. In meiner Kindheit gab es links und rechts von vielbefahrenen Straßen Betonbehälter mit der grammatikalisch bedenklichen Werbeaufschrift „Ich bin zwei Öltanks". Daran muss ich angesichts dieser Sendemasten denken, die wohl nicht nur Funk und Fernsehen dienen. In bester Asterix-Manier sagt Till in meine Überlegungen hinein: „Die spinnen, die Briten. Als Besatzer haben sie nach dem Zweiten Weltkrieg von hier aus erst die Sowjets und dann die selbsternannten deutschen demokratischen Republikaner belauscht. Zu den Abhöranlagen hier oben gehören unten in Langeleben längst verfallene Baracken." Die erneute Groteske, dass nämlich das Hinfällige, das längst Überwundene ausgerechnet in einem Ort namens Langeleben stationiert war, bemerkt Till nicht. Wir überqueren die Landesstraße 290 in östlicher Richtung und gelangen nach nicht ganz einem Kilometer in diese Ortschaft, die außer Verfall und Jugendheim eine Burgruine beherbergen soll. Man tut sich schwer, sie zu finden, denn sie besteht nur aus einem Restgemäuer und einem verwilderten Wassergraben. Dennoch erhielt sie unter Nr. 19 Einzug in das Femo-Verzeichnis, was für Freilicht- und Erlebnis-Museum Ostfalen steht. Und Till, wer sonst, weiß auch warum:

Das Ding sei schon zu seiner Zeit hinüber gewesen. Alaburg habe man es damals genannt, der brunonische Fürst Eckbert, der Einäugige, soll

sie besessen haben, und als die Sachsen Kaiser Ottos II Tochter Adelheid befreiten, haben sie die Wasserburg erstmals versenkt. Till weiß, dass die Burg Ende des 1. Jahrtausends entstanden sein muss, dass sie Mitte des 13. Jahrhunderts erstmals urkundlich erwähnt und in den folgenden Jahrhunderten mit dem Geschlecht derer von Langeleben in Beziehung gebracht wurde. Schließlich hätte auch ihr der Dreißigjährige Krieg den Rest gegeben, 1626 sei die Burg vollständig zerstört worden. Es war Erbprinz August Wilhelm, der rund 75 Jahre später an der gleichen Stelle ein Schloss, einen Wirtschaftshof, eine Kapelle und eine Schule errichten ließ. Das muss die Blütezeit dieses Anwesens gewesen sein, denn u.a. wurden hier zahlreiche Jagdgesellschaften abgehalten. Mein Informant weiß überdies, dass nach der Französischen Revolution der „Schwarze Herzog" Friedrich Wilhelm von Braunschweig zu Gast war und seine Schwester hier bewirtete, die keine Geringere als Königin Caroline von England war. Ob es ihr gefallen hat, mag man bezweifeln, denn Till meint, dass das Ganze damals schon ziemlich baufällig war. Bald darauf, um 1830, sei alles abgerissen worden.
Langeleben ist aber noch in zweierlei weiterer Hinsicht ein geschichtsträchtiger Ort. Auf das erste Ereignis weist ein Gedenkstein hin, den wir Wanderer gar nicht übersehen können, weil er direkt an der Straßengabelung steht, wo es links nach Lelm und rechts nach Räbke geht. Er erinnert an den 11. April 1945, als kurz vor Kriegsende genau an dieser Stelle amerikanische Jagdbomber bei einem Tieffliegerangriff 35 Kinder im Alter von vier bis sechs Jahren und ihre beiden Helferinnen töteten; sie stammten aus dem Braunschweiger Waisenhaus und waren im Zuge der sogenannten Kinderlandverschickung hierher gekommen, um vor Bombenangriffen in Sicherheit gebracht zu werden. Sie sind hier begraben. Auch das 2nd Squadron, 1st Wireless Regiment der Royal Army mag die vermeintlich strategische Bedeutung dieses Punktes erkannt haben und errichtete deshalb in den 50er Jahren in Langeleben die Quartiere für den Abhörposten. Es war die Zeit des Kalten Krieges und man rechnete tatsächlich mit dem großen Überfall des Warschauer Paktes. Die Engländer rüsteten hierzulande in den 60er Jahren regelrecht auf, machten sich breit, nannten das Anwesen „Anderson Barracks" und

waren „amused" durch Kino, Bar, Shop und Pool-Entertainment für rund hundert Tommies. 1992 war endgültig Schluss, was folgte, waren wieder Verfall, Vandalismus. Langeleben als Totenstadt? Nicht ganz: Jugendheime und Camps gibt es hier nach wie vor, und die nutzen das historische Gelände, oftmals ohne seine Geschichte zu kennen.

Über eine Lichtung gelangen wir auf den Wanderweg, der mit einer 15 gekennzeichnet ist und sich Tetzelweg nennt. Nach rund zwei Kilometern und einem kleinen Rechtsschwenk gelangen wir an eine parkähnliche Grünfläche, die von einer Hecke eingefasst und von einem Ausflugslokal flankiert ist. Kommt ziemlich sakral daher, dieses Denkmal, denke ich – und schon springt wieder dieser Kasper durch meine Gedanken: „Warum Tetzel, dieser Drecksack, und nicht ich", fragt Till. Er sei die berühmtere Persönlichkeit der Region, Tetzel im Grunde nur ein Gauner im Popengewand, der Ablassbriefe verkauft habe, um den Sündigen ihre Verfehlungen zu vergeben und das Geld nach Rom zu senden, damit die Kirche ihre verfallenen Gemäuer sanieren konnte. An dieser Stelle, so Till weiter, habe 1518 ein gewisser Ritter von Hagen, der sich zuvor einen Ablass für einen noch zu begehenden Mord erkauft habe, Johann Tetzel erschossen und beraubt und somit das gesamte Ablasswesen ad absurdum geführt. „Zu Recht! Dem Scheinheiligen dafür einen Gedenkstein und später noch ein sakrales Denkmal zu setzen, ist doch wohl das Letzte!" Während Till sich ereifert, habe ich mir ein frischgezapftes Duckstein bestellt – so heißt hier das obergärig gebraute, rotbraun im Glas stehende Bier – und sitze nun mit allerhand Lektüre in der Sonne:

Es war Wilhelm Bode, 1825 bis 1848 eben jener Stadtdirektor von Braunschweig, dem man im dortigen östlichen Ringgebiet eine schöne Straße widmete, der die Geschichte abmilderte. In seiner Version habe der Ritter dem Prediger Tetzel lediglich dessen Ablasstruhe abgejagt und das darin verwahrte Geld an das bedürftige Volk verteilt. Tetzels Parole „Wenn das Geld im Kasten klingt, deine Seele in den Himmel springt" scheint in jedem Fall nach hinten losgegangen zu sein. Der Dominikanermönch Johann Tetzel, so heißt es, wurde um 1465 in Pirna geboren und ab 1504 als Ablassprediger in

verschiedenen deutschen Ländern eingesetzt. Erzbischof Albrecht II von Mainz und Magdeburg ernannte ihn 1517 zum Subkommissar für den Ablasshandel der Kirchenprovinz Magdeburg. Statt der Beichte vor einem Priester konnte, wer gesündigt hatte, die Strafe durch Kauf eines Ablassbriefes tilgen. Ein Mord wurde für acht Dukaten vergeben, Kirchenraub und Meineid kosteten einen Dukaten mehr! Ich dachte immer, es sei ein böser Witz: Da treffen sich ein evangelischer Pastor und ein katholischer Priester, der eine auf einem rostigen Fahrrad, der andere mit einem stattlichen Mercedes. Beide haben das gleiche Gehalt, beide sind ledig und haben vergleichbare Lebensgewohnheiten. Und dennoch ist der Katholik mobilitätsmäßig privilegiert. Wie kommts? will der Protestant wissen. „Ganz einfach", entgegnet sein Bruder im Geiste, „wenn sonntags nach der Messe die Kollekte eingesammelt ist, gehe ich damit in die Sakristei, ziehe mit Kreide einen Strich quer durch den Raum, werfe das Geld in die Luft, und was auf die eine Seite fällt, gehört dem lieben Gott, was auf der anderen landet, behalte ich." Es dauerte ein Jahr, bis die beiden sich wieder treffen; der Priester fährt immer noch seinen Mercedes, der Pastor aber chauffiert einen nagelneuen 12-Zylinder-Jaguar. „Ich sehe, du hast dir meine Methode angeeignet" sagt der Priester. „Aber wie konntest du das in so kurzer Zeit schaffen?" – „Ganz einfach", entgegnet sein Bruder im Geiste, „wenn sonntags nach dem Gottesdienst die Kollekte eingesammelt ist, gehe ich damit in die Sakristei, werfe das Geld in den Himmel, und was oben bleibt, gehört dem lieben Gott, was unten landet, behalte ich." So ähnlich lief das beim Ablasshandel auch: Die Hälfte der Einnahmen diente dem Bau der Peterskirche in Rom, die andere teilten sich Albrecht und Tetzel. Es war Martin Luther, der diesen Ablasshandel anprangerte, weil er dessen Vorstellung von einem büßenden Menschen verhöhnte – und es war der Beginn der Reformation.
Das Betteln des Buntgescheckten weckt mich aus meinen Recherchen: „Also bitte, warum er und nicht ich?" Ach, Till, komm' mit mir – ich zeige dir etwas, was du offenbar noch gar nicht kennst. Wir gehen wieder ein Stück Richtung Osten in den Wald hinein, biegen dann

rechts ab und kommen nach weiteren rund drei Kilometern an den südlichen Elmrand. Tatsächlich haben wir den Höhenzug jetzt überquert. Vor uns liegt die Gemeinde Sambleben; wir aber gehen östlich an ihr vorbei, ein kleines Stück asphaltierte Straße, dann zwischen Fuchs-, Hoh-, Orths- und Galgenberg hinab nach Schöppenstedt. Wanderungen, die durch Städte führen, und seien diese Städte auch noch so klein wie Schöppenstedt, mag ich eigentlich nicht und noch weniger empfehlen. In diesem Fall aber ist es nötig, weil sich in der Nordstraße 4a das Till Eulenspiegel-Museum mit Eulenspiegel-Archiv befindet (Tel. 05332-6158 täglich außer montags von 14 – 17 Uhr geöffnet, am Wochenende sogar schon ab 11 Uhr). Hier wird der mittelalterliche Narr zum Markenzeichen der Region stilisiert. Wie der Mythos Eulenspiegel entstand, wie er in der Kulturgeschichte fortlebte und bis heute rezipiert wird, auf welch unterschiedliche Weise man den Schalk und seine Streiche darstellte und interpretierte – hier findet man alles, kompakt und anschaulich ausgestellt. Außerdem tut die Pause jetzt ganz gut, denn wir haben bestimmt schon gefühlte 15 Kilometer zurückgelegt. „Na, ist das ein Denkmal?" frage ich meinen Begleiter, und dem steht der Mund vor Staunen sperrangelweit offen. 1510/11 wurde das Buch „Ein kurtzweilig lesen von Dyl Ulenspiegel geboren uß dem land zu Brunßwick. Wie er sein leben vollbracht hat" erstmals in Straßburg gedruckt. Es dauerte bis weit ins 20. Jahrhundert hinein, bis man den Braunschweiger Zollschreiber Hermann Bote (ca. 1465-1520) durch das Akrostichon als Autor entlarvte. Mit ihm können sich Kinder auf Spurensuche durch das Museum begeben. Hierfür gibt es einen eigenen Kindermuseumsführer, der zugleich Rätsel-, Bastel- und Malbuch ist. Und für die Größeren hat die Stadt Schöppenstedt einen ungewöhnlichen Spaziergang parat: 2003 haben einheimische Handwerker, Vereine, Schulklassen, Privatpersonen und vor allem Künstler damit begonnen, die 96 Geschichten des Eulenspiegel-Buches in dauerhaften Objekten aus Stein, Metall, Holz und anderen Materialien zu verewigen – eine sehr gute (und mittlerweile auch preisgekrönte) Marketing-Idee. Der Till neben und in mir ist begeistert, mehr noch, als er sich in weißem Gold geformt betrachtet. Als Fan der Porzellanmanufaktur

Fürstenberg bin ich stolz, ihn hier zu sehen. Wenngleich ich neidlos anerkennen muss, dass die Variante aus Meißen imposanter ist.
Als die Porzellanmanufaktur Fürstenberg gerade 250 Jahre alt war, richtete man ein Jubiläumsdinner an, bei dem auch der frischvermählte noch Ministerpräsident Gerhard Schröder zugegen war. Man hatte den historischen Tafelaufsatz dekoriert mit allerhand Figürchen und vor den Platz des prominenten Gastes doch tatsächlich den Till postiert. Als Maitre de Plaisir bestand ich darauf dies zu ändern, und als ich kurz vor Eintreffen der Festgesellschaft noch einmal kontrollierte, hatte man die Figur gegen etwas Wesertypisches, nämlich Baron Münchhausen eingetauscht. Oh, nein: Im letzten Moment korrigierte ich und griff die nächststehende Porzellanskulptur, es war – unbeabsichtigt weitsichtig – Atlas, das Weltgebäude tragend.
Während ich diesen wenig staatstragenden Gedanken nachhänge, lerne ich, dass Narren im Mittelalter geistig und körperlich behinderte Menschen waren, über die man sich gern lustig machte. Narrheit galt nach dem Zeugma der Bibel als Zeichen von Sündhaftigkeit. Bei Hofe ließ man Narren zur Belustigung der Mächtigen in Kostümen auftreten, wobei die Narrenkappe an Eselsohren erinnern sollte. Irgendwann genügten den Herrschern die Behinderten nicht mehr – das war die Geburtsstunde professioneller Hofnarren. Mein liebster ist Danny Kaye in dem Film „Der Hofnarr". Vernichtende Blicke von Till; ich bin mir jetzt sicher, dass er meine Gedanken lesen kann. Narren standen außerhalb der Gesellschaft, d. h. sie genossen keinen Schutz. Sie waren andererseits aber auch so frei, sich nicht an bestimmte Regeln der Gesellschaft halten zu müssen. Sie lehnten sich auf und hatten Spaß daran. Vielleicht hat mich mein alter Onkel Reinhard deshalb immer Till genannt.
„Auf nach Kneitlingen, wo alles begann", rufe ich aus. „Nein, da will ich nicht hin!" – „Komm schon, Till, stell dich nicht so an." Man verlässt Schöppenstedt in nordostlicher Richtung, jetzt wieder auf dem mit dem Stiefel gekennzeichneten Hauptwanderweg, und wir gelangen nach einer knappen halben Stunde nach Kneitlingen, jenem Dorf, das sich rühmen kann, Geburtsort von Till Eulenspiegel zu sein. Nie werde ich den Sonntag, 7. Juni 1970 vergessen, als die Braunschweiger

Zeitung erstmals eine Eulenspiegel-Wanderung von Braunschweig aus hierher veranstaltete. Und so marschierte die ganze Familie samt Anhang mit. Es war meine erste längere Wanderung überhaupt. Die 27 Kilometer waren für mich, der ich damals erst 13 Jahre alt war, ein „Marathon", der aber versüßt wurde, weil ich nicht nur klein, sondern auch Fußball begeistert war. An diesem Sonntag spielte die deutsche Fußball-Nationalmannschaft bei der Weltmeisterschaft in Mexiko im Stadion von Léon gegen Bulgarien. Und ich weiß nicht, wie sie es machten, weil es so etwas damals eigentlich noch gar nicht gab, doch es wurde die Fernsehübertragung dieses Spiels auf – ich sage jetzt mal – Großbildleinwänden oder Bildschirmprojektionen gezeigt. Jedenfalls waren wir Kinder völlig aus dem Häuschen. Die Live-Übertragung war uns Ansporn, die 27 Kilometer zu laufen. Vier Jahre zuvor hatten wir Deutschen durch eine schändliche Fehlentscheidung des Schiedsrichters das Finale gegen England in Wembley verloren. Diesmal sollte es anders laufen. Okay, zugegeben, die Begegnung gegen Bulgarien war nur ein Vorrunden-Spiel, doch nach einem Sieg gegen Marokko und mit einem überragenden Uwe Seeler, den viele schon abgeschrieben hatten, waren wir auf einem guten Weg.
Unser Weg führte damals aus Braunschweig und Riddagshausen raus über den „Grünen Jäger" und den „Schöppenstedter Turm" nördlich an Sickte vorbei durch den Veltheimer Forst an den Südrand des Elms. Überall waren Verpflegungsstationen installiert, und man bekam an den Durchgangsstellen einen Passierstempel, der später beweisen sollte, dass man wirklich gewandert ist und nicht geschummelt hat. Denn am Ende wartete natürlich eine Urkunde. Und ein sensationelles 5:2, wobei unser Rechtsaußen dominierte, der auf der gleichen Position spielte wie ich bei Eintracht: Stan Libuda von Schalke 04, eigentlich Reinhold Libuda, den sie aber wegen seiner Sprints bis zur Torauslinie und den tödlichen Flanken nach dem großen Engländer Stanley Matthews „Stan" nannten. Wir waren wirklich fußballverrückt damals in Braunschweig. Solange war unser Meistertitel noch nicht her, und vor der Tür stand Günter Mast von Jägermeister aus Wolfenbüttel, der wenige Jahre später in Braunschweig das Trikotsponsoring

für die Bundesliga erfand – seinerzeit ein Skandal, heute nicht mehr wegzudenken. Unsere Eulenspiegelwanderung endete 1970 wohl am Bahnhof von Bansleben, von wo aus uns ein sogenannter Schienenbus zurück zum Braunschweiger Hauptbahnhof brachte. Doch daran kann ich mich nicht mehr genau erinnern: Ich war viel zu erledigt von dem langen Marsch und außerdem überglücklich über den deutschen Sieg. Heute wollen wir die Kirche im Dorf lassen, was gar nicht so einfach ist. Weil es in Kneitlingen zu jener Zeit keine Kirche gab, musste Till im Nachbarort getauft werden, und so marschierte die ganze Familie samt Anhang ins nächste Dorf nach Ampleben, das war so um 1300 etwa herum. Der Weg heißt heute Eulenspiegel-Taufweg und berichtet auf einer Tafel von den seltsamen Vorkommnissen des besagten Tauftages. „Hör' auf mit den ollen Kamellen", höre ich Till intervenieren, „sie sind mir peinlich". Aber ohne diese Geschichte wäre meine Geschichte unvollständig. Man sagt, dass Till gleich dreimal getauft worden sei: Zuerst in der Amplebener Kirche, dann als seine Amme mit ihm auf dem Arm beim Heimweg in den Bach fiel, und schließlich als er in einem großen Badefass wieder sauber geschrubbt werden musste. In jedem Till Eulenspiegel-Buch ist das die erste Geschichte, und im Müchner Bilderbogen von 1872 klingt das dann so:

„Schon viel wunderliche Käuze gab es, reich an tollen Streichen.
Aber mit Till Eulenspiegel ist doch keiner zu vergleichen.
Denn mit dem fings wunderlich schon an am ersten Lebenstag,
Wie man es in Bild und Wort hier deutlich schaun und lesen mag.
Als sein Vater und der Pathe von der Taufe heimwärts schreiten
Mit klein Tillchen, lässt die Amme ihn vom Steg ins Wasser gleiten.
Und zum zweiten Mal getauft, wird mit Mühe und mit Not
Er zum Glücke noch entrissen einem frühen nassen Tod."

Also, Hand aufs Herz: Wer in diesem Rinnsal ersaufen soll, muss mutwillig in den Schlamm gedrückt werden; auch vor 700 Jahren war dies nie im Leben ein reißender Bach. Hier hat jemand zu Gunsten schlechter Knittelverse maßlos übertrieben, aber vielleicht gerade deswegen Eulenspiegel angemessen. Im Übrigen: man kann, wenn man nicht zu den ganz sportlichen Wanderern gehört, diesen Eulen-

spiegel-Taufweg auch einfach an einem sonnigen Sonntagnachmittag oder so entlang spazieren – er ist höchstens 800 Meter lang. Und mit ein bisschen Glück hat man in der windgeschützten Südhanglage des Elms einen herrlichen Blick bis zum Brocken, dessen Silhouette sich an manchen Tagen zum Greifen nah am Horizont abzeichnet.
Leider müssen wir aus Ampleben raus ein Stückchen Straße bergauf in Richtung Forsthaus Rode gehen und dann links in den Deitweg einbiegen. Er führt über Felder, Wiesen und Auen, an Pferdekoppeln vorbei immer parallel zum Elmrand und der Landesstraße 265 nach Evessen. Zwischen den schmucken Bauenhäusern, teilweise mit Aluprofil-Türen „liebevoll" restauriert, sollte man sich unbedingt in der Vollkornbäckerei mit wohlschmeckender Wegzehrung eindecken. Die kann man am Tumulus zu sich nehmen, einer vielleicht über 4000 Jahre alten künstlichen Erhebung, die mit ihren sechs Metern Höhe zu den schönsten und besterhaltensten Grabhügeln Niedersachsens zählt. Er soll aus der frühen oder mittleren Bronzezeit stammen. Dass sich ein solches Gebilde mitten in einem Dorf über Jahrtausende hält, ist ungewöhnlich; man sagt, das hänge damit zusammen, dass im Schatten der Linde, die seit über 800 Jahren auf diesem Grabhügel steht, noch bis ins 19. Jahrhundert hinein Prozesse geführt und Urteile gefällt wurden. In den Stamm dieser Gerichtslinde sind zahlreiche Nägel eingeschlagen worden – der Überlieferung nach ein abergläubisches Volksmittel, um seine Zahnschmerzen loszuwerden. Was aber nur dann funktioniert haben soll, wenn man dabei im schönsten Platt beschwörend dichtet: „Nagel, ick klage dick, min tan de plaget mik, in mik vergeilt, in dik bestreit, dat mik sin lewe nist wedder angeit." Nun, ja: wenn´s hilft! Der Tumulus von Evessen ist aber nicht nur erhalten geblieben, weil man die Praxisgebühren sparen wollte. Hier haben weder Raubgrabungen noch archäologische Forschungen stattgefunden. Es wurde verfügt, dass auch in Zukunft dieses Wahrzeichen der Archäologie im Braunschweiger Land nicht ausgegraben werden soll und damit seine Geheimnisse bewahren kann. Und während ich an dieser Stelle raste, denke ich, ist es an der Zeit, ein- für allemal Partei für Till zu ergreifen und für meinen Begleiter zu plädieren:

Hohes Gericht, meine Damen und Herren. Jemand muss Till Eulenspiegel verleumdet haben, denn ohne dass er etwas Böses getan hätte, wurde er eines Morgens verhaftet. Warum? Weil er immer, sein ganzes Leben lang, als Sündenblock herhalten musste. So auch diesmal.
Bitte gestatten Sie, dass ich einen kleinen Rückblick auf die Biografie meines Mandanten wage, denn sein Werdegang ist von zweifelhaften Zollschreibern und anderen Schmierfinken wieder und wieder entstellt worden. Für die abenteuerliche Darstellung von Geburt und Taufe des Herrn Eulenspiegel gibt es keinerlei Belege. Sie sind reine Erfindung. Eine Anzeige gegen den Urheber, Herrn Bote, wurde ebenso gestellt wie der Antrag auf einstweilige Verfügung gegen Wiederholung unter Androhung einer Unterlassungsklage. Till Eulenspiegel ist unschuldig!
Was spricht für ihn? Nun, da ist zunächst eine äußerst schwierige Kindheit und Jugend. Er wächst ohne Vater auf, die Mutter lässt ihn in einem tuntigen Kostüm rumlaufen, so dass er von aller Welt nur gehänselt wird. Durch das ewige häusliche Eingesperrtsein entwickelt er eine phantasievolle Cleverness, die ihm hilft, sich zu behaupten und zu überleben. Zeitlebens hat man ihm immer nur die niedrigsten Arbeiten übertragen, seine Leistungen gering geschätzt – und doch hat er immer etwas für sich daraus gemacht (dass seine Auftraggeber nicht selbst auf die Idee gekommen sind, ist ihr Problem).
Till Eulenspiegel hat viele Neider, Menschen, die aus Sozialneid nicht ertragen können, das ein Halbwaise aus der Unterschicht besser ist als sie. Denn er hat Geschick: Die Geschichte mit den Schuhen auf dem Hochseil wird doch nur erzählt, um uns zu zeigen, dass Till über die erforderliche innere Balance verfügt. Mein Mandant ist kein Betrüger, er wehrt sich nur. Als er alkoholisiert in einem Bienenkorb seinen Rausch ausschläft und Diebe ihn davon schleppen, schlägt er sie in die Flucht. Diejenigen, die ihn jetzt anklagen, sind die Kriminellen! Sie ärgern sich über ihn, weil er schlauer ist.
Herrn Eulenspiegel wird vorgeworfen, dass er sich mit List Honorare erschlichen habe. Diese Behauptung ist falsch. Man gab sie ihm freiwillig, weil er die besseren Konzepte hatte und hat. Er schaffte es mit einem Trick, die Krankenhauskosten zu senken (und zeigte auf, wie

scheinbar Bettlägerige dem Staat nur auf der Tasche liegen); er ist der eigentliche Erfinder der Gesundheitsreform. Er setzte sich mit gesundem Menschenverstand, über den die Wissenschaft nicht zu verfügen scheint, gegen die Professorenschaft der Universität Erfurt durch (die zunächst ihn an der Nase herumführen wollte); damit gebührt ihm die Ehre, die Diskussion um Eliten in unserem Land losgetreten zu haben.
Viele ärgerten sich so sehr darüber, dass Till ihnen den Spiegel vorgehalten hat, dass sie kurz darauf der Schlag traf und sie starben. Diese Tode meinem Mandanten, dem ehrenwerten Herrn Eulenspiegel, anzulasten, wäre infam. Diese höchst bedauerlichen Unglücksfälle gar als Morde dem anständigen Till in die Schuhe schieben zu wollen, wäre die eigentliche Straftat.
Für die großen Ausschreitungen von Rostock, die sich nach einer Fachtagung der Schneiderinnung entzündeten und durch ein Kompetenzgerangel zwischen einheimischen und auswärtigen Handwerksgilden zustande gekommen sein sollen, wollte man ebenfalls Till Eulenspiegel schuldig sprechen. Dabei hat er nur den Kongresstourismus anprangern wollen! Denn jedes tapfere Schneiderlein weiß, dass es in diesem Fach nichts Neues zu lernen gibt. Auch dieser damalige Prozess endete mit einem Freispruch.
Herr Vorsitzender, meine Damen und Herren!
Heute würde man Till Eulenspiegel einen Unternehmensberater nennen. Er ist ein Optimierer, ein Querdenker, ein Problemlöser. Menschen wie Till, sympathisch und fröhlich, braucht unser lethargisches Land heute mehr denn je. Und deshalb bitte ich Sie inständig: Sprechen Sie Herrn Eulenspiegel frei. Noch besser: Ziehen Sie die haltlosen Anklagen zurück, schließen Sie diese zweifelhaften Akten und beenden Sie diesen unwürdigen Prozess. Ich danke Ihnen.
Als der Applaus noch nicht verhallt ist, gehe ich schon wieder weiter. Westlich von Evessen könnten wir der Straße, die nach Erkerode führt, folgen, zunächst auf einem Fußweg und dann, wie wir es als Kinder gelernt haben, auf der linken Fahrbahnseite dem Verkehr entgegen. Tut mir leid, das ist jetzt keine schöne Wanderung, aber erstens nur kurz und zweitens wollen wir ja nun endlich ans Ziel. Man hätte

auch die Obstplantage von Evessen durchstreifen können, aber dort kommt man wieder zu weit vom Weg ab, und ich weiß nicht, ob das überhaupt erlaubt ist. Außerdem käme schon nach kurzer Zeit links (also in westlicher Richtung) ein Pfad zwischen den Feldern durch, der sich zwar irgendwann verläuft und uns zwingt, noch kurz im Gänsemarsch zwischen Ackerrand und Bach zu balancieren; doch bald öffnete sich wieder vor uns ein großer und breiter Feldweg, den wir rechts lang gehen könnten. Denkbar ist allerdings auch, dass wir von der Gerichtslinde die Hauptstraße Richtung Braunschweig etwa 500 Meter lang gehen (auch nicht schön) – danach gelangen wir dann rechts gleich auf diesen schönen Weg, der uns runter nach Lucklum führt. Bald nachdem die Bebauung rechter Hand begonnen hat, überquert man die Wabe und folgt ihrem Fluss am rechten Bachrand auf einem Pfad, bis man zum den Sportplatz gelangt. Vor uns sehen wir nun das Rittergut Lucklum, den Deutschherrenorden – doch was es damit auf sich hat, sollten wir uns in der „Wegwarte" durchlesen. Never change a winning team, und so bestelle ich auch hier wieder ein Duckstein, dessen Etikett den Dom von Königslutter zeigt, wo alles begann.
Ich blicke von meiner Lektüre auf uns stelle einmal mehr fest, dass die „Wegwarte" eine der urigsten Gaststätten ist, die ich kenne, mit einem der urigsten Kellner, den es überhaupt gibt: Rudi. Den 1929 in Hamburg geborenen Glatzkopf einfach nur Kellner zu nennen, wäre verfehlt: Haltung, Kleidung, Sprache – ja sein ganzes Auftreten lässt Rudolf Zahrnt eher als Sommelier erscheinen. Weltgewandt ist er, weil er weitgereist ist und schon an allen möglichen und unmöglichen Orten gearbeitet hat. In der Harvestehuder Alster-Villa des Anglo-German-Club, in den feinsten und besten Hotels in der Schweiz und in England, schließlich im Kölner Domhotel. Zwischenzeitlich ist Rudi, wie es sich für einen Hanseaten gehört, auch sechs Jahre lang zur See gefahren, als Stewart der Hamburger Südamerikanischen Dampfschifffahrtsgesellschaft. Mitte der 70er Jahre ließ er sich als Hoteldirektor in Braunschweig nieder. Auch Till ist von ihm begeistert, andere haben ihn den nettesten Kellner weit und breit oder die gute Seele der Wegwarte

in Lucklum genannt. Ich kann eigentlich nur sagen, dass ich immer, wenn ich ihn hier antreffe, weiß, dass ich angekommen, dass ich zu Hause bin.
Schon von weitem hat er uns kommen sehen und nimmt kein Blatt vor den Mund: „Na, musst du mal wieder den Till durchfüttern?" Mach' ich doch gerne, denn ich habe viel gelernt und mein Ziel erreicht. Noch ein Wort zur ehemaligen Deutsch Ordens Kommende Lucklum: Um 880 gründete Hildegrim von Halberstadt hier eine Kirche, 1051 ist „Lucgenheim" erstmalig urkundlich erwähnt. Die Gründung der Deutsch Ordens Kommende Lucklum ist auf 1275 datiert. Was verbirgt sich hinter diesem seltsamen Wortspiel? Ich blicke Till an, aber der zuckt nur mit den Schultern und futtert alles, was er kriegen kann, in sich hinein. Ich lese derweil: 1287 sei das Ganze Verwaltungssitz der Ballei Sachsen und Sitz des Landkomturs geworden. Also, von hier aus wurde ein Ritterordensbezirk organisiert, der von der Weser bis zur Oder, von Nord- und Ostsee bis zur Elbe hinunter reichte. 1547 hat man sich klugerweise der Reformation angeschlossen und wandelte das Rittergut/Kloster in ein Herrenstift des Deutschen Ordens um. Nach der Französischen Revolution und der Auflösung des Deutschen Ordens durch Napoleon gelangte Lucklum 1809 in Privatbesitz – bis heute. Die Kirche kann man besichtigen, und im Rittersaal finden Konzerte statt. Wo einst weißgewandte Ritter, Priester und dienende Brüder mit einem schwarzen Kreuz auf der Brust wirkten, leben jetzt Künstler, Goldschmiede, Designer, … und bis in die Abendstunden hinein eben auch Rudi.

Noch etwas Praktisches mit auf den Weg geben:
Wer jetzt sein Auto in Königslutter am Dom abgestellt hat, kann mit dem Bus, der direkt vor der „Wegwarte" startet, innerhalb von 30 Minuten an den Ausgangspunkt gelangen, allerdings nur von Mai bis September und nur an Sonn- und Feiertagen, entweder 15:32 Uhr oder 17:32 Uhr (vorher werden Sie nicht in Lucklum sein).

Säbelrasseln auf der Asseburg

Durch eine Lücke im Blätterdach der hohen Buchen warf ich einen besorgten Blick auf die schweren, dunklen Gewitterwolken. Ich war an diesem Freitagnachmittag spät zu meiner kleinen Wanderung durch die Asse aufgebrochen. Erst hatte mich ein Problem länger als üblich im Büro aufgehalten, dann hatte ich eine Weile gebraucht, um alles für mein Picknick einzupacken, ehe ich endlich losgefahren war.
Auf dem großen Parkplatz beim Waldgasthaus Asse in Wittmar hatte ich mein Auto abgestellt und mich mit Harlekin, meinem jungen Jagdhundmischling, auf den Weg gemacht. Von früheren Ausflügen kannte ich die meisten Wanderrouten, sodass ich nur einen flüchtigen Blick auf die Tafel des Freilicht- und Erlebnismuseums Ostfalen, kurz FEMO, am Parkplatz zu werfen brauchte.
Ich hatte den Weg an der Pferdekoppel vorbei genommen, war links abgebogen und dem Pfad gefolgt, der sich am Hang des „Rothenbergs“ entlang zieht. Auf der Bank an dem kleinen Teich hatte ich eine längere Rast zum Essen eingelegt und dabei bemerkt, dass ich das Hundefutter vergessen hatte. Ein junges Tier wie Harlekin sollte man öfter als einmal am Tag versorgen, hatte der Tierarzt empfohlen. Daher verputzte Harlekin die mitgenommenen Leberwurstsemmeln, während für mich nur die Käsebrote übrig blieben. Die Rast hatte länger gedauert als geplant, denn ich spürte bei der außergewöhnlichen Hitze eine gewisse Trägheit. Für September war es eindeutig zu schwül.
Endlich hatte ich meinen Weg fortgesetzt, vorbei an den FEMO-Erlebnispunkten Nummer sieben und sechs, wo ich einen kurzen Blick auf die freigelegten geologischen Schichten des frühen Erdmittelalters aus Bundsandstein, Muschelkalk und Keuper geworfen hatte. Dann war ich dem Forstweg gefolgt, der sich am „Röhrberg“ entlang zieht.
Seit dem Mittag hatte sich eine stickige Schwüle ausgebreitet. Unter den schattigen, dicht belaubten Bäumen hatte ich die drohenden

Gewitterwolken nicht heraufziehen sehen, bis sie einen Großteil des Himmels bedeckten und die Sonne verdunkelten. Es war erst später Nachmittag, aber so dunkel wie am Abend. Das Unterholz und die grauen Buchenstämme neben dem Weg verschwammen zu einer undurchsichtigen, finsteren Mauer. „Hoffentlich komme ich noch trocken zum Auto", dachte ich.

Der Weg kam mir heute länger vor, als ich ihn in Erinnerung hatte. Ich wurde das Gefühl nicht los, dass ich längst die Kreuzung hätte erreicht haben müssen, von der aus der Weg nach links abwärts zum Waldgasthaus führt, aber stattdessen zog sich neben mir der Waldrand ununterbrochen und einförmig hin, so weit ich bei der schlechten Beleuchtung sehen konnte. Ich schaute auf meine Armbanduhr, aber sie war stehen geblieben. Es konnte unmöglich erst fünf Uhr nachmittags sein. Harlekin schien das aufziehende Gewitter nicht zu stören. Er zerrte unternehmungslustig an seiner Leine, die Nase tief am Boden, um keine interessante Witterung zu versäumen.

Plötzlich stolperte ich über meinen Schnürsenkel, der sich gelöst hatte. Als ich mich bückte, um ihn neu zu binden, hielt ich die Hundeleine für einen Moment nur locker in der Hand. Gerade in diesem Augenblick sprang ein Kaninchen aus dem Unterholz und flitzte quer über den Weg. Harlekin bemerkte es sofort und machte sich mit einem abrupten Satz an die Verfolgung, wobei er mir die Leine entriss. Bellend hetzte er einen schmalen Trampelpfad hinauf dem Kaninchen nach. Dass ich nach ihm rief und pfiff, blieb vergeblich. Der Jagdinstinkt des Tieres brach durch.

Ich fluchte und versuchte, meinem Hund zu folgen, den ich längst nicht mehr sehen konnte. Nur das Bellen zeigte mir seine ungefähre Richtung an. In dem Dämmerlicht des heraufziehenden Gewitters konnte ich kaum erkennen, wohin ich trat und stolperte häufig, aber ich wollte meinen Hund auf keinen Fall allein lassen. Falls Harlekin einem Jäger begegnete, dürfte der den scheinbar wildernden Streuner erschießen.

Eine ausgefahrene Spur führte aufwärts in Richtung der Ruine der Asseburg, schätzte ich. Die Reste dieser alten Befestigungsanlage kannte ich seit meiner Kindheit, denn sie hatten mich schon damals fasziniert. Ich hatte mir vorgestellt, wie im Mittelalter Bogenschützen hinter den schmalen Schießscharten der wenigen heute noch erhaltenen Mauern Wache gehalten hatten. Man kann heute noch erkennen, wo früher die Eingangstore lagen. Links neben einem von ihnen ist ein rundbogiger Türsturz erhalten geblieben, der wahrscheinlich zu einer angrenzenden Wachstube gehörte. In dem hellen Mauerwerk aus Rogen- und Muschelkalkstein stecken noch die alten, rostigen Türangeln. Am anderen Ende der Anlage führt eine ausgetretene Treppe auf den unteren, erhaltenen Teil eines massigen Turms mit einer Brüstung. In der Mitte des Turms sieht man in einen tiefen Schacht hinab, von dem meine Eltern behaupteten, es müsse eine Zisterne sein, aber ich fand diese Erklärung langweilig. Ich war überzeugt, dass es dort ins Verließ ginge. Das war viel spannender und gruseliger.

„Halt! Wer kommt da?" Plötzlich vertraten mir zwei dunkle Gestalten den Weg. Abrupt blieb ich stehen und starrte ungläubig auf die beiden Männer, die mir mit gekreuzten Lanzen den Weg versperrten. Ihre Kleidung glänzte scheinbar metallisch im Feuerschein, hohe Stiefel reichten über die Knie bis zu einem weiten, ärmellosen, blau und gelb gemusterten Obergewand. In einer Hand hielten sie die Lanze in der anderen einen ovalen, mittelalterlichen Schild. Das metallische Funkeln ihrer Ärmel war keine optische Täuschung. Sie trugen tatsächlich Kettenhemden.

„Entschuldigung", murmelte ich verdutzt. „Ich wusste nicht, dass hier ein Film gedreht wird. Ich suche meinen Hund." „Film?", fragte einer der Männer, dem das lockige, blonde Haar fast bis auf die Schultern fiel. „Wir bauen hier eine Burg." „Aber kein Mensch baut heute noch Burgen." „Warum nicht? Das tut man an vielen strategisch günstigen Stellen."

In meinem Kopf wirbelte alles durcheinander. Entweder träumte ich das alles oder jemand im Büro hatte mir Schnaps in den Kaffee gegossen. „Welches Datum haben wir denn heute?", fragte ich vorsichtig. „Den 25. September 1218", antwortete der junge Mann mit den hellen Locken, während sein Begleiter, der die Haare kurz geschnitten trug, schweigend nickte.

„Wir bauen hier eine Burg. Sehen Sie die beiden Männer dort drüben neben dem Feuer, die sich im Schwertkampf üben?“ Ich blickte hinüber. Beide Kämpfer trugen Kettenhemden, Brust- und Rückenpanzer, eiserne Handschuhe und Stiefel, dazu sogenannte Topfhelme mit Sehschlitzen, wie sie im 13. Jahrhundert üblich waren.

Ihre langen, breiten Schwerter waren offensichtlich sehr schwer, denn sie wurden mit beiden Händen geführt. Der linke Ritter hob jetzt seine Waffe und machte einen Ausfall nach vorn. Die Klingen blitzten im Feuerschein und klirrten zusammen.

„Der Linke ist mein Vater, Gunzelin von Wolfenbüttel“, fuhr mein Gesprächspartner fort. „Der Rechte ist der Adelige Haold von Biewende. Die beiden bauen hier zusammen eine Burg, eine Ganerbenburg.“ „Was ist eine Ganerbenburg?“, fragte ich. „So nennt man eine Burg, die von zwei oder mehr Familien erbaut und bewohnt wird. Es muss sich dabei nicht um ein Erbe handeln. Ich bin Burchard III., Gunzelins zweitältester Sohn, und ich werde später diese Burg erben, während mein älterer Bruder in Wolfenbüttel residieren wird. Im Moment bin ich Befehlshaber der welfischen Garnison des Stifts Quedlinburg, aber das ist keine Stellung für die Dauer. Darum soll ich einen eigenen Besitz bekommen“, erklärte Burchard stolz.

„Es wird die schöne Sophie von Brehna aber nicht freuen, wenn du weggehst“, brummte sein bisher schweigsamer Begleiter. „Wer ist Sophie?“, wollte ich wissen. „Sie ist die Reichsäbtissin vom Kloster Quedlinburg.“ „Gunter, halt den Mund“, unterbrach Burchard rasch und grinste verlegen. „Sophie und ich stehen uns sehr nahe, wenn Sie wissen, was ich meine. Bitte, sagen Sie es nicht weiter. Jedenfalls, sobald es möglich ist, werde ich hier wohnen und selbstverständlich nenne ich mich dann ‚von der Asseburg‘!“ Staunend starrte ich ihn an.

„Sie sehen so zweifelnd aus, aber glauben Sie mir, dies ist ein idealer Platz für eine Burg. Der Hang im Nordosten ist so steil, dass uns von dort niemand zu Pferd angreifen kann und Belagerungsmaschinen wie beispielsweise Katapulte kann man dort auch nicht aufstellen. Hier am flacheren südwestlichen Hang, wo die Bauern Terrassen angelegt und Weinstöcke gepflanzt haben, werden wir einen Graben und eventuell eine Vorburg benötigen. Die Hauptburg wird der schmalen Form des Bergkammes folgen und an den Enden je einen Eingang besitzen, der von vorgelagerten Gräben und Wällen geschützt werden soll. Wir passen das Innere dem Gelände an: Eine Längsmauer wird sich durch die Burg ziehen, die den höher gelegenen Teil mit den Wohnbauten und Türmen von dem tieferen mit den Wirtschaftsgebäuden trennen wird. Kommen Sie mit zum Feuer, ich zeige es Ihnen."

Burchard führte mich in die Nähe des Feuerscheins und zeichnete mit seiner Lanzenspitze einen Grundriss auf eine sandige Stelle des Bodens. „Hier, wo wir stehen, soll ein Eingang liegen, der in einen der unteren fünf Höfe führen wird, die jeweils durch Quermauern mit Toren voneinander getrennt sein werden. Falls ein Angreifer eine Mauer überwände, gelangte er dadurch nicht sehr weit, sondern würde von der nächsten Mauer aufgehalten werden. Die Gebäude im unteren Teil werden als Ställe, Scheunen und Wirtschaftsräume dienen. Sie sollen teils aus Fachwerk und Holz errichtet werden. Genug Bäume gibt es hier, die wir fällen können und müssen, denn das Umfeld der Mauern muss frei sein, damit unsere Wachen einen nahenden Feind von Weitem kommen sehen und freies Schussfeld haben. Im höher gelegenen, nordwestlichen Teil werden wir unsere Wohngebäude, den Pallas, den Bergfried und wahrscheinlich drei quadratische Türme mit über zwei Meter dicken Mauern errichten. Dazwischen soll es vier Höfe geben. Wir werden den nördlichen Teil bewohnen, die Familie von Biewende den südlichen. Vor den Umfassungsmauern müssen wir Gräben ausheben, die von Zugbrücken überspannt werden sollen. Der Untergrund besteht aus Fels, so dass wir keine ‚Mineure' fürchten müssen, die mit unterirdischen Gängen die Mauern untergraben und zum Einsturz bringen könnten. Sie sehen, es ist der ideale Platz für eine Burg."

„Der Bau hat zwei Nachteile, die du vergessen hast zu erwähnen", brummte Gunter. „Welche?", fragte ich neugierig. „Es gibt hier oben keine Quelle. Wir müssen eine Zisterne ausheben. Wenn sie leer würde, müssten wir Wasser mit Eseln vom ‚Tönnchenbrunnen', der Quelle östlich von Groß Denkte, heraufschaffen. Das kann bei einer Belagerung schwierig sein." „Aber Gunter, bedenke doch diese beherrschende Lage, der freie Blick über das Land, direkt über der Handelsstraße von Braunschweig nach Leipzig. Wir könnten auch einen Geheimgang für Notfälle in den Fels schlagen und uns auf diese Weise Nachschub holen", meinte Burchard.

„Der zweite Nachteil ist, dass deinem Vater der Grund und Boden nicht gehört", beharrte Gunter. „Wie, Sie bauen auf fremdem Land?", staunte ich. „Fremd würde ich das nicht nennen", antwortete Burchard. „Der Assehöhenzug gehört dem Reichsstift Gandersheim, dessen Lehnsmann mein Vater ist. Die Reichsäbtissin Mechthild von Gandersheim sollte sich freuen, wenn wir auf ihrem Gebiet für Ruhe und Ordnung sorgen, die Wegelagerer vertreiben und die Handelsrouten sichern. Eigentlich sollte sie sogar etwas zum Bau dazu zahlen."

„Mechthild sieht das aber ganz anders. Sie verlangt den Abriss und will uns bis zum Papst hinauf verklagen", unkte Gunter. „Papst Honorius III. ist weit", lachte Burchard. Er kann nichts gegen uns unternehmen. Mein Vater ist Reichstruchsess des Königs." „Was ist ein Truchsess?", wollte ich wissen. „Ein Reichstruchsess ist der oberste Hofbeamte. Außerdem ist mein Vater für den König in heiklen diplomatischen Missionen unterwegs. Friedrich II. braucht ihn und wird auch gegen den Papst zu ihm halten."

„Das muss man Gunzelin lassen, er versteht es, sich den Mächtigen unentbehrlich zu machen und das Beste für sich herauszuholen", gab Gunter zu. „Angefangen hat er als einfacher Dienstmann des Welfenhauses, hat sich unter Kaiser Otto IV., dem Sohn Heinrichs des Löwen, zum ersten Mal zum Reichstruchsess hochgearbeitet und teils als Lehen, teils durch Erbschaft einige Besitztümer zusammenbekommen: Er ist Lehnsmann der Welfen auf der Festung Wolfenbüttel und Graf von Peine, ferner Lehnsmann des Stifts Gandersheim, des Bistums Hildesheim, der Klöster Steterburg und Sankt Ludgeri in Helmstedt, der Grafen von Regenstein, von Schaumburg-Holstein, der Edlen von Meinersen, sowie Reichslegat in Mittelitalien. Während der

Auseinandersetzungen zwischen Welfen und Staufern um die Krone hat sich Gunzelin sehr geschickt verhalten. Nach dem Tod des Welfen Otto IV. und der Machtübernahme der Staufer hat er sich ihnen angeschlossen und wurde von Friedrich II. prompt wieder zum Reichstruchsess ernannt. Sollte das Regentenhaus erneut an eine andere Familie fallen, wird auch Gunzelin wieder geschickt die Fahne wechseln."

Ich hatte gebannt zugehört. Wo immer ich hier hinein geraten war, ich fand es faszinierend. Ich betrachtete neugierig die etwa dreißig Personen, die sich um das Lagerfeuer zu schaffen machten.

Die Frauen trugen lange, faltenreiche Gewänder in Unifarben, wobei die Oberkleider meist ärmellos waren und die engen, farblich kontrastierenden Ärmel der Unterkleider sehen ließen. Die wohlhabenden, adeligen Damen hatten samtene oder seidene Gewänder mit Schleppen und luftige Schleier, unter denen aufwendig gelocktes Haar hervorschaute. Andere Frauen, die wohl Dienerinnen oder Mägde waren, trugen einfache, braune Hemdkleider aus Leinen. Sie drehten einen Spießbraten über dem Feuer. Zwischen ihnen stand Harlekin, der voller Hingabe den Braten anstarrte und Mitleid erregend winselte, als sei er kurz vor dem Verhungern.

Die Männer waren in lange Obergewänder gekleidet, die bis über die Knie reichten. Einige trugen einen weiten, halbkreisförmigen Umhang mit Kapuze. Alle waren glatt rasiert und die, deren Kleidung aus teuren Stoffen mit Pelzbesatz bestand, trugen das Haar fast schulterlang. Andere in kurzen, grauen Hemdröcken und weiten Hosen, die wohl Knechte oder Knappen waren, hatten das Haar kurz geschnitten. Einer von ihnen striegelte ein Pferd, das im Hintergrund an einer Mauer angebunden war. Andere schnitzten an Schäften für Pfeile, schliffen ihre Schwerter oder polierten Schilde.

„Was ist das für ein Tier auf dem Schild?", wollte ich wissen. „Das ist das Wappen meines Vaters mit dem springenden Wolf, der für die Burg Wolfenbüttel steht und den zwei Korngarben für Peine." In der Ferne zuckte ein Blitz und ein erstes Donnergrollen rollte vom Harz heran.

Plötzlich zerriss das schrille Klingeln eines Handys die mittelalterliche Szene. „Verdammt, Frank", fuhr Burchard Gunter an. „Wie oft habe ich dir schon gesagt, du sollst dein dämliches Handy zu Hause lassen!" „Handy?", fragte ich verdattert. „Soll das heißen, das hier ist alles nur eine Art Maskerade?" „Ja, was denken Sie denn? Glauben Sie etwa, Sie seien durch ein Zeitloch ins Mittelalter gestolpert?", fragte Gunter, der Frank heißt, und lachte. Die anderen stimmten ein. Ich kam mir sehr dumm vor.

„Was machen Sie dann hier in diesen Verkleidungen?" „Wir sind eine Gruppe von ‚Rollenspielern', das heißt, wir treffen uns, um nach einem lockeren, improvisierten Plan mittelalterliches Leben nachzuspielen." „Da haben Sie mich schön veralbert", meinte ich beleidigt. „Dann waren das also alles Räuberpistolen, die Sie mir vorhin erzählt haben." Burchard, der im wirklichen Leben Timo heißt, wie ich später erfuhr, hörte auf zu lachen. „Nein, wir halten uns an historische Tatsachen. Unsere Kleidung und die Waffenattrappen entsprechen alten Überlieferungen. Heute haben wir als Thema die Geschichte der Asseburg genommen und dazu auch recherchiert. Gunzelin, Burchard, Sophie, Mechthild hat es tatsächlich gegeben, die Kaiser Otto und Friedrich, sowie den Papst Honorius auch. Was ich über den Bau der Burg erzählt habe, stimmt ebenfalls, soweit man das feststellen kann. Baupläne gab es im 13. Jahrhundert nicht und die Ergebnisse der Ausgrabung von 1892 sind leider nicht sehr genau. Der später gezeichnete Grundriss lässt sich nicht überprüfen, weil vieles wieder verschüttet ist, aber diese Burg lag strategisch wirklich sehr günstig. Sie wurde 1220, spätestens 1223 vollendet und nie erobert. Nachdem sich Gunzelin 1252 mit dem neuen König Wilhelm von Holland, einem Welfen, überworfen hatte, belagerte des Königs Schwager, Albrecht von Braunschweig, genannt der Lange, die Burg. Gunzelin starb 1255, aber Burchhard hielt die Burg während der dreijährigen Belagerung."

„Drei Jahre sind eine lange Zeit", bemerkte ich. Timo nickte bewundernd. „Burchard, der in einigen Quellen auch Busso genannt wird, hatte einige Tricks auf Lager. Beispielsweise soll er den Pferden die

Hufeisen verkehrt herum angenagelt haben. Wenn er dann mit seinen Männern heimlich die Burg verließ, um Nachschub zu holen, dachten die Belagerer anhand der Spuren, Reiter seien zur Burg gekommen. Bei einer scheinbar größeren Anzahl von Verteidigern ließ Herzog Albrecht nicht angreifen. Umgekehrt zeigten die Hufabdrücke von der Burg fort, wenn Burchard mit seinen Leuten zurückgekehrt war. Albrecht vermutete dann aber, die Mauern seien nur von wenigen Wachen besetzt, startete eine Attacke und stieß auf großen Widerstand der vollzähligen Verteidiger. So gelang es Burchard die Festung von 1255 bis 1258 zu halten. Er übergab sie erst gegen eine damals üppige Abfindung von 400 Mark.

Später wohnten hier welfische Vögte. Die Burg wurde mehrmals verpfändet. Während der ‚Großen Fehde' zwischen der Stadt Braunschweig und ihren Herzögen wurde die Burg 1492 von der eigenen Besatzung angezündet, weil sie die Festung nicht dem Landesherrn überlassen wollten, die Verteidiger aber dringend als Entsatz zum Schutz der Stadtmauern gebraucht wurden. Drei Tage lang soll die Burg als brennende Fackel weit ins Land hinaus zu sehen gewesen sein."

Ein Blitz zuckte direkt über uns. Unter dem heftigen Donnerschlag schien selbst die Ruine zu erzittern und eine erste Windböe trieb schwere Regentropfen über den Kamm. „Ich denke, wir machen Schluss für heute. Das Gewitter bricht los", meinte Frank.

Ich half den Rollenspielern beim hastigen Zusammenpacken ihrer Requisiten und beim Löschen des Feuers. Am Bismarckturm vorbei kehrten wir über die „Liebesallee" zurück zum Parkplatz, zu unseren wartenden Autos und ins 21. Jahrhundert.

Quellen

Freilicht- und Erlebnismuseum Ostfalen (Hrg.): Natur- und kulturgeschichtlicher Erlebnispfad Asse, Broschüre Nr. 11, Königslutter 2003, Bührig.

Koch, Rudolf: Die Asseburg, Braunschweig 1988.

Korf, Winfried: Die Herren von der Asseburg und ihre Schlösser, Wolfenbüttel 1992, Kotulla.

Moderhack, Richard: Braunschweigische Landesgeschichte im Überblick, Braunschweig 1979, Waisenhaus-Buchdruckerei und Verlag.

Schultz, H. A: Burgen und Schlösser des Braunschweiger Landes, Cremlingen 1989.

Schultz, H. A.: Die Asseburg, Braunschweig 1956, Waisenhaus-Buchdruckerei und Verlag.

Thiel, Erika: Geschichte der Mode, Augsburg 1990, Weltbild Verlag.

Zillmann, S.: Die welfische Territorialpolitik im 13. Jahrhundert, Braunschweig 1975.

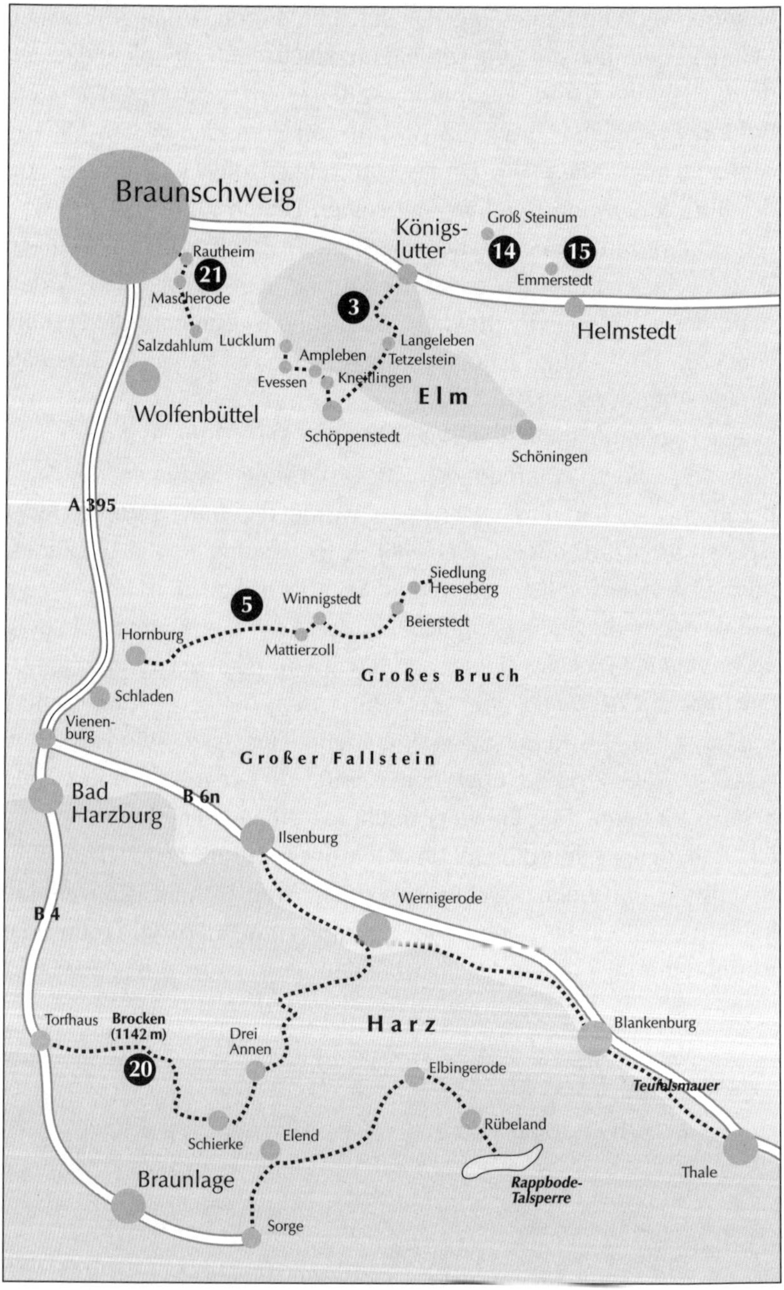
Braunschweig
Rautheim
21
Mascherode
Salzdahlum
Wolfenbüttel
Königs-
lutter
Groß Steinum
14
15
Emmerstedt
Helmstedt
3
Langeleben
Tetzelstein
Lucklum
Ampleben
Evessen
Kneitlingen
Elm
Schöppenstedt
Schöningen
A 395
Siedlung
Heeseberg
5
Winnigstedt
Beierstedt
Hornburg
Mattierzoll
Großes Bruch
Schladen
Vienen-
burg
Großer Fallstein
Bad
Harzburg
B 6n
Ilsenburg
Wernigerode
B 4
Torfhaus
Brocken
(1142 m)
20
Drei
Annen
Harz
Blankenburg
Elbingerode
Rübeland
Schierke
Elend
Braunlage
Sorge
Rappbode-
Talsperre
Thale

Von Hornburg zum Heeseberg

Ein wenig war es der Klang der Namen Hornburg, Heeseberg, der mich veranlasste, diesen Weg zu gehen, vor allem aber war es ein Wiedergehen auf Teilwegen der Kindheit. In Dardesheim geboren, 1956 die Flucht der Eltern mit uns Kindern, dann Winnigstedt und Roklum und die tägliche Busfahrt in die Schulstadt Wolfenbüttel. Region der Kindheit, Region der Zeitgeschichte, Zonengrenze, innerdeutsche Grenze, Staatsgrenze West.

november neunundachtzig
tage von nulltarif
und notquartieren
begrüßungsgeld
und aufhebung der
bestimmungen über den laden
schluss
rau weht
der wind
durch die
offene mauer
bläst die
kerzen aus
in den fenstern
die brüder und schwestern sind da

als viele noch rufen
wir sind das volk
wissen einige
wir haben gewonnen
und in den wogen des kauf
rausches fliegt

vieles auf die straße
möbel und
menschen

alles unter
geordnet
dem zügigen
aufbau ohne
platz für
außen
seiter
gruß von
Adenauer
deutschsein heißt
eine sache tun
um ihrer selbst willen
anschließend
marschmusik

Über den Dächern das Wahrzeichen, ockergelb über einen steilen Weg mit der Innenstadt verbunden. Wer etwas über die Burg erfahren möchte, muss sich allerdings außerhalb der Mauern informieren; „Betreten verboten". Hornburg, gut tausendjährig, umschmeichelt als Rothenburg des Nordens. Ihre Blütezeit erlebte die Stadt im 16. Jahrhundert, als einige seiner Bürger durch Hopfenanbau zu beträchtlichem Wohlstand gelangten. Hornburg war von einer Mauer umgeben, durch die fünf Tore führten. Das Dammtor von 1552 zeugt noch heute davon; an ihm ist Hornburgs Wappen mit Adam und Eva angebracht. Wer immer in der Sicherheit der Stadtmauern leben wollte, musste den Erwerb eines Grundstückes nachweisen, ein Bürgergeld zahlen und einen ledernen Löscheimer besitzen. Geh über den Friedhof dann, ein Ort all des geplanten nicht vollendeten Tuns, der aufgesparten ungesagten Worte, ein Ort der abrupt unterbrochenen Reise durch diese Welt.

Auch wenn die Burg nicht zugänglich ist, ein Besuch lohnt in der Stadt des Fachwerks. Mit Weiden- oder Haselnussflechtwerk wurden die Gefache ausgekleidet, mit einem Lehm-Strohgemisch beworfen und verstrichen. Ständerbauweisen und Symbole. In der Renaissancezeit entstand das Neidhammelhaus des Kämmerers Valentin Mitgau, der sein eigenes Haus am höchsten besteuern ließ. Wollte er seinen Reichtum demonstrieren oder ein positives Beispiel geben für seine Mitbürger?
Der Mensch der Renaissance konzentrierte sich auf das Diesseits, zeigte bewusst seinen sozialen Stand und seine wirtschaftliche Kraft. Doch Geld allein reichte nicht für die gesellschaftliche Anerkennung. Weise Sprüche an den Fachwerkhäusern betonen die geistige Haltung ihrer Bauherrn, dokumentieren ihre Gottesfürchtigkeit. „Godt Fruchten is de wisheit de rike maket unde bringet alle gudt mit sick. Se Erfullet dat gantze hus mit erer gave unn alle gemack mit orem schatte. Jhesus Sirach am ersten capittel Anno dm 1563." Schlage ich dort den Vers 20/21 nach, lese ich „Gott fürchten ist die Weisheit, die reich macht und bringt alles Gute mit sich. Sie erfüllt das ganze Haus mit ihrer Gabe und alle Gemächer mit ihrem Schatze." Da ist denen, die den Spruch anbrachten, bereits im zweiten Wort ein Buchstabendreher untergekommen.
Der Gottesfürchtigkeit ebenbürtig war der Aberglaube und so zieren die Fachwerkhäuser Schutzsymbole und Zeichen zur Abwehr von bösen Kräften; hinzu gesellen sich Fruchtbarkeits- und Bittsymbole. Eindrucksvoll die Fachwerkfassade des Storchenhauses, wie das Neidhammelhaus an der Wasserstraße gelegen. Die Hagalrune ist ein Zeichen der Fruchtbarkeit aber auch für die Ordnung der Welt. Wie der Lauf der Sonne ist in der Welt alles geordnet. Am Haus Wasserstraße 27 mahnt die Teufelsmaske den Hausherrn nichts Böses zu tun und das darunter abgebildete Mistelkraut soll vor Hexen schützen. Individuell geprägt das Schuhhaus Apelroth. Wirbelräder und wie auf dem Reißbrett konstruierte zwölfstrahlige Sterne, Laubstäbe und Lindwürmer. Nach dem Dreißigjährigen Krieg waren die Menschen in Hornburg verarmt, gestalteten die neuen Häuser schlicht, das Fach-

werk selbst wird Schmuck, ebenmäßig, gleichförmig, symmetrisch, eingebettet in die göttliche Ordnung der Dinge.
Über ehemalige Bewohner geben die in das Fachwerk geschnitzten oder als Ausleger angebrachten Berufszeichen Auskunft: dem Schneider die Schere, dem Schlosser der Schlussel, dem Schmied das Hufeisen. Die heute in Hornburg die Fachwerkhäuser bewohnen, finden dies romantisch, idyllisch und wunderschön, schwärmen von der einzigartigen Atmosphäre. Verstehen nicht das Motto der 1960er/1970er Jahre: „Weg mit den Bruchbuden". So manches Fachwerkhaus wurde mit Ziegelimitationen verblendet. 1960 und 1970 jeweils zwei Fachwerkhäuser abgerissen, dafür entstanden Massivbauten, überdimensioniert, stören das Straßenbild noch heute. Hornburg ist nicht nur Fachwerkstadt, auch Papststadt, Clemens II., und das ist jetzt touristisch nicht zu unterschätzen, nachdem wir vor kurzem alle Papst geworden; das zweite bedeutsame Ereignis nach 1945, denn im Jahre 1954 wurden wir ja erstmals Fußballweltmeister.
Am Neuen Graben dann durch das Große Bruch Richtung Mattierzoll; sumpfige Niederung einst und nachhaltiges Verkehrshindernis heute. Nur bei Hornburg im Westen und bei Oschersleben im Osten ein randliches Umgehen. Vermutlich seit der jüngeren Bronzezeit, spätestens seit der frühen Eisenzeit um 700 vor Christus führte ein hölzerner Bohlenweg südlich von Beierstedt durch das Große Bruch. Im Mittelalter bauten unsere Vorfahren zwei Dämme durch das Moor, den Hessendamm von Hessen nach Winnigstedt und den Kiebitzdamm von Dedeleben nach Jerxheim, beides heute Bundesstraßen.
Weizen, Raps, Rüben und die Windkraft, Weite atmen, der Große Graben weist den Weg. Manchmal der Blick auf die Bauerndörfer Seinstedt, Osterode, Hedeper, Wetzleben, Veltheim, Roklum. Lebten auch hier einst die Märchenbauern, die Schätze fanden und den Teufel hereinlegten. Und warum sollte sich nicht hier vor einigen hundert Jahren folgendes zugetragen haben: Ein Bauer musste in die Stadt, nach Hornburg oder nach Halberstadt, um seine Kontribution abzuliefern. Unterwegs hielt ihn ein Reiter an, bedrohte ihn mit zwei Pistolen und nahm ihm sein Geld ab. Da bat ihn der Bauer, er möge ihm doch

ein Loch in den Hut schießen, damit er den Überfall in der Stadt beweisen könne. Der Reiter schoss durch den Hut. Nun zog der Bauer seinen Rock aus und bat, auch durch diesen ein Loch zu schießen. Der Reiter schoss durch den Rock. Jetzt waren beide Pistolen gelöst. Der Bauer hielt das Pferd im Zaum, fasste den Reiter bei einem Fuß, warf ihn vom Pferd und schlug ihn tot. Dann nahm er das Pferd und alles andere, was der Reiter besessen, ritt in die Stadt und überbrachte pünktlich seine Kontribution. Wofür er sehr gelobt wurde.

Im Jahre 1990 gab das Bundesernährungsministerium bekannt, dass seit der Wiedervereinigung die Ost-Kühe mehr Milch gaben. In den Westdörfern folgerten sie, dass eben auch Kühe unter demokratischen Bedingungen besser leben würden. Dem hielten die aus den Ostdörfern entgegen, dass die leistungsschwachen Kühe geschlachtet worden seien.

Baumgruppen durchziehen die Ebene; die Kopfweiden sind Brutplätze für Steinadler. Steine am Wegrand.

auch steinwege führen
in die kindheit
steinboden in der küche und
pflastersteine auf dem hof
ausgerutscht und gestolpert
beulen und blut
das blut auf dem pflaster des hofes
auch von geköpften hühnern
gestochenen gänsen
geschossenen schweinen
und von dem lehrling
den der vater mit der wasserwaage schlug
hatte nägel gestohlen
die großmutter, die mutter schrubbten
das blut von den steinen
doch ganz sauber wurden sie nicht
die steine

mit steinen gespielt
aufgeladen
gefahren
abgekippt
aufgeladen
manchmal des sonntags
steine in den amtsteich geworfen
die kreise bestaunt
und der vater konnte so werfen
dass sie sprangen
die steine

glatt und blank
war der stein
den die großmutter
in der grude erhitzte
in tücher wickelte
zum bettwärmen
den großvater hatten
fünfundvierzig die russen
dabei hatte er doch gar nicht
und der großvater vom großvater
hatte noch im steinbruch gearbeitet
zwölf kilometer hin
zwölf kilometer zurück
zu fuß jeden tag
konnte nur sonntags
vom gepachteten acker sammeln
die steine

stein auf stein
gesungen und
manchmal geheim gesprochen
stawein awauf stawein

steinheinlefein aufhauflefauf steinheinlefein
niets fua niets
spielsteine
ärgersteine
freusteine
regelsteine im steinbaukasten und
dann freie steine gesammelt
nicht jeden
nur die
die anders in die schatztruhe gesperrt
die steine

und die steine
kamen nicht mit in die pakete
die von verwandten und bekannten aus dem osten
geschickt an bekannte verwandte im westen
mit unserem geschirr unserer wäsche unseren kleidern
steine im bauch bei der flucht
im lager und
im westen waren
die steine nicht mehr
die steine

acht war ich und fremd
und hatte steine im bauch
die manchmal so schwer
dass ich an der Aue
der grenze stand
weinte und schrie
dass ich wieder nach hause
und meinte den ort
aus dem die eltern geflohen
und dessen kirchturm ich sah
auch wenn ich später

einmal im jahr
morgens um neun
zur großmutter fuhr
und dann
Jerxheim
Helmstedt
Marienborn
Magdeburg
Halberstadt
Hedeper
stand ich abends um sechs
vor der kirche
deren turm ich gesehen
schon morgens um neun
holte dann die schatztruhe
die steine

spielte mit der großmutter
die alten spiele
mit den freusteinen
und mit Karl-Heinz
Bernd und Fips
dessen namen ich nicht mehr weiß
baute ich burgen
steinburgen
niets fua niets
die steine

und wieder mit den steinen im bauch
steine gesammelt auf dem acker
auf dem das feuer loderte
das junifeuer
für die brüder und schwestern
und beim schützenfest sagten

die bauern dem vater
dass für die aus der ostzone
an ihrem tisch kein platz
steinbauern
steinbrüder
steinschwestern
das feuer schmolz die steine nicht
die steine

von Goliath gehört
und von David
eine steinschleuder gebaut
konnte laternen treffen
die kindheit nicht

Nehme einen Stein in die Hand, Halten und Gehalten werden.

Die einstige braunschweigische Zollstation Mattierzoll war auch im 20. Jahrhundert in den Schlagzeilen als Eisenbahnknotenpunkt und vor allem als Ort am „Eisernen Vorhang". Drei Eisenbahnlinien gab es einst. Im Jahre 1868 wurde mit der Strecke Jerxheim – Mattierzoll – Börßum eine Lücke der Fernverbindung Berlin – Frankfurt/Main geschlossen, im Jahre 1901 wurde die Kleinbahnstrecke Hedeper – Mattierzoll eröffnet und ein Jahr später die Nebenbahnstrecke Braunschweig – Mattierzoll über Hötzum, Salzdahlum, Wendessen Wittmar, Semmenstedt, Winnigstedt. Vor 29 Jahren wurde auf dem Bahnhof Mattierzoll die letzte Fahrkarte verkauft.
Der Grenzübersichtspunkt Mattierzoll, Ort so manchen Sonntagnachmittagsspaziergangs, Ruinen jetzt, die Grenzanlagen im Modell und die Fotos von 1989. Am 11. November fuhr gegen 8 Uhr der erste Trabant über den Hessendamm nach Mattierzoll, Volksfeststimmung den ganzen Tag, über 4000 Autos zählten die Journalisten, die Fußgängerscharen zählten sie nicht, fotografierten wildfremde Menschen, die sich einander in die Arme schlossen, die sich vergaßen später im gemeinsamen Alltag.

Molkerei und Zuckerfabrik Ruinen und die Wohnhäuser der einst dort Arbeitenden atmen Verfall. Einer hält Enten und Tauben im alten Stall, am Seerosenteich angeln zwei, Ziegen grasen und ihre Lämmer klagen zuweilen.
Mattierzoll ein vergessener Ort, der Imbiss an der Bundesstraße, Bussarde kreisen. Keine Schienen mehr, noch nicht mal der Prellbock des Abstellgleises. Dort wo der Weg der Braunschweig-Schöninger-Eisenbahn einst nach Winnigstedt führte, ein herrlicher Wanderweg, ein Laubdachweg. Es flüstert und wispert, es summt in den Büschen, schaukelt auf Zweigen. Die Raupen sprechen hier raupinisch und die Würmer pilgern wurmisch zur Wallfahrt, und abends hinter Vorhängen küssen sich zärtlich junge Paare, manche schlafen mit dem Falschen, und jemand schreibt „Verzeihung" in Sütterlin.
Dick und schwarz glitscht auf feuchtem Weg eine Schnecke vorwärts. Grün und bunt die Gärten. Durch Lücken der Blick auf den Heeseberg. Unbewohnt so manche Wohnung, leer stehen sogar einige Häuser. Gehe durch Klein Winnigstedt, finde die Läden nicht mehr, wo ich einkaufte vor fast fünfzig Jahren, kein Bäcker mehr, kein Fleischer, nur zwei Kioske, die Gastwirtschaft geschlossen, selbst die Rübenburgen scheinen ihre Dominanz verloren zu haben.
In einem Ort mitten in Deutschland ist die Zeit stehen geblieben. Nein nicht ganz, im Kasten der Bekanntmachungen SPD, CDU und Grüne, Kindernest e. V., Kulturring, Senioren, Fußballer, Schützen und ein Bundeswehrpfarrer informierte über Deutschlands Freiheit am Hindukusch.
Den Vorgartenzwergen hat jemand die Zipfelmützen abgeschnitten. Verlasse den Ort der entwachsenen Kindheit, gehe am Friedhof vorbei, zuerst in das Bruch, Richtung Watenstedt dann, sehe

das pferd
das stille pferd
im hellen sommerlicht
still
ganz still
macht still den ort

den ort der stillen menschen
menschenstille
gestillt werden
still liegen
still halten
still sein
still sitzen

still gestanden

still sein
stillhalten
still schweigen
stilles wasser
stilles glück
still vergnügt vielleicht
still sein
still halten
still schweigen
stillstand

An manchen Tagen zieht der Regen die Sagenkutsche durch das Bruch, erfährst von moorigen Zeiten, vom Schilfjäger, von der Azurjungfer und vom Südlichen Blaupfeil. Findest die Kutsche in Watenstedt im Heesebergmuseum. 1700 Quadratmeter Ausstellungsfläche in einem denkmalgeschützten Bauernhaus; Bäcker und Krämer; Schmiede und Spinnstube, Flachs und Leinen, Durchhecheln und Verhaspeln, Trachten und Vereine, Tagelöhner und Bauern, Wörter und Bilder, gestern und vorgestern, Väter und Großväter, liebevoll präsentierte Erinnerungen aus einer Zeit, wo die Welt noch in Ordnung mit dem allseits anerkannten oben und unten.

damals lief vorm küchenfenster noch
das fernsehprogramm

und die leute warteten
dass der wind
den rest der welt vorbei bliese
da herrschte zucht
da herrschte ordnung
die scheitel der burschen korrekt gezogen
die knie der mädchen züchtig bedeckt
da verboten sie den hunden das grasfressen
und die dorfjugend verspottete die rothaarige gänsemagd
das deutsche großhirn war eingelegt
erwachte auf befehl
und hatte doch nichts gewusst
und schon gar nichts gewollt

Die Hünenburg oberhalb Watenstedt ist eine vor- und frühgeschichtliche Befestigungsanlage auf einem nach Westen vorspringenden Ausläufer des Heeseberges. Sie gilt als ältester stark befestigter Zentralplatz unserer Region, der im Norden, Westen und Süden durch natürliche Steinhänge geschützt, nur noch wenig gesichert werden musste. Im Osten wurde ein mächtiger Wall errichtet, der heute immerhin noch gut fünf Meter hoch ist.
Die Kinder stromern nachmittags nicht mehr durch den Heeseberg, durch den, wie der Geologe sagt, oberen Teil des Unteren Buntsandsteins, der Zone des Rogensteins. Von der Berggaststätte aus, die Sichtverhaltnisse sind günstig, blicke ich über das nördliche Harzvorland bis hin zum Brocken, gehe den Erlebnispfad Heeseberg, 3500 Meter bergauf, bergab, manchmal ein Trampelpfad nur, schmal und steinig, habe rutschfeste Schuh. Adonisröschen und Thymian, Feld-Mannstreu und Golddiestel, Karthäuser-Nelke und Wiesen-Salbei, von Mai bis September ist der Rotrückenwürger, auch Neuntöter genannt, zu beobachten. Neu angelegt die Streuobstwiese, der Weinberghang historisch. Historisch auch schon mein gegangener Weg, den ich, den Aussichtsturm erstiegen in Teilen verfolge, klopfe ich auf die Schulter mir.

Die Bank am Portikus

Stand sie schon da? Damals, als mich meine ständige Neugier zu Fuß oder per Fahrrad in jeder freien Zeit durch den weiten Park trieb? Nun, die gleiche Bank kann es nicht gewesen sein, die mich hier freundlich zur Rast einlädt. Damals kam ich als Kind. Heute komme ich nach einem langen Weg durch Freud und Leid und finde hier wieder die Freude. Erst nachdem die Stufen zu den dorischen Säulen erstiegen sind, wird im Hintergrund die Bank sichtbar, die dort nicht jeder vermutet. Ob es zu meiner Kinderzeit an dieser Stelle eine Bank gegeben hat, daran kann ich mich nicht erinnern. Damals saß ich, wenn nicht in irgendeinem Baum, auf Grasbüscheln oder Steinen.
Nun stehe ich wieder am Portikus und spüre eine starke Faszination, die von dem alten Bauwerk ausgeht. In der entsetzlichen Bombennacht des 14./15. Oktober 1944, die die Altstadt Braunschweigs nahezu auslöschte, war auch der Portikus von Bomben schwer getroffen worden. Erst 1989 konnte die Ruine gesichert werden. Aus welcher Zeit erzählt diese geschundene und von Menschenhand mit bunten Farben und bösen Texten verunglimpfte Architektur, die unter Denkmalschutz steht?
Es ist der heutige John-F.-Kennedy-Platz, der 1963 seinen Namen erhielt, an dem die Geschichte des Portikus begann. Am Augustplatz, nach Herzog August Wilhelm von Braunschweig benannt, stand etwa in Höhe der Häuserinsel am heutigen Augusttorwall das Augusttor. 1806 wurde das Augusttor von dem genialen Professor und Baumeister Peter Joseph Krahe (1758-1840) umgebaut und erweitert. Ein Militärgefängnis, Stockhaus genannt, wurde darin eingerichtet. Zur Zeit als die Franzosen die Stadt besetzt hielten, sperrten sie elf Offiziere des Freikorps von Schill darin ein, ehe sie diese nach Wesel brachten und dort standrechtlich erschossen. Vorher waren vierzehn Offiziere in der Nähe des heutigen Leonhardplatzes hingerichtet worden. Das Schill-Denkmal erinnert daran. 1813 wurden die Franzosen vertrieben. Im

weiteren Umbau des Augusttores hatte Peter Joseph Krahe die Durchfahrtstore zubauen lassen und die Ostseite des Gebäudes zur Frontseite bestimmt. Hier zog die Wache ein. An der neuen Frontseite ließ Peter Joseph Krahe einen Vorbau mit sechs dorischen Säulen errichten, den Portikus. Im Rahmen einer Schleifung der Stadttore und Wallanlagen blieb das Augusttor vorerst erhalten, bis die Stadt später doch den Abbruch beschloss. Dem damaligen Stadtverordneten Nieß ist es zu danken, dass der Säulenvorbau erhalten blieb. 1896 wurde der Portikus für 4.400,– Mark im Bürgerpark wieder aufgebaut.
Oh, dieser herrliche Tag. Es ist wieder einmal Frühling und so still, dass man das leichte Eintauchen von Paddeln in die unter dem Hügel leise vorbeiziehende Oker hört. Auch die Menschen in den Booten sind still. Sie genießen die Leichtigkeit des Dahingleitens. Ich sitze auf der Bank, vom breiten Blätterdach der hohen Bäume beschützt. Die Vögel singen und mit leisem Blinken schickt die Maisonne ihre Strahlen durch das Laub. Im Halbschatten geborgen, seitlich blickgeschützt durch die Architektur des Portikus, schaue ich auf der einen Seite hinunter auf die sich hier teilende Oker und auf der anderen Seite zwischen den Säulen hindurch auf den kleinen Portikusteich mit seinen grünen Ufern. Seine teils blaue Farbe spiegelt den Himmel mit Schönwetterwolken wider. Ein einziges Blesshuhn überquert laut rufend das Wasser. Ferien vom Ich? Ja, Ferien vom Stress. Warum gönne ich mir das nicht öfter? Ach, was mir auf dieser Bank alles einfällt.
Ich fasse einen Entschluss. So kommt es zu einer kleinen Nachwanderung in Erinnerung an meine Kinderzeit – auf einem kurzen Weg innerhalb meiner Geburtsstadt.
Stolz und überzeugend, ja, auch beschützend, überragt der moderne Hochbau der Norddeutschen Landesbank das unter Denkmalschutz stehende Gebäude des alten Bahnhofes, eines Ottmerbaues, in dem sich heute die Norddeutsche Landesbank befindet. Carl Theodor Ottmer (1800-1843) war ein exzellenter Baumeister und europäischer Architekt. Wer denkt schon daran, wenn an wetterklaren Tagen sich die original erhaltene Frontseite des Gebäudes stimmungsvoll

im Okerfluss spiegelt, dass die Pilasterkapitelle und Rosetten oder die Feinheit der vollplastischen Figuren auf dem Mittelrisaliten des Eingangsbereiches ihr Urbild am Hadriantempel von Ephesos finden.
Die erste Eisenbahnverbindung des damaligen Herzogtums Braunschweig führte von Braunschweig bis Wolfenbüttel und später in Etappen über Schladen bis Bad Harzburg. Die weithin sichtbare Bahnhofsuhr gibt es nicht mehr. Ihr großer halbrunder Bereich im Obergeschoss und die darunter befindliche Pforte zeigen sich heute in geschmackvoller Glaseinfassung, welche am Abend durch stimmungsvolle Beleuchtung einen schlossähnlichen Charakter ausstrahlen. Früher gab es hinter dem Gebäude einen großen Gleisbereich des Personenzug-Bahnhofes, der ein Sackbahnhof war. Auf mich als Kind wirkte die sehr große Bahnhofshalle immer sehr aufregend. Das Schnaufen und Zischen der Dampflokomotiven, der eindrücklich herbe Geruch, der sich damit verband, ließen mich wünschen, bald erwachsen zu sein. Reisen, reisen wollte ich. Sehnsüchtig sah ich die Züge im Dampf entschwinden. Die Straßenbahn fuhr damals dort nahe an den Bahnhof heran, wo heute die niedrigen Bankgebäude stehen.
Ich verlasse das Bankgelände Richtung Süden. Vorbei an der grauen Volkswagenhalle begebe ich mich über die alte, aber wieder aufgebaute Brücke in den früheren Bahnhofspark. Dieser ist heute der Partnerstadt Kiryat Tivon in Israel gewidmet. Schon das Spiegelbild im Teich zeigt mir, dass sich hier etwas verändert hat. Was ist es nur? Ich suche nach einem riesigen Baum mit seiner kegelartigen hohen Spitze und finde ihn völlig verändert. Die Bilder in meinem Kopf und die Realität gleichen sich nicht mehr. Im hilfreichen Stadtgartenamt erfahre ich den Grund: Das Naturdenkmal, die Sumpf-Zypresse (Taxodium), wurde durch einen Blitzschlag beschädigt. Die Kegelspitze ist ausgebrochen und der Rest zweigeteilt.
Auf der anderen Teichseite baut sich der Wasserturm auf, der nicht so ganz gerade sein soll. Mich stört das nicht. Auch er hat mich ein Leben lang begleitet. Sein Fehlen kann ich mir ganz und gar nicht vorstellen.
Die Zunahme der Bevölkerung ebenso wie die der neuen Industrie

erforderten 1864 eine verbesserte Wasserversorgung. Der Wasserturm wurde gebaut und mit Rücksicht auf die beliebte Stadtsilhouette mit den mittelalterlichen Türmen im neugotischen Stil umkleidet. Damit ist er zum echten Wahrzeichen dieser Stadt geworden. Am Teich tritt der Stadtlärm zurück, sodass der Gast auf den Bänken die Wasserspiegelungen in Ruhe genießen kann. Im klaren Gewässer spiegeln sich nicht nur die natürlich angesiedelten Baumgruppen sondern auch die Fassade des Stadtbades. Bei Planung und Anlage des hinter dem Wasserturm beginnenden Bürgerparkes wurden die bereits vorhandenen Badeanstalten in der Oker eingeplant und erhalten. Es handelte sich um reine Männerbadeanstalten. Frauen war das Baden verboten, weil man annahm, dass sie aufgrund ihrer Häuslichkeit keinen Bedarf dafür hätten. Dies änderte sich erst mit der Entstehung des Stadtbades – nach und nach – seit circa 1929. In den Dreißiger Jahren war es vorbei mit dem plötzlichen Auftauchen lästernder jugendlicher Bootfahrer unter den Badenden in der Oker. Der Bürger und die Bürgerin hatten – ihr – Stadtbad. Die alten Okerbadeanstalten wurden und werden von umsichtigen Sportvereinen sinnvoll genutzt einschließlich der Betreuung Behinderter.
Nun führt mich mein Weg hinein in den eigentlichen Bürgerpark. Er war eine große Herausforderung für den Gartenarchitekten Friedrich Kreiss (1842-1915). In dem Moor und Wiesenbereich zwischen Bahnhofspark und Eisenbütteler Wehr plante er eine Parkanlage. Die Anfeindungen der Bevölkerung schreckten ihn nicht. 1886 konnte er seinen Plan umsetzen. Weite Flächen wurden mit Müll und Schutt trockengelegt. Es standen kaum Bäume. Nur bei den Badeanstalten in der Oker waren einige Büsche angepflanzt. Der große Südteich entstand erst nach 1896 mit schwungvollen Uferlinien und Inseln, die bei allen Bürgern sehr beliebt waren.
Noch gehe ich nicht über die große Brücke, sondern halte mich westlich im Park. Hier gelange ich in ein waldartiges Gebiet mit hohem Baumbestand. Schon funkelt der kleine See mit silbrigen Flächen durch die Bäume. Ich bleibe stehen und atme tief die reine Luft mitten in dieser großen Stadt. Hier begegnet mir Natur pur und eine große

Stille. Langsam nähere ich mich dem flimmernden Teich, dem sogenannten kleinen Portikus-Teich mit der bühnenartigen Kulisse des Portikus, der sich mythenhaft auf der gegenüberliegenden Uferseite erhebt. Am Portikus gehe ich die Stufen hinauf und setze mich wieder auf die Bank. Durch die Säulen geht ein leiser Lufthauch. Das tut gut. Eine unsägliche Hitze dringt bis in den Schattenbereich hinein.
Friedrich Kreiss hatte in seinem Parkplan vorgesehen, den Okerfluss von Süden hier vor der Anhöhe des Portikus in zwei Umflutgräben zu teilen. Der westliche Umflutgraben führt seitdem das Okerwasser am alten Bahnhof und dem Gieseler Wall vorbei weiter durch die westliche Innenstadt bis Löbbeckes Insel. Um auch die östliche Innenstadt mit genug Wasser zu versorgen, ließ er den zweiten Umflutgraben hinter dem Stadtbad und Löwenwall entlang fließen, weiter zum Botanischen Garten und ebenfalls bis zu Löbbeckes Insel, die mit einem Nebenarm erreicht wird. Nördlich der Insel treffen östlicher und westlicher Umflutgraben zusammen und fließen vereinigt in Richtung Celle aus der Stadt, um später in die Aller zu münden. Zwei Boote kommen von Süden und lenken schwungvoll in den östlichen Umflutgraben ein. Ich verlasse den Ausgangspunkt der Okerteilung. In der Nähe des Stadtbades höre ich bereits den Aufprall eines Balles, herzhaftes Lachen und das Aufklatschen eines Sprunges vom Zehnmeter-Sprungbrett. Ich begebe mich zum anderen Okerufer hinüber und gehe auf dem Promenadenweg unter alten mächtigen Kastanienbäumen entlang. Ihre weit ausholenden Äste tragen die frischen weißen Kerzenblüten spiegelnd über dem Fluss.
Früher. Es gab Berufsjahre, in denen ich Tag für Tag am Morgen und späten Nachmittag durch den Bürgerpark ging, weil es schön und praktisch war. Mit meiner Schwester wuchs ich in der Riedestraße auf. Zur damaligen Handelsschule Möller ging ich auch immer zu Fuß. Ach, war das herrlich – am frühen Morgen, wenn der Tau noch in den Wiesen stand und die Akazienblüten ihren Honigduft verschenkten. An der nächsten Okerbiegung war dann plötzlich die Erinnerung an den alten Mann da. Am Morgen hätte ich die Uhrzeit nach ihm stellen können. Immer war er allein und fütterte ganze Entenfamilien, dabei laut aus

seinem Leben erzählend. Einmal fragte ich ihn – warum? Er meinte, dass er daheim immer allein sei. Seine Frau war gestorben und Kinder nicht vorhanden. Mit wem solle er nun reden? Hier sei er nie allein und könne immer reden. Ich erinnere mich, dass ich sehr betroffen meinen Weg fortgesetzt habe. Allein? Nie wollte ich allein sein.

Nun bin ich am Friedrich-Kreiss-Weg angelangt. Der BTHC – Braunschweiger Tennis- und Hockey-Club – hat hier Anfang des vorigen Jahrhunderts ein großes Gelände für Tennisplätze und das Rokoko-Clubhaus erworben. Das wertvolle Clubhaus wurde im Krieg zerstört. Schade, doch es gibt die Möglichkeit, sich an barocken Statuen im Eingangsbereich zu erfreuen. Im Garten finden sich Putten, die noch aus dem Salzdahlumer Schloss stammen sollen. Der BTHC hat hier einen Nationalen Austragungsort gegründet.

Nun stehe ich am großen Südteich, auf dem ich einmal das Schlittschuhlaufen erlernt habe. Damals kam Herr Mlitz und machte Musik am Teich. Zu den Klängen berühmter Walzer glitten die Braunschweiger mit gekonnten Bewegungen über das Eis. War das Eis einmal nicht tragfähig, dann hat die Verwaltung der nahen Tennisplätze mit glatten Kunsteisflächen ausgeholfen. Die Sonnenuntergänge hier am Teich sind zu jeder Jahreszeit wunderschön. Die kleine Haslich-Insel mit den beiden alten Bogenbrücken hatte für jeden etwas übrig. Auch für Liebespaare und Fröschezähler.

Nachdem die Brücken baufällig und abgetragen wurden, hat das Stadtgartenamt von einer Seite einen Damm aufgeschüttet, über den sich die Insel wieder betreten lässt. Ich finde hier wunderschöne gelbe Wasserlilien.

Den Scherbelberg, Lieblingsberg der Braunschweiger – neben dem Nussberg, versteht sich –, ließ Friedrich Kreiss mit Müll und Schutt anlegen. Zu meiner Jugendzeit konnte der Parkgast noch bis Schloss Richmond hinüberschauen. Heute ist alles zugewachsen mit hohen Bäumen, und die seltenen Pflanzen wie Glaskraut und Ochsenzunge haben es schwer. Sollte der nächste Winter wieder viel Schnee bringen, würde ich mir eine Rodelfahrt am „Scherbelino“ nicht entgehen lassen.

Jetzt lenke ich meine Schritte Richtung Süden am Jahnplatz entlang zur Wolfenbütteler Straße, stadtauswärts. Ach ja. Das helle riesige Gebäude war einmal als Akademie für Jugendführung der Hitlerjugend erbaut worden. Es steht unter Denkmalschutz. Lange Jahre hatte die Deutsche Müllerschule hier ihr Domizil. Seit April 2001 hat das Braunschweig-Kolleg hier seine Räume erweitert. Noch ehe ich auf den Hof des Schlosses Richmond gelange, macht mich das restaurierte Kavaliershaus neugierig. Klein und gediegen erwartet hier in sorgsamer Auswahl das Lebenswerk des im 19. Jahrhundert sehr erfolgreichen und beliebten Abenteurers und Schriftstellers Friedrich Gerstäcker seine Gäste. Zusätzlich werden hier Lesungen dargeboten, und wer wollte sich nicht begeistern lassen von dem Roman „Die Flusspiraten des Mississippi" oder der großartigen wahren Erzählung „Gold" über die Goldwäscher in Amerika. Friedrich Gerstäcker, der verschiedentlich in Braunschweig lebte, ist in unserer Stadt auf dem Magnifriedhof beigesetzt. Sein Wohnhaus Bertramstraße 16, heute Adolfstraße 45, steht unter Denkmalschutz. Wissenschaftler, die seinen Spuren nachreisten, erzählen begeistert von der Zuverlässigkeit seiner Aufzeichnungen.

Endlich bin ich im Hof von Schloss Richmond angekommen. Der Eingangsbereich mit seinen Stufen und Laternen, von der Sonne umschmeichelt, lockt zur Besichtigung eines Kleinodes mit ganz eigener Ausstrahlung. Welch eine Frau mit dieser unstillbaren Sehnsucht nach ihrer englischen Heimat mag sie gewesen sein, die Herzogin, geborene königliche Prinzessin von England und Tochter des Prinzen von Wales, Augusta Friederike Luise. Sie kam als Gemahlin des damaligen Braunschweigischen Erbprinzen und späteren regierenden Herzogs des Herzogtums Braunschweig-Lüneburg, Carl Wilhelm Ferdinand (1735-1806), nach Braunschweig. Das Schlösschen, 1768-1769 erbaut vom Hofbaumeister Carl Christoph Fleischer (1727-1787), erhielt den englischen Namen Richmond nach dem Königlichen Park Richmond/Kew bei London. Auch der dazugehörige große Landschaftsgarten wurde im englischen Stil angelegt.

Das Schloss zeigt den Übergang vom Spätbarock zum Klassizismus. Das schmiedeeiserne Haupttor mit dem Monogramm der Herzogin Augusta harmonisiert mit der gesamten Schlossanlage. In vielen Jahren hat das Herzogliche Paar den privaten Rahmen des Schlösschens oft genutzt. 1806 wurde zum Schicksalsjahr für Herzog Carl Wilhelm Ferdinand, der während der Schlacht bei Jena und Auerstädt tödlich verletzt wurde. Herzogin Augusta konnte mit ihren Kindern, noch bevor die Franzosen Braunschweig besetzten, nach London fliehen. Dort starb sie, ohne Richmond je wiedergesehen zu haben. Schloss Richmond blieb im Besitz des Herzoglichen Hauses Braunschweig-Lüneburg. Es wurde aber nur noch selten bewohnt.
Der von Braunschweig vertriebene Diamantenherzog Karl II. hat einige Zeit im Schloss gelebt. Während eines Aufenthaltes in Genf habe ich sein am Seeufer weithin sichtbares Mausoleum besucht. Auch der Herzog Ernst August und seine Gemahlin Herzogin Viktoria Luise waren Bewohner von Schloss Richmond. Die Stadt Braunschweig kaufte das Schloss und den Park, nachdem die Herzogliche Familie auf eigene Nutzung verzichtet hatte, im Jahre 1935. Die Auflage bestand darin, dass nichts verändert werden durfte. Trotzdem wurden während des Krieges die Innenräume fremdartig genutzt, bemalt und überklebt. 1956 wurde Schloss Richmond restauriert und der Öffentlichkeit zurückgegeben. Danach habe ich hier einzigartige Konzerte erlebt. Der große ovale Saal mit seinem eindrucksvollen Arabeskenfries und der zauberhafte Lichteinfall im Gartensaal gehören zu den besonderen Eindrücken eines Aufenthaltes in den Schlossräumen.
Weithin unter strahlend blauem Himmel leuchtet das Schloss in die Landschaft hinein. Heiter schmiegen sich Wiesenflächen hinunter zum Ufer der Oker und umrahmen die kleine Bootsanlegestelle. Im Flusslauf der Oker spiegelt sich das Schloss. Schon 1785 stand ein Tempel im Park, der später verschwunden war. An der westlichen Seite des hier liegenden Spielmannsees steht jetzt wieder ein Tempel im Park. Vor langer Zeit hat er einmal den Garten des Schlosses Salzdahlum geziert. Dieses wunderschöne Geschenk bildet einen neuen Kernpunkt im Park. Von der Bevölkerung mit großer Freude

angenommen, werden hier am See mit Blick auf das Schloss sogar Familienfeste gefeiert. Es ist auch schön, den Tempel einmal ganz für sich allein zu haben am leise glucksenden See. Der Braunschweiger Richmond-Park zeigt sich in großer Übereinstimmung mit seinem englischen Vorbild in der Heimat der Herzogin Augusta.

Für mich, die hier in jungen Jahren im Spielmannsee das Streckenschwimmen übte, steigen Geräusche und Düfte aus lange vergangener Zeit auf. Wenn der Mond seinen nächtlichen Spiegel in den See tauchte, die Frösche quakten und der Grillenchor erklang, unzählige Sterne das Firmament erhellten – dann dachte ich an Musik und stellte mir vor, wie die fein gekleideten Paare anmutig im Park getanzt haben mochten.

Es ist noch hell, und ich gehe zu der lauschigen Bank am Portikus zurück. Der kleine Weiher zu meinen Füßen ist durchaus geeignet, meine Stimmung zu erhalten. Die Sonne ist jetzt untergegangen und die Luft umhüllt mich mit feuchtem Atem.

Erst leise, dann deutlich und klar füllt die Stille der Nachtigallenschlag.

Quellenverzeichnis:

Der erste Braunschweiger Hauptbahnhof von Carl Theodor Ottmer, Schlütersche GmbH & Co, KG – 2002, Seite 112, Stadtbibliothek Braunschweig

Braunschweiger Stadtgartenamt, Herr Osterloh, Telefon 470-5926

Stadtarchiv Braunschweig, Herr Krone, Abteilung Pressespiegel Braunschweig

Margot Ruhlender, „Die Flussbadeanstalten im Braunschweiger Bürgerpark, 1821-1951"

Richard Moderhack – November 1996 – Braunschweiger Stadtgeschichte

Joh.-Heinr. Meyer-Verlag Braunschweig – 1992 – Braunschweiger Stadtlexikon

Im Sommer-Regen am Südsee

Der Mensch hat lange nicht beschrieben,
was er empfunden hat am Morgen,
wenn's ihn zum Südsee hat getrieben,
sich mit Naturglück zu versorgen.
Er war zwar regelmäßig dort,
genoss es, aber ohne Wort.

Heute ist ihm wieder danach,
die Eindrücke frisch sich zu notieren.
Er fuhr mit dem Rad, mit viel Gemach,
durch sanften Regen, ohne Forcieren,
achtsam wegen der vielen Schnecken
auf deren sonst nicht so belebten Strecken.

Was auffiel, war auch dieses Geräusch,
das sanfter Regen in Baumblättern macht.
Der Mensch war überhaupt nicht enttäuscht,
er hat – zumindest nach innen – gelacht.
(Und es erscheint ihm – jetzt, da er schreibt – ,
dass von solchem Lachen ganz lange was bleibt.)

Auf der Spiegelfläche vom See
war viel Bewegung, aber still und klein:
Jeder Regentropfen tauchte per se,
Mini-Kreis bildend, ins Spiegelbild ein.
Und wie der Mensch auf dem Stege stand
und ins Wasser sah, leicht bewegt er sich fand.

Pferde und Schafe auf den Weiden,
längs vom Okerlauf gegen den Fluss,
mochten, so schien's, den Regen auch leiden:
Sie weideten schon ganz ohne Verdruss
und hatten Int'resse auch, hinzuschau'n
zu dem rufenden Mensch am Weidezaun.

Die Sommer-Südsee-Radfahrt
hat den Menschen erneut Natur offenbart.

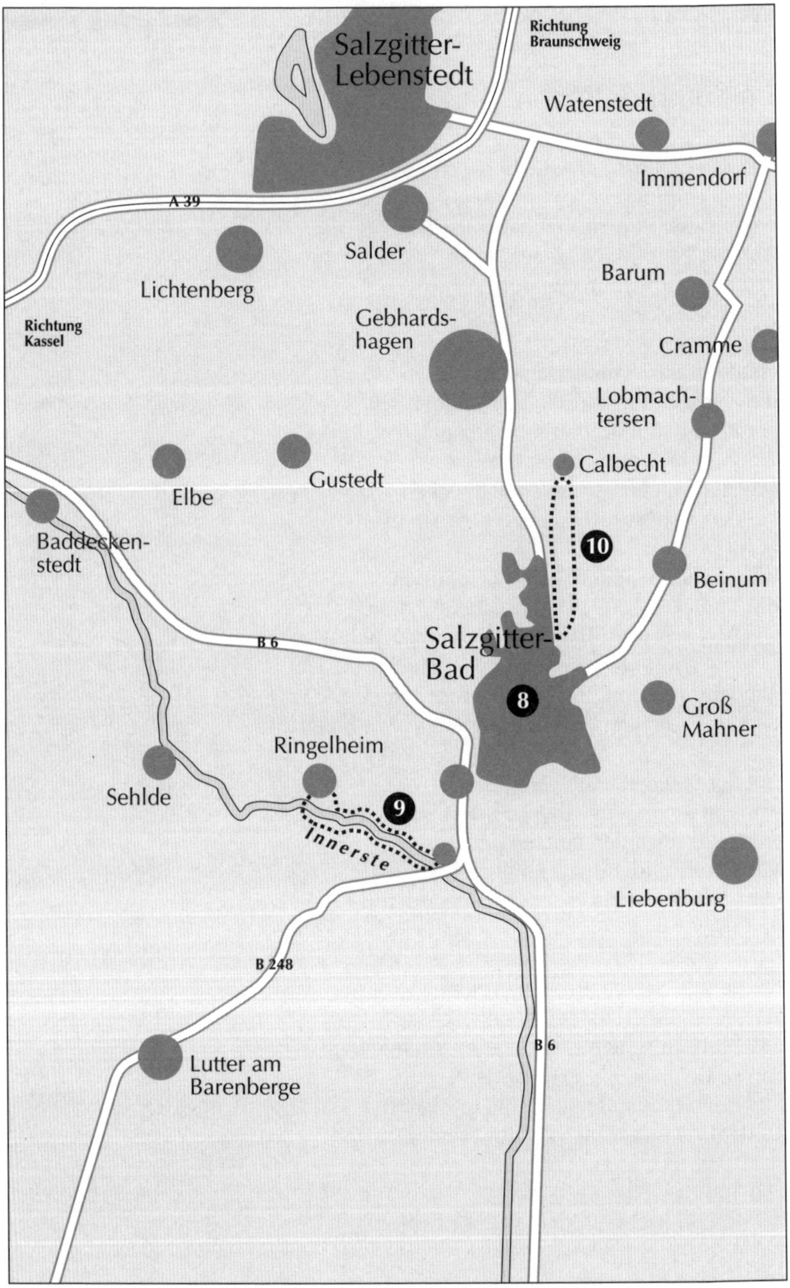
Salzgitter-
Lebenstedt
Richtung
Braunschweig
Watenstedt
Immendorf
A 39
Salder
Lichtenberg
Barum
Richtung
Kassel
Gebhards-
hagen
Cramme
Lobmach-
tersen
Calbecht
Gustedt
Elbe
Baddecken-
stedt
10
Beinum
B 6
Salzgitter-
Bad
8
Groß
Mahner
Ringelheim
Sehlde
9
Innerste
Liebenburg
B 248
B 6
Lutter am
Barenberge

Herbstliche Wanderung durch die Altstadt von Salzgitter-Bad

Schwarz gekleidete Menschen streben dem Altstadtfriedhof zu, als ich mit dem Wagen von der Friedrich-Ebert-Straße komme und in die Straße An der Vöppstedter Ruine einbiege. Beim Aussteigen schlage ich den Mantelkragen hoch, Novembernebel liegt über der Stadt. Nieselwetter. Der Duft moderiger Nässe. Ich erwarte Besuch. Ich soll ihn durch die Altstadt von Salzgitter-Bad führen. Um mich vorzubereiten, habe ich mich mit Herrn Schmidt, einem heimatkundigen Historiker, an der Vöppstedter Ruine verabredet.

Bei der Kühle und dem beginnenden Nieselregen bereue ich das Unternehmen. Ob er überhaupt kommt? Ich schaue mich um. Doch, ich sehe von Weitem seine dunkle Gestalt im Nebel. Mittsechziger. Junggeselle. Er trägt einen grünen Lodenmantel und einen altmodischen Hut mit Krempe. Sein Gesicht ist von unzähligen Runzeln durchfurcht. Im Alltag ein eigensinniger, unangenehm mürrischer Mensch, unnahbar, sparsam in den Bewegungen, aber seine Augen blitzen zuweilen boshaft auf, wenn er Schwächen oder Unwissenheit beim Gesprächspartner entdeckt. Gleichwohl bin ich mit ihm per Du. Er ist kompetent. Man muss ihn respektieren und ihm geduldig zuhören können, dann wird er sogar temperamentvoll, redselig …

Es geht nass nieder, die Natur ist in Leblosigkeit erstarrt. Nein, ich sehe eine kältetaumelnde Fliege zwischen zwei Steinen, zwischen Moos und Flechten. Im Vorbeigehen ein Blick über die auf der West- und Südseite hüfthohe Feldsteinmauer. Ich bemerke die von einem stillgelegten Friedhof umgebene zerstörte Kirche. Am Friedhofstor blickt mein Mentor mahnend auf die Uhr. „Ja, ja, ich bin ein paar Minuten zu spät", rufe ich schon von Weitem. Die alten Eichen-, Linden- und Ahornbäume unter denen ich entlangeile, haben ihr Laub abgeworfen. Unweigerlich hebe ich es mit den Füßen an und schiebe es vor mir her. Es raschelt nicht, es ist nass und schwer. Spätherbst. Ich

schüttele Herrn Schmidt die Hand, der meine fasst und mich gleich am Eingang festhält.
„Bleib einmal h i e r stehen! Weißt du", sagt er, „du musst die Altstadt als Palimpsest begreifen. – Im frühen Mittelalter schrieb man Texte auf Tierhaut, auf Pergament. Es konnte mehrfach benutzt werden, indem man ältere Schriften abschabte und neue darüber setzte. Die Tilgung der alten Texte erfolgte aber nie vollständig, man konnte sie mit etwas Mühe entziffern.
So verhält es sich auch mit den Straßen und Bauwerken der Stadt. Städtebilder sind vergänglich wie, ... wie Menschenleben. Schau, hier ist eine Tafel angebracht, die darauf verweist, dass dieses Tor vom Garßenhof aus Gitter stammt.
Tatsächlich unterstand das südliche Salzgitter-Gebiet lange Zeit obrigkeitlich Hildesheim und dem Bann Gitter-Haringen. Das Tor wurde 1941, also zur Nazizeit, hierher umgesetzt. Sic transeat gloria mundi! Man hat dem älteren Stadtteil Gitter auch durch die spätere Umsetzung des Garßenhofes nach Salzgitter und die zeitweilige Eingemeindung übel mitgespielt. Wir werden uns den Garßenhof noch ansehen."
Mein Blick fällt auf die Ruine. „Ist die Kirche im letzten Krieg zerbombt worden?" Er hebt spöttisch die Augenbrauen und lächelt über meine törichte Frage. Dann stellt er fest: „Du bist hier ja nicht aufgewachsen. Nein, Salzgitter-Bad ist von den Kriegseinwirkungen weitgehend verschont geblieben. Ein einziges Haus in einer Neubausiedlung ist wohl mehr durch einen zufälligen Bombenabwurf getroffen worden."
Er führt mich zu einer Tafel, die an der efeuumrankten Kirchruine angebracht ist. Modergeruch ringsum. Ich lese, dass sie dem Apostel Jakobus geweiht, schon im 12. Jahrhundert errichtet, aber mehrfach zerstört worden ist. Herr Schmidt erläutert dazu: „Einst war die Kirche Mittelpunkt des Dorfes Vöppstedt, von dem heute nichts mehr zu sehen ist. Die verbliebene Dorfbevölkerung zog in den befestigten Flecken „Solte to Gittere" (Salzgitter), als die Kirche wohl endgültig zwischen 1519 und 1523 bei der Hildesheimer Stiftsfehde zerstört wurde."

Ich werde mir im gleichen Augenblick darüber bewusst, dass ringsum einmal ein reges Dorfleben existiert haben muss, in der Kirche haben Taufen, Trauungen und Beerdigungen stattgefunden, viele Hoffnungen sind zu Grabe getragen worden.
Mein Begleiter reißt mich aus den Gedankengängen. „Weißt du, in Salzgitter ging es immer um Salz! Eine Tafel am Tillyhaus weist darauf hin, dass Salzfunde bereits seit 1125 urkundlich nachgewiesen sind. Wir werden uns das nachher alles noch genau anschauen. Am Marienplatz, wo die Umsiedler wohl als Notbehelf für sich die hölzerne Marienkirche errichteten, sind neuerdings vier am Boden schnüffelnde bronzene Wildschweine zu sehen, die einen Bauern angeblich auf eine Solequelle im Sumpfgebiet aufmerksam gemacht haben. Von der Kirche ist heute nichts mehr vorhanden.
Die 1488 neu erbaute Altstadtkirche trägt aber in Erinnerung an die alten Gemeinden den Namen St.-Mariae-Jacobi-Kirche." – Ich füge hinzu: „So erklärt sich der Doppelname: Man hat aus zwei Kirchen eine gemacht." – „Ganz recht.
Nun galt Salz im Mittelalter als Weißes Gold und hat Orte wie Halle oder Lüneburg zu reichen Städten gemacht. Nicht so Salzgitter, Herzog Heinrich der Jüngere warf wegen des Salzes begehrliche Blicke auf den vormals Hildesheimer Flecken Salzgitter und nahm ihm die Saline weg. Das Gebiet Liebenhall wurde ausgegrenzt und einem herzoglichen Verwalter unterstellt, der darüber hinaus keine einheimischen, sondern auswärtige Salzsieder und Aushilfskräfte beschäftigte.
Diesen Ausgang der Geschichte kannst du auch hier auf dem Friedhof verfolgen." – „Wieso?" „Na, viele mächtige Grabsteine tragen die Namen herzoglicher Salz-Administratoren, wie die von Ungers oder von Heinrich Urban Cleve." „Über diese Denkmäler werden die alten Salzgitteraner begeistert gewesen sein!" Er nickt nur mit dem Kopf. „Hat eigentlich der Name „Liebenhall" irgend etwas mit Liebenburg zu tun?" – „Aber ja, in der seit 1523 herzoglichen „Veste Liebenburg" hat Herzog Julius seinen Sohn und Erbprinzen Heinrich Julius von 1573 bis 1576 erziehen lassen, von dort aus wurde auch Liebenhall

und damit Salzgitter verwaltet. Und noch bis zu Anfang des 20. Jahrhunderts wurde in Liebenburg die Zeitung für Salzgitter gedruckt."
„Und Vöppstedts Erben, von denen man zuweilen in der Zeitung liest, sind ursprüngliche Vöppstedter, die jetzt in Salzgitter-Bad wohnen?" – „Ja, ihnen gehört noch viel Wald ringsum." Ich merke, dass meine Aufmerksamkeit dem Mentor schmeichelt. Von seiner anfänglichen Schroffheit ist jedenfalls nichts mehr zu bemerken.
Ich wende mich den anderen Grabsteinen zu. „Hier sehe ich auch Grabsteine, die nichts mit Liebenhall zu tun haben." – „Ja, von Alteingesessenen wie die des Leipziger Professors Heinrich Julius Ahrens, der Apothekerfamilie Sievers, der Familie Delius. Auf vielen Steinen müsste die Schrift erneuert werden. Wie oft habe ich im Bürgerverein schon darauf hingewiesen, aber es geschieht nichts. Bald ist gar nichts mehr zu sehen!
Hier ist übrigens die Gruft von Minna Jacobi, geb. Gercke und ihres Bruders Ludwig Gercke. Sie waren Wohltäter der Stadt und haben Legate für den Bau der Altstadtschule hinterlassen. Auch Straßennamen erinnern an sie."
Er greift mich am Arm. „Komm, wirf einmal einen Blick in die Ruine! Sie ist heute ein Ehrenmal für die Opfer von Krieg und Gewalt. (In der Nazizeit Heldengedächtnisstätte.) Ich sehe vor den inneren Augen, wie hier wohl braune Aufmärsche ihr Ziel hatten, unter „sturmzerfetzten Fahnen" markige Reden über die Heldenahnen gehalten wurden, die Hitlerjugend paradierte und Fackelzüge stattfanden.
Herr Schmidt reißt mich aus den Gedanken: „Links an der Wand stehen auf dunkler Tafel die Namen der 33 Toten des Bergwerksunglücks von 1960." – „Ja, ich habe von dem Brand in der Grube Hannoversche Treue gehört, lebte aber zu der Zeit noch nicht in Salzgitter." Mich beeindrucken vor allem die Psalm-Worte auf dem eisernen Eingangsgitter: ‚Gott wird abwischen alle Tränen'."
Und ich denke an verstorbene, einst liebgewonnene Menschen. Als wir den Friedhof auf der Seite der Friedrich-Ebert-Straße verlassen und in die Straße „Hinter dem Salze" einbiegen, zeigt mir Herr Schmidt einen großen Findling, das Denkmal zur Deutschen Einheit, das in

diese Novemberzeit passt, ist doch die Mauer am 9. November 1989 gefallen.

Wir wenden uns westwärts und betreten die Altstadt halbrechts durch die Fußgängerzone in der Straße „Vöppstedter Tor". Im Sommer laden Blumenanlagen mit Ruhebänken unter Linden- und Kastanienbäumen zum Verweilen ein. Heute sind die Fußwege feucht und glitschig, und auf den Bänken steht Wasser. Herr Schmidt zeigt auf das Straßenschild: „Schau, auch Straßennamen sind Palimpseste. Von dem alten Stadttor ist nichts mehr zu sehen, wir wissen aber, wo es gestanden hat. Hinweise auf Vergangenes findest du hier überall.

Was sagt dir dieser Stein mit der nicht mehr sprudelnden Quelle?" Ich zucke die Achseln. „Im Haus dahinter befand sich die Firma „Vorlo", Abfüllstätte der Heilquellen Stephansbrunnen und Irenenquelle. Sie hat dem Druck billiger auswärtiger Konkurrenz nicht standhalten können und musste schließen – wie auch viele kleine Läden in der Innenstadt."

Wir gehen ein paar Schritte weiter. „Mit etwas Phantasie kannst du hinter diesem schmiedeeisernen Eingang mit den Initialen HF (Hans Fricke) noch den letzten Bauernhof der Altstadt erkennen. Bauernhöfe mit ihren breiten Toren für Fuhrwerke waren hier überall. Jetzt sind dort Handwerksbetriebe angesiedelt, aber schon bald wird ein Großhandel das ganze Areal überbauen.

Übrigens wurde aus der Stadt nach dem Verlust der Salzrechte wieder eine Ackerbürgerstadt. Darauf deuten auch Straßennamen wie „Kuhstraße" oder „Triftweg", jetzt Petershagener Straße, hin. Die Menschen mussten sich kümmerlich von der Landwirtschaft und der Klesmerei ernähren." – „Ich weiß", entgegne ich.

Ich denke daran, wie aus den Fenstern allenthalben Instrumentalmusik erklang, wie die zänkische Stimme eines Meisters die Ohrfeige ankündigte, die der junge Musikeleve bei jedem Misston erhielt. Jetzt, im beginnenden Winter war Hungerzeit, man konnte weniger auf Hochzeiten und im Freien zum Tanz aufspielen. Nachträglich tun mir die Menschen leid, die den Brotkorb allenthalben höher hängen mussten.

Herr Schmidt stößt mich an. „Du hast doch ein Salzgitterlied geschrieben, das Zenon Zimnik komponiert hat. Gefällt mir gut, besonders die schmissige Version. Das wäre auch etwas für die Klesmer gewesen." – „Ach das? Ich schrieb es einmal für einen Komponistenwettbewerb der Braunschweigischen Landschaft." Wir erreichen die Einbiegung zum Südwall, heute eine gepflegte Anlage mit gemauerten Ruhebänken und einer stolzen Kastanie. „Hier stand einst das Stadttor, du siehst dort noch den Betonbau der alten Verwaltungsstelle, jetzt Jugendfreizeitstätte, aber morgen auch schon Teil des Großhandels, der sich hier ansiedeln wird. Verschwunden das Haus des dir sicher auch bekannten Onkels Stoot und die Fortsetzung des Walls, die man einfach aus dem Stadtbild gestrichen hat." – „Ja, ich erinnere mich, dass ich früher oft darauf entlanggegangen bin, um zur Post zu gelangen, die heute auch geschlossen worden ist. Am Eingang des Walls, nach Norden hin, stand die Gaststätte ‚Das Fässchen'." – „Richtig", bemerkt Herr Schmidt und zeigt mir zugleich auf der Südseite eine Tafel. Der Wall ist in der Mitte des 14. Jahrhunderts entstanden. Der Wasserlauf der Warne umlief wie die Oker in Wolfenbüttel oder Braunschweig die ganze Stadt. Dazu mussten natürlich mehrere Stauwehre eingebaut werden. Trotz der fehlenden Stadtmauer war der Zugang zur Stadt nur durch die befestigten Tore möglich."

Herr Schmidt greift nochmals die Fehler der Stadtplaner auf: „Was habe ich mich in den Sechziger Jahren darüber aufgeregt, wie rigoros man mit dem gewachsenen Stadtbild umgegangen ist. Es war die Zeit, als nüchterne Glas- und Betonbauten das Fachwerk verdrängten." – „Ja", füge ich hinzu, „was in anderen Städten die Bomben anrichteten, taten in Salzgitter die eigenen Bürger." – „Damals wurden allen Ernstes Fachwerkbauten überstrichen oder überputzt, um ihnen ein moderneres Aussehen zu geben, andere sogar abgerissen, um d i e s e Scheußlichkeiten dafür hinzusetzen." Er zeigt dabei auf die andere Seite der sich zu einem Platz weitenden Straße.

„Wir sind hier im Bohlweg. Die Vöppstedter Bauern mussten auf sumpfigen Gelände einen Weg aus Holzbohlen bauen, um trocken zur Salzquelle zu gelangen. Der Salzgehalt der Quelle war übrigens so gering, dass in der Gegend der heutigen Kaiserstraße außerhalb der Altstadt Gradierwerke angelegt werden mussten. Auch von denen ist nichts mehr zu sehen." – „Aber in Salzgitter soll doch die stärkste Sole Deutschlands gefördert werden?" – „Ja, seit dem 19. Jahrhundert, seitdem wird von oben Wasser in den unter der Stadt liegenden Salzstock hinein- und wieder herausgepumpt. Dadurch entstehen unterirdische Hohlräume, die ein Bauen von Hochhäusern in der Innenstadt wenig empfehlenswert machen."

Mir fällt eine moderne ummauerte Brunnenanlage ins Auge, in der sich eine drehbare Kugel befindet. „Soll das die Weltkugel sein?" frage ich. „Was weiß ich?" antwortet Herr Schmidt, „für die meisten modernen Skulpturen fällt mir keine Deutung ein. Ich ziehe die naturgetreuen Abbildungen vor, von denen die Stadt eine ganze Menge hat, wie hier das Denkmal für Onkel Stoot." Wir betrachten es gemeinsam.

Das vom Bürgerverein Salzgitter-Bad und vom Braunschweiger Kloster- und Studienfond geförderte Denkmal zeigt auf einer mit vielen Reliefs versehenen Stele den Kopf des Salzgitteraner Originals Reinhard Stoot, genannt „Onkel Stoot".

Ich erkenne an der Stele eine Malerpalette, chemische Reagenzgläser, einen Fotoapparat, einen Schmetterling, einen Käfer, einen Spaten und ein Gewehr. Herr Schmidt erklärt mir bereitwillig, was es damit auf sich hat:

„1863 als Sohn eines Kolonialwarenhändlers geboren, ist Reinhard Stoot auf ein Hildesheimer Gymnasium gegangen, musste es aber nach der Mittleren Reife verlassen, um nach dem Wunsch des Vaters eine kaufmännische Lehre zu ergreifen. Reinhard Stoot war aber aus Neigung ein Wissenschaftler von unzähmbarer Wissbegier. Er malte und fotografierte mit einem selbst gebastelten Apparat Bilder vom alten Salzgitter von historisch unschätzbarem Wert.

Er experimentierte als Chemiker, präparierte Schmetterlinge und Insekten, beschäftigte sich mit der Klesmersprache, beobachtete mit einem Teleskop die Sterne und war Mitglied des Schützenvereins. Nur das väterliche Geschäft interessierte ihn nicht. Es ging pleite, Stoot

wurde bettelarm, und die Stadtbewohner begannen ihn über die Schulter anzuschauen.
Sein Glück war, dass ihm nach dem ersten Weltkrieg der Salzgitteraner Verschönerungsverein mit einigen anderen Sozialhilfeempfängern den bezahlten Auftrag gab, den Abraum und verbliebenen Schmutz der Gewerkschaft Schlüssel im Greif zu entfernen, die trotz einer tiefen Bohrung nach Kalisalz nur unzureichend fündig geworden war. Mit Rücksicht auf das herzogliche Eigentum wurde das Bergwerk in zu großer Distanz vom eigentlichen Salzlager niedergebracht.
Auf dem Berg entstand ein auch heute noch viel besuchter Park, den Onkel Stoot mit Märchenfiguren für die Kinder der Stadt ausstattete, die im 3. Reich aber als „Entartete Kunst" entfernt oder gesprengt wurden. Onkel Stoot starb am denkwürdigen 20. Juli 1944."
Ich unterbreche seinen Redefluss. „Dank für deine Ausführungen, vieles wusste ich schon über Onkel Stoot, aber man erfährt doch immer noch Neues.
Ich habe früher übrigens auch in der Innenstadt gewohnt und habe heute noch den Geruch einiger Läden in der Nase: den Brötchen- und Kuchengeruch der Bäckerei Klusmann, die unverkennbaren Gerüche eines Tabakwaren-, eines Schuhmachergeschäftes, des kleines Gasthofes „Deutsches Haus" mit der angeschlossenen Fleischerei Grittner ... Ein Blinder hätte sofort gewusst, wo er sich im Bohlweg befindet."
Herr Schmidt, geradezu begeistert: „Solche Erinnerungen sind das, was wir als Heimat verstehen, du hast recht! Wenn wir Altgewordenen unsere Erinnerungen nicht weitertrügen, die Palimpseste nicht zu deuten verstünden, wären unsere Städte keine lebenden Organismen, sondern nur tote Materie."
Auf der Strecke vom Bohlweg zum Marktplatz grüßen wir vorbeieilende Bekannte. Herr Schmidt blickt sie so unnahbar an, dass es zu keinem Gespräch kommt. Er deutet auf die mit frommen Inschriften versehenen Frontbalken alter Fachwerkhäuser, auch auf die mit Arkaden versehene Apotheke der alteingesessenen Familie Sievers. Viele Geschäfte stehen leer oder werden zum Vermieten angeboten.

Wir unterhalten uns über das Sterben vieler Läden, das viele Innenstädte trifft. Wie sieht die Zukunft der Städte aus, wenn es immer weniger junge Menschen gibt und die Bevölkerungszahlen zurückgehen?
Der Marktplatz zeigt ein sehenswertes Ensemble alter Fachwerkhäuser, in der Mitte einen Veranstaltungspavillon, auf der Westseite aber, aus dem Rahmen fallend, den Betonbau der neuen Verwaltungsstelle der Ortschaft Süd, das sogenannte „Kleine Rathaus". Es wird zum Glück heute von Klematis und anderen Grünpflanzen umrankt, die dem Bau die strenge Nüchternheit nehmen. Ein an der Betonmauer angebrachtes Glockenspiel erinnert zur vollen Stunde an Salzgitters Bergbauvergangenheit mit dem Ruf „Glück auf, Glück auf, der Steiger kommt ..."
Ins Auge fällt in diesem Zusammenhang auch das Denkmal einer Lore mit einem etwas zu klein geratenen Bergmann. Links unten auf dem leicht abfallenden Platz sehen wir das stattliche Gebäude des Ratskellers, wir wenden uns aber, links am Rathaus vorbeigehend, dem Rosengarten zu.
Vor dem Fußgänger-Eingang zur Tiefgarage ist eine große Tafel mit einem Stadtplan zu sehen, der allerdings seitenverkehrt angebracht ist. Herr Schmidt witzelt: „Das Eselsdenkmal am Eingang zur Vorsalzer Straße ist sicherlich nicht umsonst aufgestellt worden!"
Auch in dieser Jahreszeit sind noch viele metallene Rosenbögen umgrünt und letzte Rosen blühen, jedenfalls noch so lange, bis sie vom ersten strengen Frost dahingerafft werden.
Das Legat der Witwe Bartels hat aus dem alten Kurpark mit Rosengarten und Traditionsinsel ein wahres Schmuckstück für die Stadt entstehen lassen. Wären da nicht die Rückseite des „Kleinen Rathauses" und das moderne Gildehaus, könnte man bei der Traditionsinsel von einem der schönsten Stadtbilder Niedersachsens sprechen.
Über die Tiefgarage und am Gildehaus vorbei gehen wir zunächst in Richtung Tillyhaus. Dabei fallen naturgemäß die lebensgroßen Bronzeplastiken der „Salzsieder" ins Auge. Der eine hager, der andere dick, haben sie sich offensichtlich vieles mitzuteilen. Sie symbolisieren

neben den Ackerbürgen und den Klesmern den dritten bedeutsamen Berufsstand in der Geschichte der Stadt.
Als Nächstes sehen wir die Wildschweine auf einer Wiese, dahinter den Marienplatz mit einem dem Stadtbild gut angepassten neuen Gebäude der Wohnbau und der altertümlichen Gaststätte „Zur Pfannenschmiede". Die Straße führt weiter zum Gittertor, das sich am westlichen Ende der Altstadt befunden hat.
Herr Schmidt führt mich nur stumm zu der Tafel, die links am Tillyhaus angebracht ist.
Ich lese, dass der kaiserliche Feldherr Tilly nach der siegreichen Schlacht bei Lutter am Barenberg am 26. August 1626 hier sein Hauptquartier aufgeschlagen hat und denke, das wird sicherlich nicht ohne Plünderungen abgegangen sein.
Das attraktive Gebäude wurde ansonsten unter den Herzögen von Braunschweig als Verwaltungshaus für die Saline Liebenhall genutzt. „Hier residierten die herzoglichen Salz-Administratoren, deren große Grabmäler wir auf dem Friedhof vor der Vöppstedter Ruine gesehen haben!" – „Ganz recht." – „Aber ist von der alten Saline wirklich nichts mehr übrig?" – „Nein, sie fiel 1913 einem Großbrand zum Opfer. Der Herzog verlor sein Interesse an Liebenhall, es wurde wieder Teil der Stadt, und Salzgitter erhielt danach endgültig die Chance, ein richtiges Kurbad zu werden." – „Dann kamen der 1. Weltkrieg, die Inflationszeit und später Hitler, und aus war es mit den Kurortträumereien" – „Du sagst es" bestätigt Herr Schmidt.
„Weißt du, ich habe keine Lust, mit dir noch über den Nordwall zum Klesmerplatz zu gehen, es ist zu unfreundlich heute, aber der Weg ist für deinen Besuch sehr zu empfehlen."
„Leider ist auch der Rest des Südwalls durch die Neubauten des Elisabeth-Krankenhauses in Mitleidenschaft gezogen worden. Schau mal, am unteren Ende der Tillystraße siehst du rote Klinkerbauten, alte Verwaltungsgebäude, die auf die Zeit hindeuten, als hier unter Emil Langen das erste Hochofenwerk Salzgitters entstand. Eine Schmalspurbahn vom Erztagebau Finkenkuhle überquerte die Bahnlinie ..."
Er winkt ab: „Ich betrachte mir mit dir jetzt die Häuser der Traditions-

insel, dann kürzen wir ab und gehen zurück zum Marktplatz. Hinter dem Tillyhaus steht das Kniestedter Gutshaus, gleichfalls ein alter Fachwerkbau, der 1970 an diese Stelle versetzt worden ist. Heute ist dort die Städtische Musikschule untergebracht."

Mein Blick fällt auf ein altes Holzgestänge auf der Grünanlage davor mit Erklärungen auf einer Tafel. Ich lese. Es handelt sich um alte Eichenrohre der Saline, die 1969 geborgen worden sind.

Der alte Salinen-Holzbohrturm von 1851 wurde 1971 durch eine moderne Bohrung ersetzt, die bis in eine Tiefe von 222 m reicht. und das auf dem Berg gelegene Solewellenbad mit frischer hochgepumpter Sole speist.

Herr Schmidt führt mich weiter.

„Der schon oben erwähnte Garßenhof ist von Gitter aus gleichfalls auf die Traditionsinsel versetzt worden und dient heute als Bettenhaus für das Ratskeller-Hotel. Die Ratskeller-Terrasse schließt sich an, auf der im Sommer mit Blick auf den malerischen Rosengarten viele Gäste speisen und Kaffee trinken. „Die Lesende", eine lustige Skulptur, macht auf die nahe Stadtbibliothek aufmerksam, deren Fensterrückseite von hier aus im Untergeschoss des Verwaltungsgebäudes zu sehen ist." Ich nicke.

Gleich darauf stehen wir auf dem Marktplatz und schauen auf eine am Ratskeller angebrachte Tafel. „Weißt du," äußert Herr Schmidt, „eigentlich braucht ein aufmerksamer Besucher von Salzgitter-Bad nur die Augen offenzuhalten. Wir haben überall für hinreichende geschichtliche Erklärungen gesorgt." „Du hast recht," stimme ich ihm zu, „der Bürgerverein hat gute Arbeit geleistet. Dennoch, ohne vorherige Grundkenntnisse bleibt alles Stückwerk." Ich lese, von Herrn Schmidt kommentiert: Das stattliche Ratskellergebäude ist um 1200 als Salzlagerhaus entstanden, diente aber nach der Entstehung von Liebenhall den Salzgitteraner Bürgern als Rathaus und Getreidelagerhaus für die angeschlossene Brauerei. Die zunehmende Verarmung der Stadt sorgte dafür, dass das Rathaus 1854 an einen Gastwirt und Hotelbesitzer verkauft wurde. Seit dieser Zeit wird es gastronomisch genutzt. In der Nazizeit war der Gastronom zugleich Parteigenosse.

Am 15.05.1937 wurden im Ratskeller die Reichswerke Hermann Göring gegründet und die Grundlagen für die 1942 entstandene Gesamtstadt „Salzgitter-Watenstedt“ gelegt.
Das heutige Gesicht bekam der Ratskeller nach den Umbauten von 1953 und 1972.
Herr Schmidt, immer mürrischer werdend, wendet sich mit mir der Marktstraße zu. An der Kreuzung Warnestraße/Kuhstraße steht in der Fußgängerzone das Denkmal für Seppchen Mutig, ein weiteres, etwas heruntergekommenes Salzgitteraner Original. Er zog mit seiner Ziehharmonika umher, spielte und sang bei Hochzeiten und anderen Feierlichkeiten und erzählte derbe Witze.
Wir gehen weiter zum Klesmerplatz und zur Vorsalzer Straße. Herr Schmidt erklärt mir, dass das Kniestedter Tor am unteren Ende der Marktstraße über den Damm und den Umflutgraben zum „Vorsalz“ führte, in ein eigenständiges Dorf, das vor den Toren der Stadt entstand und erst 1926 eingemeindet wurde.
Das Klesmerdenkmal auf dem Platz vor der Kreissparkasse gewährt einen Blick in die Vergangenheit der Stadt.
Wegen bitterer Armut wurden viele Bürger zu fahrenden Musikanten, bildeten kleine Kapellen und erwarben sich in Anlehnung an die jüdischen Klesmer – mit einer eigenen Berufssprache – bald einen weltweiten Ruf.
Einige von ihnen spielten in St. Petersburg vor dem Zaren, in Brasilien und in den USA
Neben der Kreissparkasse deutet die Straße „Töpferreihe“ darauf hin, dass die Tonvorkommen in der Nähe für die Herstellung irdener Gefäße genutzt wurden, auch eine Ziegelei war vorhanden.
In Anbetracht der Kälte schließen wir unseren Rundgang auf dem Nordwall ab, den wir in Richtung St.-Mariae-Jakobi-Kirche betreten. Eine Glocke läutet. „Da ist jemand in der Gemeinde gestorben“, kommentiert Herr Schmidt. Der Blick auf das Gebäude mit dem stillgelegten alten Gottesacker davor ist eindrucksvoll. „Kirchtürme wurden auch im 15. Jahrhundert noch als Wehrtürme gebaut,“ erklärt er, „du kannst in dem festen Bau die Schießscharten erkennen.

Aber ich zeige dir noch etwas anderes." Er macht vor einer Tafel Halt, auf der außer Grafitti-Schmierereien nichts mehr zu sehen ist. „Nanu", bemerkt er verdutzt, „eigentlich hatten wir hier zur Information ein mittelalterliches Stadtbild mit den Umflutgräben und Stauwehren angebracht. Aber was ist schon vor Vandalismus sicher?"
„Schau", fügt er hinzu, „dort unten vor dem Zentralparkplatz ist ein solches Stauwerk zu sehen, das zwar eigentlich nicht an diese Stelle gehört, aber so ausgegraben und naturgetreu hier hingesetzt worden ist."
Wir gehen weiter zur rot geklinkerten Altstadtschule und lesen die Tafel, die auf der Kirchplatzseite die Namen der Stifter zeigt. Herr Schmidt macht mich auch noch auf den Durchblick zu einem burgartigem Gebäude aufmerksam, das sich ein vermögender Bürger inmitten der Stadt errichtet hat.
Dann verabschiedet sich Herr Schmidt, bei dem ich mich herzlich bedanke. „Ich hoffe, du bist jetzt für deinen Besuch gerüstet?" – „Aber sicher!" bestätige ich ihm. „Im Frühjahr kommt der Besuch? Na, vielleicht ist bis dahin auch schon einiges Geschichte geworden, was ich dir heute gezeigt habe." „Aber jetzt weiß ich das Palimpsest zu deuten!" entgegne ich lächelnd.
Er hält noch einmal inne: „Übrigens, besorg mir doch bitte ein Exemplar deines Salzgitter-Liedes!" – „Ich habe aber nicht den ‚schmissigen' Chorsatz." – „Macht nichts! Ich versuche mich damit auf dem Klavier!" Wir verabreden uns, in 3 Wochen auf dem Weihnachtsmarkt ein paar Gläser Glühwein miteinander zu trinken, die ich spendieren werde, und winken uns zum Abschied zu.
Dann gehe ich allein durch die Gutenbergstraße. Ich passiere ein Bestattungsunternehmen, gelange im stärker werdenden Regen zum Bohlweg, zum „Vöppstedter Tor" und zurück zur Straße „Hinter dem Salze", bis ich die Vöppstedter Ruine und meinen Wagen vor mir sehe. Die Bestattungsfeierlichkeiten auf dem nahen Altstadtfriedhof sind zu Ende. Viele dunkel gekleidete Menschen kommen mir entgegen, teilweise mit rot geweinten Augen. Manche kenne ich und grüße sie knapp.
Aber im Vorübergehen schaue ich auch auf die tröstende Inschrift an der Vöppstedter Ruine: „Gott wird abwischen alle Tränen".

Wanderung längs der Innerste nach Ringelheim

Die stets wissbegierige neunjährige Nantje hat sich von der Schulbibliothek das „Handbuch der Natur" von Marcus Würmli ausgeliehen. An einem Samstag Anfang Juni stürmt sie in die Wohnung der Großeltern. „Opa, du kennst dich doch mit Blumen aus?" – „Na, ein bisschen." schränke ich ein. „Gut, und du willst einen Spaziergang nach Ringelheim machen? Haste gesagt!" – „Aber dabei geht es doch nicht um Blumen!" – „Doch, am Wegrand blühen jetzt viele, hat meine Lehrerin gesagt. Ich soll ins Buch schauen und aufschreiben, welche weiß, gelb, blau oder rot blühen." Da ich der Enkelin nichts ausschlagen kann, lenke ich ein. „Na schön, aber Oma Margot darf mitkommen!" Nantje springt vor Freude hoch. „Na klar". Ihre Augen glänzen. „Ich freue mich!" Der vom Opa getragene Rucksack wird mit Getränken und Proviant versehen. Ein Blick an den Morgenhimmel zeigt: Es ist kühl, aber die Sonne scheint warm vom leicht bedeckten Himmel und kündigt besseres Wetter an. Wir fahren also mit dem Auto auf der alten B 248, (jetzt K 32) durch Gitter, kreuzen die alte B 6 (jetzt L 498) und gelangen in Richtung Alt-Wallmoden zur „Franzosenbrücke" vor der wir in einer Parkbucht halten. „Warum heißt die Brücke ‚Franzosenbrücke'?" fragt Nantje. „Nun, zu Kaiser Napoleons Zeit war Deutschland von Franzosen besetzt. In Kassel regierte ein Bruder des Kaisers. Die in der napoleonischen Zeit ausgebauten Heerstraßen können wir heute noch erkennen: Es sind Pappelalleen. Aber auch Brücken wurden an wichtigen Nord-Süd-Verbindungen gebaut, wie diese hier an einer Furt über die Innerste. Klar, denn Kanonen konnte man nur schlecht durch aufgeweichten Flussboden ziehen."
Oma lenkt ab. „Schau mal, dort drüben in Richtung Hohenrode haben wir oft mit deinem Papa Picknick gemacht und in der Innerste gebadet!" – „Machen wir das jetzt auch?" – „Nein, es ist zu kalt. Wir gehen flussabwärts nach Ringelheim." (Zu mir:) „Wie oft sind wir früher diesen schönen Weg gegangen!" Ich schaue auf die Uhr. Es ist 8.30 Uhr. Wir

gehen hinter der Brücke hinab ans Innerste-Ufer und sehen, dass die Brücke tatsächlich Bauwerken gleicht, die wir von Paris her kennen. Nantje achtet auf Blumen und schreibt nach Rücksprache mit Opa in ihren Notizblock: *weiß:* Kerbel, Taubnessel; *gelb:* Löwenzahn, Schöllkraut und Hahnenfuß; *rot (violett):* Tausendgüldenkraut. Ich erkläre ihr den Unterschied zwischen Spitz- und Breitwegerich. Das zur Zeit knietiefe Wasser plätschert schnell über die Bachkiesel. Tiefhängende Weiden, aber auch Linden und Ahornbäume am Rand werfen dunkle Schatten.
Links ein großes Weizenfeld. Wir gehen auf dem Feldweg flussabwärts. Die mäandrierende Innerste kommt manchmal nahe heran, dann entfernt sie sich wieder. Dichte Baumreihen von großem Artenreichtum beiderseits des Flusses, zuweilen aber auch breite, grasbestandene Auen. Nantje entdeckt Schlehen, Süßkirschen, einen wilden Apfelbaum, Holunderbeeren und sogar einen Johannisbeerstrauch.
Die Pflanzen am Boden sind vom gestrigen Regen feucht, Schuhe und Strümpfe werden schnell nass. Aber wir ertragen das mit Geduld. Oma macht als erste ärgerlich auf die Veränderung aufmerksam, die sich seit unserer letzten Innerste-Wanderung vollzogen hat. In der Ferne tauchen hinter einem Erdwall große Bagger und Maschinen auf, die den Boden aufreißen, um Kieß zu gewinnen. Ein riesiger See entsteht, der in einigen Jahren dem Salzgitter-See im Norden der Stadt als Freizeitparadies Konkurrenz machen könnte. Mit Schrecken denke ich daran, dass anstelle des Feldweges ausgebaute Straßen zu Parkplätzen, Würstchenbuden und Eisständen führen werden.
Eine Lichtung schafft einen Zugang zum Fluss, eine Maus huscht über den Weg, Nantje entdeckt auch eine große Weinbergschnecke, die eine lange Schleimspur hinterlassen hat, einen weghüpfenden Frosch und viele Marienkäfer, die an Grashalmen krabbeln. Einige Gräser blühen schon, keine gute Nachricht für Allergiker. Wattige Pappelsamen in der Luft. Oma pustet laut, beinahe hätte sie einen eingeatmet.
Zur Linken jetzt ein Gerstenfeld, dazwischen am Rand roter Mohn und einige Stauden gelbblühenden Rapses, der wohl im letzten Jahr

Autos fahren an uns vorbei. Ob es im Fluss Forellen gibt? Wir sehen keine. Nantje fragt: „Gehen wir nun den gleichen Weg zurück?“ Ich antworte: „Nein, Nantje, am anderen Flussufer, aber vorher wollen wir noch durch den Schlosspark gehen und nach dem „Mausoleum“ Ausschau halten. Du wirst sehen, der Park und das Schloss sind sehenswert.“

Wir gehen auf der Wallmodener Straße ein paar Schritte dorfwärts und biegen dann rechts auf einen gepflasterten Weg ab, vor dem ein „Durchfahrt-Verboten-Schild“ steht. Nantje fällt aber sofort eine Liedertafel am Eingang des Weges auf:

„Bruder Jakob, Bruder Jakob,
Schläfst du noch, schläfst du noch?
Hörst du nicht die Glocken? Hörst du nicht die Glocken?
Ding dang dong, ding dang dong.“

Sie kennt das Lied schon vom Kindergarten her in französischer Sprache und fängt an zu singen. Ich teile ihr mit, dass noch viele solche Liedertafeln in Ringelheim aufgestellt sind. Sie müsse nur die Augen offenhalten. Wir gehen ungefähr zweihundert Meter, zur Rechten die Innerste, zur Linken einen Drahtzaun, der das ÜZH-Gelände abgrenzt, dann biegen wir, dem Drahtzaun weiter folgend, wieder links ab auf einen Weg. Zwei hohe Steine verhindern hier die Durchfahrt von Fahrzeugen. Wir lassen den Schlosspark rechts liegen und sehen schon bald ein schmuckes Fachwerk-Wohnhaus mit den Jahreszahlen 1847 und 1983, auf dessen Balken wir lesen:

„Ein bisschen mehr Frieden und weniger Streit,
ein bisschen mehr Güte und weniger Neid.
W I R – und weniger I C H,
Ein bisschen für mich und das meiste für Dich.“

Dahinter taucht das Mühlengebäude auf. Nantje wendet sich einer alten Bergwerkslore und dem Tor zum Schlosspark zu. Sie kommt nicht aus dem Staunen heraus über das prächtige von 1643 bis 1803 erbaute Schloss. „Hat hier ein König gewohnt? Die Treppe sieht so aus, als ob darauf Aschenputtel ihren Schuh verloren hätte.“ Sie denkt wohl an ihre Märchenbücher. „Nein, aber ein Graf hat hier gewohnt, und vorher war es ein Kloster." Sie blickt ein wenig ungläubig drein, gibt sich aber mit der Erklärung zufrieden.

Die breite Freitreppe mit dem Mühlgraben davor ist immer noch ansehnlich. Zu beiden Seiten drei blumengefüllte Steintröge auf Pfeilern. Nur bei genauerem Hinsehen wird deutlich, dass die weiße Fassade dringend neuen Anstrich und Putzarbeiten benötigte. Nach der Schließung des Klosters durch Napoleon 1803 fiel das Schloss 1818 an den Grafen von der Decken, in dessen Familienbesitz es bis 1938 blieb. Dann machte es Hermann Göring zum vorläufigen Sitz der Reichswerke-Verwaltung. Nach 1945 fiel es an die Stadt Salzgitter, die es ab 1950 als Heilstätte und 1969 als Teil des Landeskrankenhauses Königslutter nutzte, bis es Ende der Neunziger Jahre zum Verkauf angeboten wurde, aber bis heute keinen Käufer fand.

Die vorher von dem Benediktinerkloster als Fischteiche genutzten Flächen wurden im 19. Jahrhundert durch die Familie von der Decken in einen See mit englischem Park umgewandelt. Ich erzähle Nantje noch viel über die Arbeit der Benediktiner, während wir weitergehen. Der Blick fällt gegenüber vom Schloss auf gepflegte Rasenflächen mit uralten Bäumen und den See, auf dem sechs Schwäne ruhig ihre Bahn ziehen. In der Ferne erkennen wir eine prächtige Steinbrücke, gleichfalls mit Trögen auf Podesten. Der Fahrweg links führt zu Kuranlagen des ehemaligen Krankenhauses. Oma erinnert sich daran, dass früher sogar einige der Patienten im See badeten.

Ich kommentiere: „Das ist ein richtiger englischer Park wie in Muskau, Riddagshausen oder zum Teil auch in Pillnitz". Wir folgen dem Gehweg nach rechts in Richtung einer riesigen Rotbuche mit exotisch fiederigen Blättern. Das Geäst ist so dicht, dass die darunter stehende Bank völlig im Schatten liegt. Gegenüber steht eine seltene, hohe Pyramiden-Eiche. Wir biegen jetzt nicht nach rechts zum See hin ab, sondern gehen geradeaus in Richtung einer kleinen Anhöhe. Am nördlichen Seeufer fällt der Blick auf weitere Baumriesen: eine riesige Platane, hohe Kiefern und Birken und auf dem Rasen eine Blutbuche und eine mächtige Eiche. Es ist wärmer geworden, überall das blattbewegte Spiel von Licht und Schatten. Merkwürdig. Außer uns ist niemand zu sehen. Uns begegnet ein einziger Mann, gemächlich ausschreitend, mit schwarzer Kleidung und schwarzem breitkrempigen Hut, ein ortsbekannter Künstler, dem Nantje noch lange nachschaut. Das Mädchen, das schon eine ganze Weile nachdenklich wirkt, fragt schließlich: „Was ist ein englischer Park?“ Ich antworte: „Man unterscheidet den französischen und den englischen Park. Die Menschen waren früher stolz darauf, die Natur zu beherrschen und zwangen Blumen und Bäume in strenge geometrische Formen wie Kreise, Ovale, Quadrate, Rechtecke usw. Du weißt, was ich meine?“ Nantje nickt. „So angelegte Parks nannte man „französische Parks“. Später freute man sich wieder über den natürlichen Pflanzenwuchs und legte so genannte englische Parks an. Aber es gehörte zum Ehrgeiz der Fürsten, anstelle des normalen Waldwuchses viele exotische Bäume zu pflanzen und bei Spaziergängen immer wieder schöne und unerwartete Ansichten zu schaffen wie hier auf den See mit Seerosen und Wasserlilien. Man kann auf den Bänken unter Bäumen sitzen, das Vogelgezwitscher hören und im Sonnenschein am Wasser träumen. Das nennt man romantisch!“ – „Ich habe einen romantischen Opa,“ witzelt Nantje.

Plötzlich erkennen wir auf der schon erwähnten Anhöhe ein altes Gebäude. Ob es das Mausoleum ist? Nantje und ich eilen einen schmalen Pfad hinauf, während Oma auf dem alten Weg weitergeht. Nein, das ist kein Mausoleum, es ist nur eine Ruine, in der ganz bestimmt kein Konzert stattfinden kann. Hinter einem markanten steinernen Eingangstor, durch das wir hindurchtreten, geht es ins Leere, und der von Mauerresten umgebene Raum ist viel zu klein, um Zuhörern Platz zu bieten. Ich erkläre Nantje, dass der Bau von „künstlichen“ Ruinen offenbar auch zu englischen Parks gehöre. Ein Brandplatz kennzeichnet ein niedergebranntes Lagerfeuer, das verbotener Weise hier angelegt worden ist. Auf jugendlichen Vandalismus deutet auch eine abgebrochene Treppe hin. Wir balancieren über die vier erhaltenen Stufen abwärts und treffen Oma wieder.

Hinabeilend sehen wir einen kleinen Weiher vor uns, der über Zu- und Abflüsse mit dem See in Verbindung steht. Wir erzählen der

Oma, dass die Ruine nicht das Mausoleum sein kann und stehen nun vor der Frage, ob wir umkehren oder den Weg weitergehen sollen.
Wir entscheiden uns für das Weitergehen, denn wir haben den See ja schon zur Hälfte umrundet. An der nächsten Weggabelung wenden wir uns nach rechts, dem Ufer des Sees folgend. Wir gelangen in ein dichtes Waldgelände: teilweise Nadel-, dann auch Mischwald. Ganz gewiss ein Gebiet, das nicht mehr zum angelegten Park gehört.
Bei der nächsten Gabelung halten wir uns wieder rechts, bis wir das See-Ufer erreichen. Efeuumrankte Bäume. Plötzlich sehen wir eine Insel auf dem See. Wir müssen schon genau hinschauen, um eine weitere Attraktion des Parks auf ihr wahrzunehmen: einen mächtigen rotgrauen Obelisken, der aus dem Grün der Bäume herausragt. Nantje notiert nach langer Zeit wieder etwas: nämlich weißblühenden Jasmin. Kurz darauf endet der See. Wir folgen seinem Ufer und gehen alsbald in entgegengesetzter Richtung, links an dichtem Nadelwald und rechts am See entlang. Nantje notiert eine seltene lilarosé-farbene Wasserlilie. Immer neue interessante Durchblicke auf Buchten und Inseln des Sees zeigen die Eigenart des englischen Parks. Jetzt rücken auch die Kuranlagen und dann das weiße Schlossgebäude wieder ins Blickfeld. Hinter einem Drahtzaun taucht der Uferweg der Innerste auf, den wir nach Hause gehen werden. „Hörst du schon das Rauschen der Innerste?" fragt Oma. Nantje nickt.
Endlich erreichen wir die große Steinbrücke, durch die der Abfluss des Sees erfolgt. Nantje rennt hinauf und begrüßt die Schwanenfamilie: Mama, Papa und vier Kinder. Wir erkennen die Jungen an den noch nicht völlig weißen Federn. „Wie schade, dass wir alles Brot aufgegessen haben! Ich würde sie so gern füttern!" Zum Glück hat Oma noch ein paar Kekse einstecken. Lautes Fröschequaken, als wir den Fußweg an der Westseite des Sees entlanggehen, immer das Schloss im Blick. Wir passieren eine uralte Trauerweide, eine Lärche und am Eingang einen seltenen Blut-Ahorn und verlassen ca. 10.00 Uhr den Schlosspark voller angenehmer Eindrücke.
Allerdings haben wir nicht herausgefunden, wo das Mausoleum steht. „Es kann ja höchstens auf dem Friedhof oder in der Nähe der Kloster-

kirche sein!" stellt Oma fest. „Das Stück können wir nun auch noch laufen", füge ich hinzu und sage zu Nantje: „Deine Lehrerin wird staunen, wenn du auch etwas über die Geschichte von Ringelheim aufschreibst! Kennst du eigentlich das Wappen von Ringelheim?" – „Na klar, es steht doch an den Ortseingängen auf hohen Steinen: ein feuerspeiender Drache auf Wellen mit einem großen Ringelschwanz!" „Du hast gut aufgepasst", lobe ich sie und fahre fort: „Du musst auch weiter ganz sehr auf angebrachte Tafeln und Hausinschriften achten!" „Aber ja, Opa", sagt sie, „ich drehe den Block um und fange von hinten an zu schreiben." Kurz darauf entdeckt sie neben der Bergwerkslore eine weitere Liedertafel mit dem Lied:

„Es klappert die Mühle am rauschenden Bach"

Gegenüber bemüht sie sich am Mühlengebäude vergeblich, die lateinische Inschrift zu entziffern. Ich zeige ihr die kleinen Tafeln mit den Übersetzungen, und sie schreibt auf:

„Diese Mühle ließ der hochehrwürdige und erlauchte geweihte Herr Abdon Könich, Abt von Ringelheim, im Jahre des Herrn 1699, dem 7. Jahre seiner Regierung, errichten." und: „Von dem hier Errichteten möge fern sein aller Schaden, Pest, Feuer und jegliche ruchlose Hand". Natürlich muss ich ihr erklären, was ein „Abt" und eine „ruchlose Hand" sind. Aber die Angst vor dem Feuer wird auf einer Tafel schnell gedeutet; denn die vormals hier stehende Mühle, gleichfalls vom Innerste-Mühlgraben betrieben, ist 1596 durch Blitzschlag abgebrannt. Graf Georg von der Decken errichtete ein durch Wasserkraft betriebenes Elektrizitätswerk, das 1898 in Betrieb ging und 1913 von der Überlandzentrale Helmstedt übernommen wurde. Der Weg hinauf zur Klosterkirche führt an alten Wirtschaftsgebäuden des Klosters vorbei, die Zeichen des Verfalls zeigen. Der 1710 erbaute achteckige Taubenturm an einem Gebäude, das einer kleinen Kirche gleicht, ist aber nach wie vor beeindruckend. Klosterkirche und Schloss bilden ein barockes Bauensemble. Nantje ist längst zum Eingang der Kirche vorausgeeilt, weil sie dort eine angebrachte Tafel ausfindig gemacht hat. Sie schreibt: Das Kloster wurde im 10. Jahrhundert gegründet. Ich blättere zusätzlich in einem Heftchen, das ich mir schon vorher von der freundlichen Dame im katholischen Gemeindebüro von St. Abdon und Sennen besorgt habe, und lese vor: *„Das ... Kloster Ringelheim ist nach der Schutzurkunde von König Otto vom 17. Januar 940 eine Stiftung des Grafen Immat als Frauenkloster. Die erste Äbtissin war seine Tochter Einicholt, eine weitere Äbtissin ... Judith, eine Schwester Bischof Bernwards von Hildesheim."* Aus dieser Zeit stammt wohl auch das berühmte romanische Kruzifix, von dem heute nur noch ein Duplikat in der Kirche zu sehen ist. – Nantje zieht einen Flunsch. „Blöde, dass das nicht alles auf der Tafel steht! Du hast außerdem von dem Abt Könich gesprochen, der doch ganz sicher mit Mönchen und nicht mit Nonnen zu tun hatte?" – „Du kannst das Heft mitnehmen und deiner Lehrerin zeigen:" beruhige ich sie. „Darin steht alles. Das mit den Mönchen folgt ja noch!" Ich lese weiter: *„Bischof Bernhard besetzt das Kloster (1150) mit Benediktinermönchen ..."* „Da siehst du es!" *„ der erste Abt war Rüdiger ... Das Kloster wird ... 1803 säkularisiert ... 1818 kauft die Familie von der Decken das ehemalige Kloster, in deren Besitz es bis 1938 bleibt ..."* Das Übrige über die Kirche weiß ich selbst. Ich erkläre meiner Frau: „Die Klosterkirche war zuerst romanisch, ihr heute barockes Aussehen bekam sie nach einem Brand und Neuausbau ab 1750. In seiner Innengestaltung ist das Gotteshaus eine der schönsten Barockkirchen Niedersachsens. Die 1975 überarbeitete Barock-Orgel gestattet alljährlich im Frühjahr in herrlichem Klangrahmen Orgelkonzerte namhafter Künstler. Aus der Klosterkirche wurde seit 1803 die katholische Gemeindekirche von Ringelheim." – „Wir haben mit dem Oratorienchor hier auch das Weihnachtsoratorium gesungen", fügt die Oma hinzu. „Leider ist die Kirche für das Publikum nur jeden ersten Sonntag im Monat geöffnet", liest Nantje von der angebrachten Tafel ab. Etwas enttäuscht, die Kirche nicht betreten zu dürfen, gehen wir zum nördlichen Klosterausgang hinauf, der von einem 1899 erbauten ummauerten Laufgang mit Fenstern zwischen den Gebäuden verbunden ist. Das Gebäude an der rechten Klostermauer gegenüber vom Pfarrbüro ist nur noch eine Ruine, auf der oben eine Fernsehschüssel angebracht ist. Bizarr anzuschauen. – Zwei Fragen bleiben noch: 1. Wo ist das Mausoleum zu finden? 2. Und wo mögen die Gerichtsstätte und der Thingplatz aus heidnisch-germanischer Zeit gestanden haben? Wir gehen die Johannestraße weiter in Richtung Marktplatz. Wir fragen eine einheimische Passantin: „Wo ist denn hier das Mausoleum?“ Sie lacht. „Schauen Sie da einmal genau hin!“ In der nach rechts abzweigenden Straße „Am Schlosspark“ sehen wir unvermutet tatsächlich ein großes Hinweisschild: „MAUSOLEUM“. Wir bedanken uns und gehen am Schaukasten des katholischen Pfarramtes vorbei. Dabei entdecken wir die nächste Liedertafel. Nantje liest: „Lobe den Herren, den mächtigen König der Ehren!“ „Das Lied kenne ich von Papa in der Kirche.“ fügt sie hinzu. Ich denke, Ringelheimbesucher könnten auch die Liedertafeln allein zum Ziel einer Rundwanderung machen. Aber wir wollen uns nicht noch weitere Aufgaben stellen. An der Feuerwehr vorbei führt die Straße nach rechts in eine Sackgasse. Aber ein neues Hinweisschild auf das Mausoleum zeigt auf einen schmalen Weg, der einerseits zum Park, andererseits zu einem eisernen Tor führt, das Zugang zum Garten der Klosterkirche schafft. Wir stehen vorm Mausoleum, das leider verschlossen ist. Wie ich später von dem Heimatpfleger Pohl erfahre, waren hier die Gebeine der Grafen von der Decken bestattet, bis sie in den Siebziger Jahren des 20. Jahrhunderts an anderer Stelle beerdigt wurden. Heute ist das „Mausoleum“ also kein Grabmal mehr. „Das hätten wir!“, stellt Nantje fest – „und nun der Thingplatz!“ „Ich habe da so eine Idee“, füge ich hinzu. „Es könnte die kleine Anhöhe sein, auf der die Johanneskirche steht. Sie ist die älteste Kirche Ringelheims. Kirchen wurden von Missionaren gewöhnlich auf früheren heidnischen Heiligtümern errichtet.“ Wir gehen also wieder an der Feuerwehr vorbei und sehen die heute evangelische Kirche vor uns, auf deren mit Schießscharten versehenem Wehrturm die Jahreszahl 1410 steht. Im dunklen, lindenbestandenen Kirchgarten stehen Denkmäler für die Kriege 1870/71, 1914/18 und 1939/45. In den ersten beiden Fällen ist von „Helden“ die Rede, im letzten Weltkrieg von „Opfern“. So ändert sich die Weltsicht! Vermuten wir einmal, dass in heidnischer Zeit hier unter Linden Recht gesprochen wurde.

Nantje drängt zum Aufbruch. „Jetzt aber nach Hause! Mir brummt ja schon der Schädel!" Oma unterstützt sie. „Opa, ich denke, wir haben jetzt genug." – „OK!" Wir gehen also den Weg vor der Kirche weiter zur Johannesstraße, wo wir am Marktplatz noch eine weitere Liedertafel mit dem Ringelheimlied von Fritz Waldeyer entdecken.
Nantje notiert:
„Ich kenne ein Dörfchen im Innerstetal,
es liegt dort bezaubernd und schön.
Dort bin ich geboren, dort bin ich zu Haus,
dort lernt' ich die Welt zu verstehn.
Ich schaue den Wolken nach,
die hoch am Himmel stehn,
ich ruf den Vögeln zu,
die in die Ferne ziehn.
Kleiner weißer Vogel, flieg nach Ringelheim,
sag den Fremden, ich komme bald nach Haus.
Bringe meine Grüße heim nach Ringelheim,
ich halt's in der Fremde nicht mehr aus.
Ich erzähle Nantje in diesem Zusammenhang, dass ich für den hiesigen Chorleiter Johann Mantlik auch ein „Ringelheim-Lied" geschrieben habe, (das im Rahmen des Komponistenwettbewerbes 1997 in Schöningen erstmals zum Vortrag kam).
Dann geht es zurück zum Klosterbereich, an Klostermühle und Schlosspark vorbei hinab zur Innerste. Es ist 11.00 Uhr geworden. Der letzte Abschnitt unserer Wanderung beginnt bei dem schon oben beschriebenen gepflasterten Weg, der südlich des Schlossparkes zum Parkstadion und zu den Tennisplätzen führt. Auch hier sehe ich die Entwicklung voraus, dass die Natur allmählich mehr und mehr von der Zivilisation verdrängt wird. Wir biegen aber nicht nach links zu den Sportplätzen ab, sondern gehen den unbefestigten Weg geradeaus weiter, der von den großen Rädern eines Treckers durchfurcht ist. Nantje und Oma balancieren über nicht von Pfützen bedeckte trockene Stellen. „Hier möchte ich nicht Rad fahren!", stellt Nantje fest, die am Wegrand auch nur die gleichen Blumen sieht, die sie schon auf

dem Herweg notiert hat. „Meine Lehrerin hat gesagt, dass es im Salzgittergebiet auch Orchideen gibt." – „Wirklich?" frage ich zweifelnd. – „Ja, guck hier im Buch: das rosafarbene Knabenkraut!" – „Na ja, wir wollen sehen, ob es hier vorkommt!" Ein Kuckuck ruft. „Siehst du, ich habe Recht!" Mir liegt eine andere Antwort auf der Zunge, aber ich will mich nicht auf eine nutzlose Diskussion einlassen. Zum Glück wird der Weg besser, die Treckerspuren verlieren sich zur Linken auf landwirtschaftlicher Nutzfläche. In der Ferne liegen Heuballen in hellen Plastikfolien. An der Innerste entlang führt der Weg zu einem losen Wald, dem ersten Etappenziel des Heimweges: hohe Kiefern, wie wir sie auf der anderen Flussseite gesehen haben. Auf breiter Aue wachsen rosa Blumen: „Das sind Orchideen!" ruft Nantje. Wir schauen im Pflanzenbestimmer nach und stellen fest, dass es sich um „Schmalblättrige Weidenröschen" handelt. Nantjes Kommentar: „Mist!".
Ein Weg zweigt nach links ab, wir gehen, immer dem Fluss folgend, geradeaus weiter. Ein Prallhang hat am Ufer viel Land abgerissen. Große Steine verhindern die weitere Abnagung. Da ich auch hier Himbeersträucher sehe, erzähle ich Nantje, wie ich bei Braunlage einmal in die Bode abgestürzt bin, als ich über einem Prallhang Himbeeren pflücken wollte. Ich hätte mir beinahe das Genick gebrochen! – Schon wieder treffen wir auf verkohlte Holzreste eines Lagerfeuers, dann erreichen wir links das zweite Etappenziel des Heimweges: den hohen Zaun, der das FKK-Gelände umgibt. Es gehört dem Bund für freie Lebensgestaltung. „Was, die rennen da drinnen nackt herum?" fragt Nantje hellwach und will natürlich sofort einen Blick durch den Zaun erhaschen, aber das Gelände ist gegen Blicke von außen abgeschirmt. Zum Glück entdeckt Nantje wieder „Knabenkraut". „Ich glaube eher, dass es sich um „Mädchenkraut" handelt", witzele ich. Aber ich gebe ihr schließlich Recht. „Es könnte „Fleischfarbenes Knabenkraut" sein, das auf nassen Wiesen wächst." – „Na, siehst du!" Hochzufrieden schreibt sie in ihren Block: Orchidee – „Fleischfarbenes Knabenkraut". Zur Mittagszeit scheint die Sonne sehr warm vom Himmel, Pullover und Jacken sind längst in meinem Rucksack verstaut, nun lädt das manchmal sehr nahe Ufer ein, die

Beine im Wasser zu kühlen. „Meine Füße dampfen schon!", nörgelt Nantje. „Na gut, an der nächsten günstigen Stelle machen wir Halt!", sagt Oma. Kurz darauf sehen wir schon ein recht flaches Uferstück. Das Wasser ist sehr kalt, aber erfrischend. Wir verzehren die übrig gebliebenen Kekse und trinken den letzten Apfelsaft. Dann trocknen wir die Füße an einem mitgeführten Handtuch, ziehen Strümpfe und Schuhe an und brechen wieder auf.

Eine ganze Weile gehen wir am Zaun entlang, bis wir das FKK-Gelände hinter uns lassen und einen Graben überqueren. Wir sehen viel Schilf. Dann kommt dichter Wald. Über dem Pfad liegt ein umgestürzter Baum. Die Fußgänger haben sich einen neuen Weg gebahnt, der daran vorbeiführt. Knorrige Auswüchse an Laubbäumen, die die Phantasie des Mädchens anregen. „Die sehen ja aus wie im Märchen!" Weil neben der Innerste kein Platz ist, steigt der Weg hoch zum Rand eines Getreidefeldes. Wir sehen eine tote Maus. In der Ferne hören wir Autos fahren. Das letzte Stück des Weges ist erreicht. Es führt uns durch einen tiefen Graben im hoch stehenden Mischwald. Dann haben wir das Auto bei der „Franzosenbrücke" erreicht. Der Blick auf die Uhr zeigt: Es ist 12.05 Uhr. Wir sind hungrig und müde, aber Nantje hält ihr Notizblock hoch und meint: „Ich habe ganz viel aufgeschrieben. Die Wanderung war toll!".

Nachwort

Die Wanderung von der „Franzosenbrucke" bei Hohenrode bis zur Innerstebrücke in Ringelheim und zurück ist etwa 6 km lang. Die Wanderung durch den Schlosspark und den Ort Ringelheim ist davon abtrennbar, sie hat eine Länge von ca. 3 km. (Man kann das Auto im Klosterhof abstellen.)

Quellen:
Würmli, Marcus: „Handbuch der Natur", Pawlak, 1992, ISBN 3-88199-927-2.
St. Abdon und Sennen Salzgitter-Ringelheim, Schnell-Kunstführer Nr. 2184, Verlag Schnell & Steiner Regensburg, 1. Auflage 1995.

Auf den Spuren des Salzgitter Erzbergbaus

Ich öffne das Fenster des Arbeitszimmers, atme genüsslich die würzige Herbstluft. Ein goldener Oktober strahlt mich an. Aus der Altstadt klingt das sonntägliche Glockengeläut der Jakobi- und Marienkirche herüber, das Amen des Gottesdienstes. Mein Blick erfasst die beiden benachbarten Kirchtürme, die aus dem Dächergewirr herausschauen und schweift über das grüngoldbunte Panorama unseres idyllischen Städtchens. Salzgitter-Bad als Ursprung der Großstadt Salzgitter, gebaut auf Erz und auf Salz, war schon vor 100 Jahren als Kurort „Bad Salzgitter" bekannt und wegen der starken, heilsamen Sole begehrt.
Vom Hamberg, mit 264 Metern die höchste Erhebung Salzgitters, grüßt der Bismarckturm, von dessen Südflanke abends ein riesiges Mahnkreuz weithin leuchtet. Ein faszinierender Anblick. Von diesem „Schau-ins-Land" konnte man vor etwa 30 Jahren noch die ständig rotierenden Räder der zahlreichen Schachttürme sehen, welche Salzgitters beschauliche Vorharzlandschaft prägten:

Wo sonst in dieser Region
der Erzbergbau in Blüte stand,
da längst im Zug der Rezession
der letzte Förderturm verschwand.

Eine Welle der Nostalgie erfasst mich. „Wir sollten diesen sonnigen Sonntag zu einem Streifzug durch unsere Bergbaugeschichte nutzen", animiere ich meinen Hans, der nach spätem Frühstück im Wohnzimmer sein Pfeifchen rauchend die Tageszeitung liest. Überrascht schaut er mich an: „Du willst also auf Bergmanns Pfaden wandeln? – Gut, ich bin dabei!" setzt er begeistert nach; war er doch mit Leib und Seele Bergingenieur im Erzbergbau Salzgitters. Da sich der Stadtteil „Bad" vom südlichen Ortsrand, wo wir leben, bis zum Nordrand in einer Länge von fünf Kilometern über Berg und Tal erstreckt, beschließen wir, mit dem Auto zunächst zur ehemaligen Schachtanlage „Hannoversche Treue" – dem heutigen Stadtarchiv und Bauhof

der Stadt zu fahren. Ganz so weit tragen uns unsere Füße nicht mehr, stehen wir doch selbst bereits im Herbst des Lebens.
Gemächlich steuert Hans nun den Wagen durch die Altstadt. Sonntägliche Mittagsruhe empfängt uns, hier und da schlendert ein Spaziergänger. Beim „Italiener" am Bohlweg sitzen tatsächlich einige Gäste draußen an den Tischen, schlemmen Pasta gewürzt mit Herbstlaub. Über die Kaiserstraße und den Schützenplatz erreichen wir die Nord-Süd-Straße, nehmen wir Richtung Lebenstedt, überbrücken die Bahn und die Braunschweiger Straße.
Vor der letzten Brücke, über die man zur Wald- und Talsiedlung gelangt, biegt Hans nach rechts ab zum Stadtarchiv. Ein einziges Fahrzeug steht verlassen auf dem Parkplatz. „Wir sind also nicht die einzigen Spurensucher", stellt Hans fest. Er schaut sich suchend um, aber niemand ist zu sehen, nichts zu hören! Nur das Laub raschelt unter unseren Tritten. Hans steuert an den Gebäuden „seiner" Schachtanlage vorbei. „Lass uns erst mal zum alten Tagebau gehen, wir waren lange nicht hier." Also schlendern wir gleich auf den Forstweg zu, der am Bauhof vorbeiführt.
Durch den schmalen Waldgürtel gelangen wir an eine weite Lichtung, welche drüben von der Anhöhe des Fuchsberges begrenzt wird. Rechts vom Weg liegt eine Anpflanzung in Reih und Glied gesetzter, junger Edeltannen, umgeben von jungen Birken, Buchen, Erlen. Sie sind im Bogen um eine ziemlich steile, gut zwanzig Meter tief abfallende Böschung gepflanzt, wo sich der Forstweg gabelt: östlich durch den Wald nach Calbecht, und nördlich nach Engerode durch die vor uns liegende Senke. Allerdings wagen wir nicht, diesen steilen, tief ausgefurchten Weg nach unten zu nehmen; unsere Knie würden streiken. Jedenfalls münden die Furchen dort unten in einen sanften Pfad durch eine weite, wildwuchernde Wiese, die sich von buntem Herbstwald umrahmt, über knapp 1000 Meter zum Norden hin erstreckt und einer langen, grünen Wanne gleicht.
„Welch ein herrliches Stück unberührter Natur!", schwärme ich, „kaum zu glauben, dass es hier einmal einen Erz-Tagebau gegeben hat." „Ja davon wissen nur noch die Alteingesessenen", entgegnet

mein Hans, „schließlich ist das über ein halbes Jahrhundert her. Und so was wie Heimatkunde wird doch in den Schulen kaum noch gelehrt."

Zum ersten Mal wurde hier bereits im Jahre 1857 nach Erz geschürft, bis man auf ein mächtiges Eisenerzlager stieß, das bis an die Tagesoberfläche „ausbiss", wie der Bergmann sagt. So entstand ein Tagebau von etwa 300 Metern Breite und einer Gesamtlänge, die von Süd bis Nord 2500 Meter misst und bis nach Engerode reicht. Mit Beginn des Abbaues 1917 bis zur Aus-Erzung 1948, wurden hier in einer Tiefe von bis zu 50 Metern 2,86 Millionen Tonnen Eisenerz gefördert.

„50 Meter Tiefe?", zweifle ich bei einem Blick über die paar Meter Höhenunterschied. „Aber meine Liebe", lächelt der Fachmann milde, „diese ‚lange Wanne' wurde im Laufe der Jahre mit Müll und Abraum verfüllt." Mein Blick schweift in die Ferne. Dort, wo der Himmel die bunten Wipfel küsst, äsen jetzt zwei Rehe auf der Lichtung. Himmlische Ruhe beherrscht das Bild.

Doch plötzlich öffnet sich in der Senke vor mir die Erde, und der Tagebau liegt wie eine gigantische, rotbraun klaffende Wunde in der Landschaft. Ich vernehme Stimmen, Rufe, ein Scharren, Hämmern und Knattern; ich sehe unzählige Bergleute wie Ameisen im aufgewühlten Grubenfeld wuseln, sehe, wie sie mühsam Kiepen voller Roherz zu den Gleisen schleppen, um es dort in Loren der endlosen Erzbahnen zu kippen. Diese werden von Dampfloks gezogen und rollen permanent zur „Erzwäsche", während im Hintergrund krächzend ein protziger Löffelbagger wie ein gefräßiger Hummer seine Greifer ins Erdreich bohrt. Alles ist hier in Bewegung, alles lebt.

„Schau, dort wo die Rehe äsen," holt mich Hans in die Realität zurück, „dort befand sich bis 1959, als die neue Schachtanlage „Hannoversche-Treue 1" in Betrieb genommen wurde, noch unser Schacht III, in den wir zur Schicht einfuhren. Den Weg zur Arbeitsstelle und zurück jedoch legte man seinerzeit per Pedes oder mit dem Fahrrad zurück, denn damals besaßen die Meisten ja noch kein Auto. Wie oft ich in jenen Jahren auch bei Nacht und Nebel durch diesen Tagebau marschiert bin, weiß der Himmel.

Ich erinnere mich noch genau an meinen ersten Zahltag als junger Steiger. Wie Du ja weißt, zahlte man in den fünfziger Jahren Löhne und Gehälter noch in „Lohntüten“ auf die Hand.
Ich machte mich also nachts, nach der Spät-Schicht auf den Heimweg, steckte mein erstes Gehalt voller Stolz in meine Brusttasche und knöpfte sie sicherheitshalber auch zu, wollte ich Dir doch meine „Patte“ nächsten Tags mit Blumen präsentieren. Hämisch grinste der Vollmond, als ich entlang dieses gespenstisch wirkenden Tagebaus heimwärts marschierte. Plötzlich hörte ich ein undefinierbares Geräusch vor mir. Erschreckt packte ich an meine Brusttasche, sprang hinter den nächsten Busch und hoffe, der vermeintliche Räuber würde mich nicht entdecken. Die Gestalt kam näher, mein Herz hämmerte wie ein Amboss. Wieder griff ich an meine „Patte“. Jetzt hielt der Kerl vor mir, drehte sich kurz um, als hätte er Verdächtiges gehört, und – marschierte dissonant pfeifend weiter. Kurz und gut: Im Mondlicht erkannte ich einen Kumpel aus meinem Revier. Er kam wohl von einer Feier und hatte vermutlich genauso viel Angst wie ich“, schmunzelte Hans.
Aus der Senke hinten nähern sich jetzt zwei Wanderer. „Wir sollten jetzt umkehren“, gemahne ich mit Blick auf die Armbanduhr. Zirruswolken verschleiern nun die pralle Sonne. Leichter Wind tut sich auf, vertrocknetes, welkes Laub wirbelt vor uns her. Von der nahen Nord-Süd-Straße jaulen rasende Motoren wie von der Avus herüber: „Da liefern sich wohl zwei mutige, junge Schumis ein Rennen“, meint Hans und zitiert Eugen Roth: „Jugend neigt in schlimmen Zeiten oft zu Pubertätlichkeiten“.
Inzwischen sind wir am Rolltor des Stadtarchivs angelangt. „Hier im Einfahrtsbereich hat sich bisher noch nichts verändert“, stelle ich fest, „sieht man vom übrigen Gelände mit den haufenweise lagernden Baumaterialien ab. Rechts vom Eingang allerdings prangt groß und schön das bunte Wappen Salzgitters, umgeben von den kleinen Wappen der Partnerstädte. Was aber verbirgt sich in den Gebäuden hinter dem Rolltor? Ein Stadtarchiv? Ich finde auch keine Informationstafel, die auf die ehemalige Schachtanlage „Hannoversche Treue I“ der Erzbergbau Salzgitter hinweist. „Welcher fremde Wanderer könnte denn hier eine Erzgrube vermuten? Es deutet ja absolut nichts daraufhin.“ – „Hätte

man wenigstens den Förderturm als Industriedenkmal stehen lassen. Aber nein, der wurde nach der Schließung im September 1967 sofort demontiert", erregt sich Hans.
„Entschuldigen Sie," werden wir plötzlich unterbrochen. Zwei junge Männer im Sportdress, anscheinend jene Wanderer aus der Senke; ein blonder „Siegfried" und ein dunkler „Romeo," lächeln uns an: „Wir haben zufällig Ihre Unterhaltung mitbekommen. Also gehörten diese Gebäude einmal zu einer Schachtanlage?" – „Richtig, junger Mann," bestätigt Hans erfreut ob des Interesses. „Die Hannoversche-Treue I war mit ehedem vier Schächten mit einer Teufe, von 500 bis 600 Metern – je nach Höhe der Erdoberfläche – die zweitgrößte Schachtanlage in Salzgitter. Hier arbeiteten damals bis zu 600 Mann. Nur die Schachtanlage ‚Haverlahwiese' war größer versteht sich. Diese Anlage mit einer Belegschaft von 1000 Mann, hatte bis zu ihrer Schließung 1982 über 70 Millionen Tonnen Erz gefördert. Aber warum fragen Sie?" will Hans wissen. „Es interessiert uns halt; mein Großvater war mal im Bergbau tätig," erklärt „Jung Siegfried" und „Romeo" fügt hinzu: „Wir sind Studenten der Fachhochschule Braunschweig-Wolfenbüttel in Calbecht und erst seit kurzer Zeit hier. Heute erkunden wir mal die nähere Umgebung."
„Nun ja, das winzige Calbecht, als eines von 31 Stadtteilen Salzgitters hat ja nichts weiter zu bieten als das imposante Gebäude ihrer Hochschule für Touristik, Transport und Verkehr, nicht wahr? Aber wissen Sie, meine Herren, dass dieses historische Gebäde einmal die Hauptverwaltung der ‚Salzgitter-Erzbergbau' beherbergte?" – „Ja, es ist gleich auf der Tafel in der Eingangshalle dokumentiert", sagt Siegfried. Und sein Kollege ergänzt: „Außerdem wurden wir gleich am ersten Tag bei der Begrüßung darüber informiert."
„Erfeulich zu hören", wende ich ein, „zumindest hier wird Salzgitters Bergbaugeschichte erwähnt."
„Und in unmittelbarere Nähe der Hauptverwaltung befand sich der Schacht II, welcher nur der Erzförderung diente", erläutert Hans weiter. „Dazu muss man wissen, dass jede Grubenanlage über mindestens zwei Schächte verfügen muss: nämlich einen Hauptschacht zur

Personen-, Matrial, und Erzbeförderung, sowie einen so genannten Wetterschacht zur Belüftung des Grubengebäudes untertage."
Die Burschen scheinen sich ernsthaft zu interessieren, denke ich, als der Romeo auf weitere Gebäude weist: „Und was befand sich in diesen Bauten?" – „Hier links der Flachbau diente als Garage für Fahr- und Motorräder, daneben sehen Sie das ehemalige Sanitätshaus und rechts im Haupthaus befand sich die Markenkontrolle und die Steigerstube, also das Büro. Außerdem die Vermessung, Markscheiderei im Bergbaujargon und das Büro des Betriebsführers. Dahinter, in dem Hallenbau lagen die Dusch- und Umkleideräume der Bergleute, die so genannten Kauen. Dem leitenden Personal wie Steiger, Reviersteiger und Fahrsteiger standen eigene Duschräume zu, streng nach Bergbau-Hierarchie. Gearbeitet wurde in drei Schichten: Früh-, Mittag- und Nachtschicht, wobei des Nachts nicht gefördert, sondern Instandhaltung betrieben wurde."
Am Ende der Schachtanlage angelangt, weist Hans auf den Hochbau im Hintergrund hin: „Dieser Bau dort ist die ehemalige Schachthalle, aus der der später demontierte Förderturm herausragte. Bis zu ihrer Schließung 1967 förderte allein die ‚Hannoversche Treue' 17 Millionen Tonnen Erz zutage. 23 dieser Förder- oder Schachttürme gab es einst im Salzgittergebiet bis nach Peine. Sie prägten mitsamt den Hüttenschornsteinen das Bild unserer Stadt, die in den fünfziger Jahren noch jung und dynamisch war, ein Begriff für Aufschwung und Fortschritt, wenn auch wenig attraktiv. Aber sie bot Tausenden Arbeit und Brot bei guten Löhnen. Der Erzbergbau rief, und sie strömten herbei, die ‚Berg- und Hüttenleut' aus dem Saarland, dem Ruhrgebiet, aus Oberschlesien; Ingenieure und Techniker der Bergakademie Clausthal, der Fachhochschulen Wolfenbüttel und Braunschweig. Damit stieg auch der Wohnungsbedarf. Das Bauwesen boomte, zumal auch mehr und mehr Gastarbeiter einströmten," referiert Hans, während die Jungs gespannt zuhören. Derart beflügelt fährt er munter fort, ist voll in seinem Element, als einstiger Bergvorschul-Dozent:
„Schauen Sie, meine Herren, drüben die Wald- und Talsiedlung zum Beispiel, oder die Bismarcksiedlung am Hamberg sind typische Bergarbeitersiedlungen aus der Vorkriegszeit, winzige Häuschen für mehr-

köpfige Familien. Man war noch bescheiden. Mit dem späteren Wirtschaftswunder stiegen die Ansprüche, wuchsen auch diese Häuschen zu ansehnlichen Eigenheimen. Ebenso bescheidene Bergarbeiter-Wohnstätten waren die schlichten Wohnblocks der Ost- und Westsiedlung. Haben Sie denn unser Städtchen schon erkunden können?" „Noch nicht so recht," entgegnet „Jung Siegfried" und der hübsche „Romeo" ergänzt: „Bis zum Kattowitzer Platz sind wir neulich schon gekommen." „Dann ist Ihnen sicher der große Arkadenbau dort aufgefallen." „Ja, ja. Wir haben dort im Supermarkt ‚Lumpe' eingekauft." – „Sehen Sie, das ist auch so ein typischer Bau aus der Gründerzeit der ‚Reichswerke' 1937, den man in fast allen Stadtteilen Salzgitters antrifft. Früher war dort meistens ein Versorgungsmarkt, ‚Verso' genannt, etabliert. Die schönste aller Siedlungen jedoch dürfte unsere ‚Beamtensiedlung' am Laubberg, oberhalb des Kattowitzer Platzes sein." „Was heißt Beamtensiedlung?" fragt Siegfried. „Weil sie ebenfalls 1937 bis 1938 erbaut, als Dienstwohnungen für das Führungspersonal (Beamte) der Erzbergbau galt. Wobei die ranghöheren Führungskräfte wie Fahrsteiger, Betriebsführer und Direktoren, die großen weißen Doppelhäuser auf dem unteren ‚Wilhelm-Busch-Weg' bewohnten. Ihnen standen außerdem Gärtner und Putzfrauen täglich zur Verfügung. Verwaltungsleute, Steiger und Reviersteiger als mittleres Führungspersonal bewohnten hingegen die Reihenhäuser des oberen ‚Hermann-Löns-Weges'. Diese Siedlung – längst unter Denkmalschutz – besaß durch ihre herrliche Hanglage, den angrenzenden Wald und die gepflegten Gärten bereits in den fünfziger Jahren ein ganz besonderes Flair", schwärmt Hans. „So ist es", bestätige ich, „wir haben fast 25 Jahre lang dort oben gelebt. Unsere Kinder sind dort aufgewachsen, sie konnten noch gefahrlos auf der Straße spielen; heute ist dort alles von Autos zugeparkt. Außerdem genossen wir damals als ‚Leute von oben' ein gewisses Ansehen: Kaufleute lieferten Waren frei Haus: Bäcker Borutta legte morgens die Brötchen ins bereitgestellte Körbchen, der Milchmann lieferte die Milch in Kannen, und die Brauereien lieferten das Bier. Von solchem Service kann man heute nur träumen." Schlendernd nehmen wir den Weg entlang des Bauhofes zurück, indem ich fortfahre:

„Nachbarschaftshilfe war selbstverständlich unter den Bergleuten. Man pflegte ein zwangloses Miteinander, feierte gern, wenn auch bescheiden. Aber das Fest zu Ehren der Schutzpatronin St. Barbara wurde jedes Jahr mit einem großen Ball am 4. Dezember gefeiert, was noch immer Tradition ist.
Das Leben war hart; der Beruf voller Gefahren: Ständiger Gebirgsdruck oder eine Gasverpuffung bedrohten täglich das Leben der Männer. Ja, es hing sogar am Seil des Förderkorbes. Folglich hatte die ‚gute' Bergmannsfrau traditionell zur Frühschicht mit ihrem Mann aufzustehen, ihn zu versorgen und mit einem ‚Glückauf' zu verabschieden. ‚Bergleute sein kreuzbrave Leut', heißt in einem viel gesungenen Lied. Ja, kreuzbrav waren sie. Außerdem fleißig, treu, mutig und – trinkfest – die Männer, welche diesen gefährlichen Beruf ausübten, ob aus Notwendigkeit, Abenteuerlust oder auch Tradition. Es gab viele Familien in Salzgitter, deren Männer bereits in dritter Generation Bergleute der Hannoverschen-Treue waren. Schließlich hatte diese Anlage zusammen mit dem Tagebau 100 Jahre lang Erz zu Tage gefördert."
„Nur der ist Herr der Erde,
der ihre Tiefen misst,
und jegliche Beschwerde
in ihrem Schoß vergisst",
zitiert Hans aus Novalis' „Bergmannsleben". „Ein schönes Gedicht", sinniert Siegfried, „es erinnert mich an meinem Bochumer Großvater, der auch mit Leib und Seele Bergmann war."
„Sie sprachen vorhin von den Gefahren untertage", meldet sich Romeo. „Ich kann mir vorstellen, dass es da hin und wieder auch Unfälle durch Steinfall oder Sprengungen gab. Einen Wassereinbruch wie 1963 bei der Katastrophe von Lengede konnte es hier doch nicht geben, oder?" „Natürlich nicht, junger Mann", entgegnete Hans, „es gab ja keinen Klärteich übertage wie dort. Aber wir erlebten drei Jahre vor diesem Unglück, am 19. Juli 1960, eine andere Art Katastrophe verheerenden Ausmaßes. Und wiessen Sie, zu dieser Zeit gab es noch nicht einmal die „Dahlbusch-Rettungsbombe" – abgesehen davon hätte man sie bei unserem Grubenbrand ohnehin nicht einsetzen

können. „Grubenbrand?“, staunen die Jungs. „Wie ist das im Erz möglich? Bisher kennt man so was nur vom Kohlenbergbau“, meint Siegfried. „Nun, ich werde versuchen, diese Geschichte komprimiert zu erläutern“, sagt Hans und schaut versonnen hinüber zu den Gebäuden „seiner“ Arbeitsstätte von einst.

„Ich hatte an diesem Tag Frühschicht, befuhr also mein Untertage-Revier, gab meinen Leuten entsprechende Anweisungen für die Schicht, als der Betriebsführer übers Telefon Alarm gab. Ein Brand sei auf der vierten Sohle ausgebrochen! „Ein Brand?“, fragte ich genauso ungläubig. Er gab Order, sofort alle Betriebspunkte zu räumen und die Leute zum Schacht zur Ausfahrt zu bringen. Der Brand, vermutlich durch einen Kurzschluss in einem Trafo ausgelöst, setzte sofort den stützenden Holzausbau der Stollen in Flammen, zerfraß ein starkes 6-KV-Kunststoffkabel und vernichtete weiteres Material. Da der Brandherd an einer schräg aufsteigenden Verbindung, ein sogenanntes Aufhauen, zur nächst höheren Sohle lag, trieb hier der Feuersturm mit seinen geballten giftigen Rauchschwaden, wie durch einen Kamin gesaugt, in sämtliche Grubenräume bis oben aus dem Schachtturm und war weithin sichtbar. Etwa 150 Männer, welche derzeit vor Ort arbeiteten, versuchten vor dem Rauch zu fliehen, zum rettenden Schacht zu gelangen. Indessen waren oben bereits alle Gruben-Wehren der umliegenden Schachtanlagen, selbst aus Peine, Lehrte Goslar und Helmstedt mit ihren Rettungstrupps angerückt, außerdem das NDR-Fernsehen. Untertage war der Strom ausgefallen, die Stecken dunkel und voll beißenden Qualmes, die Karbidlampen der Kumpel erloschen. Als Reviersteiger mit Batterie-Leuchte ausgerüstet, die jedoch kaum den dichten Qualm durchdrang, trieb ich gemeinsam mit dem Förderaufseher meine Leute durch das Inferno zum Schacht. Dort angelangt stellten wir fest, dass drei Kumpel fehlten. „Oh, mein Gott! Wir müssen zurück in die Hölle!“ Nur mit einem Halstuch als Filter vor Mund und Nase kletterten wir keuchend durch die Strecken, suchten verzweifelt nach den Männern. Zwei von ihnen fanden wir endlich, doch völlig apathisch in der Strecke liegend. Aber wo war der Dritte? Während sich der eine mühsam aufraffte und mit meinem

Helfer weiter trottete, wollte der andere absolut nicht mehr weiter, er hatte bereits aufgegeben. Mir blieb nur noch Gewalt anzuwenden, wollten wir nicht hier unten verrecken. Ich brüllte, zerrte ihn hoch, schubste ihn vor mir her und ohrfeigte ihn immer wieder, wenn er aufgeben wollte. Gottlob fand mein Helfer einen Anschluss an einer Druckluftleitung. Er drehte den Hahn auf. Nacheinander sogen wir gierig wie Babys an der Mutterbrust die Luft in tiefen Zügen ein. Keuchend zockelten wir unter ständigem Antreiben weiter. „Ja nicht aufgeben!“ Da, endlich hatten wir den Schacht erreicht. Sanitäter und Retter halfen uns aus dem Förderkorb. Ich hörte eine Stimme: „Die letzten Männer sind da!“ Ich glaubte zu schweben, als ich durch die Schachthalle nach draußen wankte. Grelles Sonnenlicht blendete meine Augen. Ich zog den Helm davor und lehnte mich völlig erschöpft an die Hallenwand. Dann sah ich sie liegen, die Reihen toter Leiber. 33 Bergleute hatten den Kampf gegen das tödliche CO-Gift verloren. Unter ihnen der fehlende dritte Mann und fünf meiner Kollegen aus der Beamtensiedlung. Als ich dies begriff, sank ich ins Dunkel. Ich hörte Stimmen und jaulende Martinshörner. Im Krankenhaus kam ich zu mir, spürte aber weder Beine noch Arme und konnte nicht sprechen Ein Arzt hob mein Augenlid: „Der geht noch!“ hörte ich nur. Ich durfte hoffen – auf ein Neues! Nach drei Tagen Sauerstoffzufuhr und entsprechender Betreuung, konnte ich wieder heim zu meiner Familie. Ebenso mein mutiger Förderaufseher und die beiden Kumpel Wir sind davon gekommen! Gott sei's gedankt!“ endet Hans seine Geschichte – sichtlich bewegt durch die Erinnerung. Es war die größte Katastrophe in Salzgitters Bergbaugeschichte.

Die jungen Männer hatten der Erzählung gebannt zugehört. Ihre jungen Gesichter spiegelten tiefe Betroffenheit. Nach einer Weile fragt nun Siegfried vorsichtig: „War denn der Trafo tatsächlich der Auslöser für die Katastrophe?“ „Nein, der war nicht die Ursache“, erklärt Hans, „sondern schlicht Fahrlässigkeit zweier Berglehrlinge, die mit der Flamme der Karbidlampe Pappreste von Sprengstoffkartons ankokelten, diese zuletzt aber nicht ganz ausgelöscht hatten. Durch den Wetterzug wurde die Glut zum tödlichen Inferno entfacht. Dies jedenfalls hat das Bergamt Wolfenbüttel/Goslar mit dem Oberbergamt Clausthal ermittelt. Das Verfahren gegen die Verursacher wurde letztlich eingestellt; man wollte den Jugendlichen nicht ihre Zukunft verbauen, sie seien ohnehin gestraft durch die Last ihrer Gewissensqualen, so die Begründung. „Welch eine Tragödie!" bekunden die beiden mitleidig. „Ja, das kann man wohl sagen. Besonders für die betroffenen Familien. Aber das ist lange her, und die Zeit heilt Wunden. Man hat es vergessen! Nur eine von unserem Knappenverein gestiftete Gedenktafel an der ‚Veppstedter Ruine' erinnert allenfalls an jenes Unglück." „Da stellt sich die Frage, warum überhaupt der einst blühende Erzbergbau zum Erliegen kam?" „Aus wirtschaftlichen Gründen! Zum Beispiel hatte Schweden seinerzeit hochwertigere Erze durch ihre Tagebaugewinnung weit kostengünstiger anbieten können. Hingegen mussten unsere ‚sauren' Erze speziell aufbereitet werden, was die Kosten in die Höhe trieb. Da konnte Salzgitter nicht mehr mithalten – aus der Traum!" „Und wo blieben dann die vielen Bergleute?" „Nun, die wurden von den übrigen Industriebetrieben wie Hütte, MAN, LHB und anderen mit Kusshand übernommen. Ich selbst ging mit zwei Kollegen zur Hütte, Abteilung Arbeitssicherheit", doziert Hans, wieder leicht entspannt. Indessen ist die Zeit verrannt. Es geht bereits auf 15 Uhr! Wir sind nun wieder auf dem Parkplatz. Ich spüre ein Verlangen nach Kaffee. Es wird also Zeit, sich zu verabschieden, denke ich. Als könnte er Gedanken lesen, äußert Siegfried: „Trotz Ihrer spannenden Vorträge, müssen wir Sie leider jetzt verlassen. Es war für uns hochinteressant. Danke für die Zeit auf ‚Ihrem' sonnigen Parkplatz", zitiert der Schelm meinen Hans. Jedenfalls sind wir durch Ihre Informationen jetzt unseren Kommilitonen voraus." „Das freut uns, meine Herren; es war uns ein Vergnügen!" – Wir verabschieden uns mit einem kräftigen Händedruck: „Auf wiedersehen – und Glückauf!"

Während die Burschen über die Brücke in die Waldsiedlung joggen, startet Hans den Wagen. „Es sieht mir sehr nach Regen aus, mein Lieber", gebe ich zu bedenken. Unser geplantes Programm ist aber noch nicht zu Ende. Also fahren wir wieder über die Nord-Süd-Straße in nördlicher Richtung bei mäßigem Verkehr. Dicke, dunkle Wolken ziehen uns entgegen, als wir nach gut zwei Kilometern rechts abbiegen nach Calbecht-Engerode. „Mach Dir keine Sorgen wegen der Wolken; die werden sich auch wieder verziehen", glaubt mein Optimist. Wenn das nur gut geht, denke ich. Zum Schluss unserer Exkursion wollen wir doch endlich mal die kleine Wallfahrtskirche in Engerode besuchen. Nach etwa 500 Metern über die Hochwald Straße kommen wir an die Kreuzung, wo es rechts nach Engerode und links in Richtung Gebhardshagen geht. Auf einem Wegweiser lese ich „Erzwäsche". An der Ecke der Einfahrt liegt waldumgeben ein Sportplatz, auf dem einige Jugendliche Fußball trainieren. Hinter den Bäumen sieht man hohe, dunkle Hallenbauten. „Das also war einmal die ‚Erzwäsche' Hier wurde das Erz ‚gewaschen', also die tonigen Bestandteile getrennt, anschließend in der ‚Erzvorbereitung' in Heerte gesintert, also geröstet, um es so vorbereitet in den Hochöfen zu schmelzen", unterrichtet mich Hans, indem er bereits den „Alten Weg" in Engerode hochfährt. Wir parken an der Ecke „Triftweg". Der Wind reißt mir fast die Wagentür aus der Hand, als wir aussteigen. Nur gut, dass wir Wetterjacken mithaben. An der nächsten Ecke kommt uns ein alter Herr entgegen, schaut uns fremde Leut' groß an und grüßt aber laut und freundlich „Glückauf!" – „Glückauf!" grüßen wir ebenso. Nach etwa 100 Metern Anstieg haben wir die Kirche erreicht. „St. Marien" prangt in leuchtendem Weiß oberhalb der Straße. Wir gehen an das Portal. Die Tür ist verschlossen! Das Haus nebenan macht nicht den Eindruck eines Pfarrhauses. Aus einem Fenster gegenüber ruft eine alte Dame: „Der Küster ist Sonntagnachmittags nicht da! Wenn Sie besichtigen wollen, müssen Sie vorher anrufen!"

Wir bedanken uns für die Auskunft. Der dekorativen Tafel neben dem Portal entnehmen wir folgende Information:

„Diese 1236 erbaute Kapelle ist eine der ältesten Wallfahrtskirchen Niedersachsens. Die Verehrung galt einem Marienbild, das 1744 nach Schloss Söder gebracht wurde, seitdem aber verschollen ist. Die Kirche wird heute von gotischen Fresken geschmückt, die im Jahre 1961 freigelegt wurden".

Schade, diese Fresken sind wirklich sehenswert. Nun denn – auf ein andermal! Jetzt beginnt es auch noch zu regnen. Wir eilen den Weg hinunter zum Wagen. Der Wind rüttelt das Laub aus den Baumkronen. Dieser Oktobersonntag hat sein sonniges Kleid in ein Sturmgewand gewechselt. Trotzdem! Es war ein schöner Tag auf den Spuren des Bergbaus.

Drum grüßt dich hier der Bergmann froh.,
steigt er zum Licht herauf:
Kein ander Herz begrüßt dich so,
kein Mund ruft so: Glückauf

Kurzauszug aus der Chronik der Erzbergwerke von Dr. Heinz Kolbe:
„Das heutige Salzgitter verdankt seine Existenz der Tatsache, dass in seinem Untergrund die größten Eisenerzvorräte Deutschlands vorhanden waren. Was fleißige Bergmannshände davon zu Tage gebracht haben, um die Stahlstadt Salzgitter aufzubauen und nach dem zweiten Weltkrieg mit neuem Leben zu erfüllen, soll in Erinnerung gebracht werden. Ebenso aber die Mahnung, die Existenzgrundlagen dieser Stadt auch für die Zukunft nicht zu vergessen!"

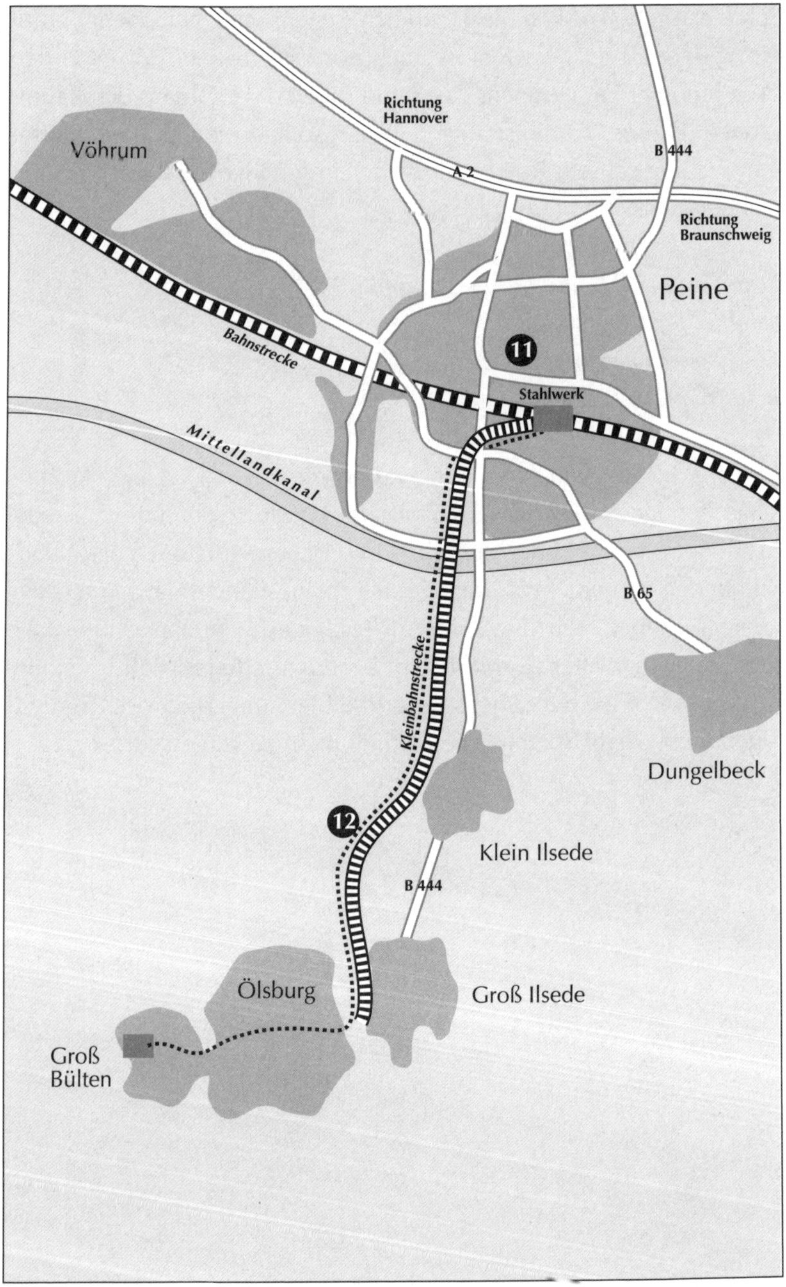
Richtung
Hannover
Vöhrum
B 444
A 2
Richtung
Braunschweig
Peine
Bahnstrecke
11
Stahlwerk
Mittellandkanal
B 65
Kleinbahnstrecke
Dungelbeck
12
Klein Ilsede
B 444
Ölsburg
Groß Ilsede
Groß
Bülten

Auf Eulenspuren

Wandert man durch die Fußgängerzone von Peine, so entdeckt man an einigen Häuserwänden das alte Wahrzeichen der Stadt: die Eule. Mal scheint sie den Betrachter anzublinzeln, dann wieder starrt sie auf ihn herab, als wolle sie ihn hypnotisieren.
War die Eule zunächst für die Peiner Bürger als Symbol des Spottes gedacht, entwickelte sie sich mit der Zeit zum Trotz- und Schutzzeichen der Stadt, soll sie doch die Einwohner in der Hildesheimer Stiftsfehde vor den heimlich eingedrungenen Feinden gewarnt haben. So ist es nicht verwunderlich, dass man ihr heute ein Denkmal gesetzt hat und einen Weg nach ihr benannte, der von der Innenstadt zur ehemaligen Burg führt. Doch dieser Weg, den man denn Eulenpfad nennt, hat nur noch wenig gemein mit dem Weg, der einst im Mittelalter von der Stadt am Wallgraben vorbei zur schützenden Burg führte.
Damals war Peine eine kleine Stadt mit tausend Einwohnern, umgeben von morastigem Grund, der Schutz gab vor den Angreifern aus dem mächtigen Domkapitel Hildesheim und den Herrschaftsansprüchen der freien Hansestadt Braunschweig. Reichte dieser natürliche Schutz nicht mehr aus, so stand an der einzigen, für damalige Belagerungswaffen zugänglichen Stelle die Burg mit ihrem Wehrturm. Und natürlich gab es noch die Eule, die ihre Schwingen schützend über ihre Stadt legte.
Gehen wir den Eulenpfad des Mittelalters entlang, so könnte es sein, dass wir dort einen Mann treffen, der eine ebensolche zweifelhafte Berühmtheit erlangt hat wie die Peiner Eule. In damaliger Zeit herrschte nämlich in der Stadt Peine eine große Mäuseplage, dass die Einwohner glaubten, sie würden bei lebendigem Leibe von den Untieren gefressen werden. So arg war es, dass die wohlhabenden Bürgersfrauen zwischen Echternstraße und Breite Straße es nicht mehr wagten, einen Fuß vor die Tür zu setzen und lieber ihre Männer zum Einkaufen auf den Markt

schickten. In dieser Stunde der Not aber kam jener junge Mann in die Stadt. Er trug einen Rock aus buntem Tuch und verkündete überall, er sei der berühmte Ratten- und Mäusefänger, der die Stadt gegen ein gutes Entgelt von dieser Plage befreien könne. Dies kam alsbald auch den Ratsherren zu Ohren und sie luden ihn vor. Der Rattenfänger verbeugte sich höflich vor dem hohen Rat und sprach:

„Ich bin der wohlbekannte Sänger,
Der vielgereiste Rattenfänger,
Den diese altberühmte Stadt
Gewiss besonders nötig hat.
Und wären's Ratten noch so viele,
Und wären Wiesel mit im Spiele,
Von allen säuber ich diesen Ort,
Sie müssen miteinander fort."

(Johann Wolfgang von Goethe)

Als die Ratsherren jedoch erfuhren, welchen Lohn er für seine Arbeit forderte, erblassten ihre Gesichter und sie verzichteten dankend auf seine Hilfe.

Der Rattenfänger jedoch ließ sich davon nicht beirren und sprach zu sich:

„Verschwinden muss die Mäuseschar,
dies ist wohl jedem Bürger klar!
Ein reicher Mann wird sich wohl finden,
der diese Plag' will unterbinden."

So ging er durch die Stadt und klopfte bei den reichen Handwerkern und Händlern an. Doch auch hier fand sich niemand, der seinen Preis bezahlen wollte. Als er der Straße zu den westlichen Wallanlagen folgte, welche man heute „Den Eulenpfad" nennt und die zusammen mit dem Stadtgraben die Einwohner vor feindlichen Truppen schützen sollten, sah er auf einem Hügel die Peiner Mühle stehen.

„Wer auf des Kornes Segen baut,
dem ist auch die Gefahr vertraut,
die zu viel Mäuse mit sich bringen.
Vielleicht lässt er die Münzen springen?"

Doch so sehr sich auch der Rattenfänger bemühte, den Müller für sein Vorhaben zu gewinnen, es gelang ihm nicht, denn dieser war ein hartherziger Mann, dem sein Geldbeutel wichtiger war als das Wohl der Stadt. So schritt der Rattenfänger enttäuscht weiter und kam durch das westliche Stadttor nahe der Burg, welches „Rosenthaler Tor" genannt wird, zum Damm. Auf diesem hatten sich vor vielen Jahren die ersten achtundzwanzig Bürger der Stadt im Tal der Fuhse angesiedelt und ihre Pfahlbauten auf morastigem Grund im Schutze der Peiner Burg errichtet.

„Wer einst gegründet diese Stadt
und sie in seinem Herzen hat,
der sieht wohl die Gefahren
und will vor Mäusen sie bewahren."

Der Rattenfänger klopfte an alle Türen, doch fand er nur abweisende Gesichter und niemanden, der ihn für seine Tat bezahlen wollte.

„So ist es um die Stadt geschehn,
will niemand heute zu ihr stehn.
Die Mäuse bleiben in dem Ort,
der Rattenfänger geht jetzt fort!"

Er folgte der alten, steinigen Heerstraße in Richtung Hildesheim und kam durch einen dichten Wald. Da hörte er plötzlich eine krächzende Stimme: „Rattenfänger, was verlässt du meine Stadt, die deine Hilfe jetzt so nötigt hat?" Er blickte sich um und erblickte eine Eule, die aus einer uralten Eiche auf ihn herabschaute und ihn streng musterte.

„Niemand ist bereit, mir meinen gerechten Lohn zu zahlen", sagte der Rattenfänger, „so soll die Stadt an ihrem Geiz und den Mäusen ersticken." „Ich bin bereit, für deine Arbeit zu bezahlen", antwortete die Eule, „wenn du alle Mäuse aus der Stadt zu mir bringst."

„Wie soll das gehen? Seit wann tragen Eulen Geldbeutel unter ihren Flügeln, aus denen sie ehrbare Rattenfänger bezahlen können?"

Die Eule zwinkerte ihm zu und plusterte sich auf: „Ich kann dir mehr geben als silberne Münzen, die für euch Menschen so wichtig sind. Seit Anbeginn der Zeit sehen und wissen wir mehr als alle anderen, doch wir geben unsere Weisheiten nur von Eule zu Eule weiter. Du sollst der erste Mensch sein, dem wir unser Wissen anvertrauen."

Der Rattenfänger dachte einige Zeit nach, dann nickte er: „Gut, wir werden sehen, was deine Weisheit für mich wert ist. Morgen werde ich dir die Mäuse aus der Stadt bringen und du wirst mich mit deiner Weisheit belohnen. So soll unser Geschäft lauten." Er streckte seine Hand aus und die Eule flog herab und schlug mit ihren Schwingen gegen sie. Müde ging er den Weg in die Stadt zurück und übernachtete in der ältesten Herberge am Markt. Von dieser erzählt die Sage, dass einst Eulenspiegel in ihr genächtigt haben soll:
Dahin kam einst auch Eulenspiegel, und zwar in eine Herberge, deren Wirt nicht daheim war. Eulenspiegel war dort gut bekannt. Die Wirtin hatte ein krankes Kind. Eulenspiegel fragte die Wirtin, was dem Kinde fehle und was es für eine Krankheit habe. Da sprach die Wirtin: „Das Kind kann nicht zu Stuhl gehen. Könnte es zu Stuhl gehen, so würde es mit ihm besser werden." Eulenspiegel sagte: „Da gibt es noch guten Rat." Die Frau sprach, wenn er etwas dazu tun könne und dem Kinde hülfe, so wolle sie ihm geben, was er haben wolle. Eulenspiegel sagte, dafür wolle er nichts nehmen, das sei ihm eine leichte Kunst: „Wartet eine kleine Weile, es soll bald geschehen." Nun hatte die Frau hinten im Hof etwas zu tun und ging dorthin. Derweilen schiss Eulenspiegel einen großen Haufen an die Wand, stellte gleich des Kindes Kackstühlchen darüber und setzte das kranke Kind darauf. Als die Frau wieder aus dem Hof zurückkam, sah sie das Kind auf dem Stühlchen sitzen und sprach „Ach, wer hat das getan?" Eulenspiegel sagte: „Das habe ich getan. Ihr sagtet, das Kind könne nicht zu Stuhl gehn, also habe ich es darauf gesetzt." Da wurde sie gewahr, was unter dem Stuhle lag, und sprach: „Ach, lieber Eulenspiegel, seht her, das hat dem Kind im Leibe gelegen! Habt Dank, dass Ihr dem Kind geholfen habt!" Eulenspiegel sagte: „Von dieser Arznei kann ich viel machen mit Gottes Hilfe."
Als der nächste Morgen anbrach, holte der Rattenfänger seine Flöte hervor und wanderte, ein geheimnisvolles Liedchen spielend, durch alle Straßen und Gassen. Überall, wo er seine Melodie erklingen ließ, liefen die Mäuse aus den Häusern heraus und folgten ihm. Bald waren es so viele, dass sich eine lange Schlange hinter ihm gebildet hatte,

die ihm bereitwillig über die steinerne Brücke am Stadttor in den Wald folgte. Kaum hatte er die alte Eiche erreicht, da zeigte sich auch schon die Eule. „Hast du mir alle Mäuse mitgebracht, die in der Stadt waren?", krächzte sie aufgeregt und starrte mit großen gelben Augen auf die wimmelnde Schar am Boden. Der Rattenfänger nickte stumm. Plötzlich wurde die Luft von einem gewaltigen Brausen erfüllt und der Himmel verdunkelte sich unter den Flügelschlägen hunderter Eulen. Sie stürzten sich auf die Mäuse und nicht eine von ihnen blieb übrig. Als die anderen Eulen wieder fortgeflogen waren, sagte der Rattenfänger: „Ich habe meine Arbeit getan, nun gib mir meinen Lohn." Die Eule in der alten Eiche würgte ihre letzte Maus herab, schaute ihn lange Zeit stumm an und sprach leise: „Du bist ein junger Mann und wirst bald eine Familie gründen wollen. So rate ich dir, darauf zu achten, in welche Nachbarschaft du gerätst. Höre meine Geschichte: Es war des Nachts eine von meinen Verwandten, die man Schuhu nennt, in die Scheune eines Peiner Bürgers geflogen, um dort ihr Nest zu bauen. Als nun am Morgen der Knecht kam, um Stroh zu holen, wurde er der Eule gewahr, erschrak heftig und lief zu seinem Herrn, um ihm zu melden, was für ein seltsames Tier in der Scheune säße. Der Bürger ging sogleich mit in die Scheune; als er aber meine Verwandte mit eigenen Augen sah, geriet er in nicht geringere Angst als der Knecht. Er lief, so schnell er konnte, und rief die ganze Nachbarschaft zu Hilfe.

Da entstand bald großer Lärm und viel Geschrei durch die ganze Stadt. Die Bürger eilten herbei mit Harnischen, Büchsen und Spießen, um meine arme Verwandte umzubringen. Auch die Herren vom Rat und der Bürgermeister erschienen, als gelte es, gegen einen Feind zu gehen. Selbst Weiber fanden sich vor der Scheune ein; die wies man aber fort, weil man fürchtete, schon der Schreck könnte sie töten.

Es war aber einer unter der Bürgerschaft, ein großer und starker Mann, der sich schon in manchem Krieg durch Tapferkeit und Mannhaftigkeit hervorgetan hatte. Der schalt die anderen wegen ihrer Kleinmütigkeit und sprach: „Durch Ansehen wird das greuliche Tier nicht vertrieben; Ernst müssen wir gebrauchen und Hand anlegen. Aber ich sehe wohl, ihr seid alle zu Weibern geworden und keiner will den

Fuchs beißen!" Er ließ sich seinen Harnisch, Degen und langen Spieß bringen, dann legte er die Leiter an die Scheune, um allein hinaufzusteigen und meine Verwandte zu betrachten. Sein Vorgehen wurde von den meisten gelobt, manche aber waren um ihn besorgt; darum empfahlen sie ihn dem lieben Ritter St. Georg, der den Drachen getötet, wünschten ihm Kraft und Überwindung und riefen ihm beim Hinaufsteigen zu, er solle männlich fechten. Als er aber bald oben war und meine Verwandte sah, dass er sie töten wollte, blieb sie still sitzen; denn von der Menge des Volkes und dem Geschrei war sie verwirrt und wusste nicht, wo hinaus.

Und so verdrehte sie die Augen, sträubte die Federn, spreizte die Flügel, sperrte den Schnabel auf und ließ ihre Stimme hören: „Schuhu, schuhu, schuhu!" Da riefen alle unten: „Stich, stich, stich!" Der Held aber antwortete: „Wenn ihr hier stündet, wo ich stehe, würdet ihr nicht sagen: Stich, stich, stich!" Vor Angst wäre er bald von der Leiter gefallen, und er kam halb ohnmächtig unten wieder an. Danach wagte es keiner mehr, sich zu meiner Verwandten zu begeben. Da glaubten nun alle, dass meine Verwandte getötet werden müsse, wenn nicht die ganze Stadt großen Schaden erleiden solle, und so wurde mancherlei beratschlagt, was zu tun sei.

Endlich fand der Bürgermeister einen Ausweg und sprach: „Ihr seht, liebe Bürger, dass es eine gar wichtige Sache ist, da das Wohl der ganzen Gemeinde auf dem Spiele steht. Darum seh' ich's für das Beste an, dass wir aus gemeinsamem Säckel diese Scheune samt allem, was darin liegt an Getreide, Stroh und Heu, dem Eigentümer bezahlen, dafür aber das ganze Gebäude samt dem Untier verbrennen. Denn es ist besser, dieser Mann baut eine neue Scheune, als dass wir alle in Sorgen leben müssen." Also ward die Scheune an allen vier Ecken angezündet und meine arme Verwandte verbrannte jämmerlich.

Die Peiner aber müssen noch heutigentags das Gespött erleiden, so sehr es sie auch verdrießt. Denn es heißt:

„Ist einer keck, zieh er gen Pein,
und geh daselbst zum Bier und Wein,
Frag sie, was ihn' die Eul getan,

Warum sie die verbrennet han.
Und trink mit ihn' den Letzten aus,
kommt er ungeschlagen wieder rauß,
Will ich ihm was er drinn verzecht,
duppelt bezahlen, wie es recht."

Der Rattenfänger verharrte einige Zeit nachdenklich, dann blickte er zur Eule hinauf und sprach: „Es mag sein, dass ich bald eine Familie gründen werde, doch hatte ich nicht vor, dies in einer Scheune zu tun. Deine Weisheit scheint mir mehr für Eulen gemacht und weniger für Menschen. Erzähle mir etwas anderes, das für mich nützlicher sein kann." Die Eule blickte ihn scharf an und schüttelte missmutig den Kopf: „Nun gut, so will ich dir erzählen, wie man zu Ruhm und Ehre kommt. Oder ist dies für euch Menschen nicht so wichtig?" Der Rattenfänger sah, dass er die Eule verärgert hatte, und sprach: „Das ist auch für unsereins sehr wohl von Bedeutung. Erzähle mir deine Weisheit und ich werde sehen, was ich daraus lernen kann."

Die Eule nickte und sprach: „Einst herrschte Krieg zwischen den Peinern und den Braunschweigern und die Stadt wurde belagert. Unbemerkt konnte sich eine Gruppe der Belagerer in der Nacht bis an die Burgmauern heranschleichen. Sie richteten Leitern auf und begannen, die Bastion zu ersteigen. Das Glück war ihnen offenbar günstig, denn keiner der Wächter gewahrte das drohende Unheil.

Doch plötzlich schraken die Wachposten und auch die Angreifer auf ihren Leitern zusammen, denn ein durchdringender, eigenartiger Schrei ertönte durch die Dunkelheit.

Es war der Ruf einer meiner Verwandten, die bei der gefährdeten Stelle in einem alten Geschützrohre brütete. Sie hatte die Geräusche von der Außenseite der Mauer vernommen und ihr Warngeschrei erschallen lassen. Die Wächter eilten nun herbei, um die Ursache der Eulenrufe zu erkunden. Dabei entdeckten sie die Feinde, die schon beinahe die Mauer erstiegen hatten. Gerade gelang es noch den alarmierten Burginsassen, von oben herab die Angreifer abzuwehren. Die zahlenmäßig überlegenen Verteidiger hatten sich schnell formiert, und die Mitglieder der kleinen Angreiferschar mussten den missglückten

Überrumpelungsversuch aufgeben, wenn sie nicht samt und sonders erschlagen werden wollten.
So wurde die Burg vor einem schweren Geschick durch die Warnung meiner Verwandten bewahrt. Seit jener Zeit lautet der Wahlspruch der Peiner:
„Peine was maket so feste,
dat de Ule blev sitten in'n Neste!"
Zum Lohn für die Rettung der Stadt hat man an dem Burgtor eine steinerne Eule angebracht und die Inschrift:
„Der nächtliche Wächter von Peine hatte einst verteidigt die
Mauern der Peiner Burg, wie das Gerücht geht.
Wir setzen diesen Wächter wiederum an den Eingang der Peiner Burg. Hier sitzt zu nächtlicher Zeit die Eule. Die Eule droht mit trotzigen Augen und gekrümmten Krallen.
Eule, sei wachsam! Dann bleibt unbesiegt die Burg."
Die Eule plusterte sich auf, streckte ihren krummen Schnabel in die Höhe und fuhr fort: „Wenn du mir nicht glauben magst, so geh zum Burgtor und schau dir die Inschrift selber an!" Der Rattenfänger schüttelte den Kopf: „Die Weisheit der Eulen scheint eine ganz besondere zu sein. Für mich zumindest hat sie keine Bedeutung, denn ich habe nicht vor, in einem Kanonenrohr zu schlafen. So mach es gut, ich glaube nicht, dass ich nochmals ein Geschäft mit deinesgleichen machen werde." Er nahm sein Bündel und machte sich auf den Weg. Noch lange Zeit konnte man sein Schimpfen hören und er schalt sich einen Dummkopf, der Eule vertraut zu haben.
Die Eule aber drehte verwundert ihren Kopf hin und her und konnte nicht verstehen, dass ihre Weisheit so missachtet wurde.
Seit dieser Zeit haben die Eulen nie wieder einem Menschen ihre Weisheiten verraten und so kann keiner sagen, ob diese wirklich so weise sind, wie man immer behauptet.
So sitzen sie als steinerne Wahrzeichen der Stadt stumm an den Fassaden der Peiner Häuser, sehen alles und verraten nichts. Und doch heißt es, dass die Eule die Stadt wieder bewahren werde, sollte sie in große Not kommen.

Eine Kleinbahngeschichte – Von Groß Bülten nach Peine –

Onkel Hermann war ein sehr praktisch denkender Mensch. Aus diesem Grund blieb er auch sein Leben lang unverheiratet. Er sagte immer, die zehn Gebote und die Dienstanweisungen der Peine-Ilseder Eisenbahn seien für einen ordentlichen Lebenswandel völlig ausreichend. Da brauche es nicht noch eine Person, die ihm weitere Vorschriften mache.

Seine große Liebe galt sowieso nur der Kleinbahn, bei der er seit mehr als zwanzig Jahren beschäftigt war. Begonnen hatte er einst als Heizer auf einer der kleinen Grubenloks, die das Erz von den Gruben aus Bülten zum Stahlwerk brachten. Nun war er Lokführer und fuhr das glühende Eisen in schweren Pfannenwagen vom Stahlwerk Groß Ilsede zur Weiterverarbeitung in das Peiner Walzwerk.

Jeden Morgen um fünf Uhr ging er aus dem Haus und radelte von Groß Bülten zu der zwei Kilometer entfernten Ilseder Hütte, vor deren Toren die Eisenbahnverwaltung ihren Sitz im neuen Bahnhofsgebäude hatte. Zu seinen Aufgaben gehörte es, neben dem Transport des Roheisens die Waren vom Kanalhafen für die Hütte abzuholen. Wenn Saison war, musste er zusätzlich bis spät am Abend Zuckerrüben zur Peiner Zuckerfabrik bringen.

Eines Abends in den Sommerferien verkündete Onkel Hermann mit erhobener Stimme, dass er am morgigen Tag zum Peiner Rat müsse. „Da kann ich den Jungen auch gleich mitnehmen und ihm die Stadt zeigen. Der soll mal etwas anderes sehen als immer nur Kühe und Rüben."

Tatsächlich war ich noch nie in Peine gewesen und nach langem Betteln und Flehen erhielt ich von meinen Eltern die Erlaubnis, Onkel Hermann zu begleiten. Selbstverständlich würden wir mit der Bahn nach Peine reisen.

Die ganze Nacht konnte ich vor Aufregung kaum schlafen. Mit dem ersten Hahnenschrei klopfte Onkel Hermann an meine Tür.

„Bist du so weit? Dann lass uns hinuntergehen, deine Mutter hat für uns beide schon das Frühstück gerichtet."
Rasch schlüpfte ich in meine Sachen, machte eine Katzenwäsche und polterte die Treppe zur Küche hinab. Onkel Hermann saß bereits am Tisch und genoss laut schmatzend ein Brötchen mit Honig. Mir war es unmöglich, auch nur einen Bissen herunterzubekommen.
„Macht nichts", sagte er lachend, „dann bleibt mehr für mich übrig. Außerdem musst du ja noch hinten auf meinem Gepäckträger sitzen, da tritt es sich leichter, wenn du nichts gegessen hast."
Auf sandigen Feldwegen, in denen Fuhrwerke ihre tiefen Spuren geritzt hatten, radelten wir Richtung Ilsede. Wir tauchten in das wogende Meer der Gerstenfelder ein, der Geruch von Klatschmohn erfüllte die noch morgendlich kühle Luft. Ich hielt mich mit beiden Händen an der Sattelstange fest, trat übermütig in Richtung blauleuchtender Lupinien und konnte es kaum abwarten, bis endlich die ersten Häuser der neu errichteten Arbeiterwohnviertel von Ölsburg auftauchten. Wir überquerten auf einer Brücke die Fuhse und erreichten schließlich den zweieinhalbstöckigen, langgestreckten Backsteinbau des Bahnhofes. Ich blickte auf das Gewirr zahlloser Schienenstränge, die sich hinter dem Tor des Stahlwerkes verzweigten.
Schon einige Male war ich mit meinem Onkel zum Bahnhof gefahren und er hatte mir die Spitznamen der dort versammelten Lokomotiven genannt. Heimlich hatte er mich zu dem Betriebswerk auf dem Hüttengelände geführt und dort den genau festgelegten Ablauf für den Einsatz der Lokomotiven erklärt. Vor dem großen Lokschuppen sprach er von „Lösche ziehen" und „Wasser fassen", während ich auf die fauchenden, Dampf ausstoßenden Ungetüme starrte, die sich Urzeitdrachen gleich ihren Weg bahnten. Aber noch nie war ich in einem der wenigen Personenzüge mitgefahren, die von hier ihren Weg nach Peine nahmen.
Aufgeregt lief ich den Bahnsteig entlang und zählte laut die lange Reihe der abgestellten Güterwagen auf dem Hüttengelände, während sich mein Onkel mit dem Stationsvorsteher unterhielt. Das Stahlwerk mit seinen mächtigen Schornsteinen, der hell leuchtenden Hochofengruppe und dem Labyrinth aus unzähligen Gebäuden, Gleisen

und Straßen war wie das eiserne Herz eines Riesen, das unaufhörlich pochte. Überall schien Rauch und Dampf auszuströmen, beständiger Lärm übertönte das Krächzen einer Rabenschar, die über ihren Schlafbäumen die ersten Kreise zogen.
Endlich kam die ersehnte Lautsprecherdurchsage und in einiger Entfernung tauchte eine dünne Rauchfahne auf. Rumpelnd näherte sich eine kleine Dampflok; hinter ihr schaukelten drei Waggons hin und her. Onkel Hermann nahm meine Hand. „Ich will ja nicht, dass du mir gleich in den Kessel springst, so zappelig, wie du bist!", versuchte er, meine Ungeduld zu bändigen.
Als der Zug mit lautem Quietschen hielt, stieg ich als Erster auf die offene Plattform eines der beiden Wägelchen. Der letzte Wagen war ein reiner Pack- und Postwagen, aus dessen geöffneter Tür der Schaffner freundlich meinem Onkel zuwinkte. Onkels Hand immer noch fest umklammernd, zog ich ihn auf die erste freie Holzbank und starrte aus dem Fenster. Genau uns gegenüber stand der Stationsvorsteher mit Ehrfurcht einflößendem Vollbart und vom Wind geröteten Wangen und zwinkerte mir zu. Mein Onkel hatte ihm wohl erzählt, dass dies meine erste Fahrt mit der Kleinbahn war.
Der Stationsvorsteher stellte sich in Positur, hob die Abfahrtskelle und führte eine kleine Pfeife zum Mund. Sein kurzer Pfiff wurde heiser von der Lokomotive beantwortet. Bereits im nächsten Moment ging ein Ruck durch die Wagen und der Zug setzte sich in Bewegung. Bahnhof und Häuser glitten an uns vorbei, das rhythmische Stampfen der Lok erfüllte den hölzernen Raum. Das Schaukeln hatte etwas Beruhigendes: Meine Aufregung legte sich langsam und ich schaute zur Nachbarbank, auf der sich eine ältere Bäuerin niedergelassen hatte. Ihre Arme hatte sie schützend um einen großen Strohkorb gelegt, sie schnarchte leise, während sich ihr Kopf hin und her bewegte. Als ich wieder nach draußen blickte, waren die Häuser verschwunden und wir folgten im geringen Abstand der Fuhse mit ihren mächtigen, Schatten werfenden Bäumen, die das Ufer säumten.
Die Fahrt von Groß Ilsede zum sechs Kilometer entfernten Peine sollte laut Fahrplan etwas mehr als fünfzehn Minuten dauern. Ohne Hast

durchquerte unser Zug mit gemächlichem Schnaufen Wiesen und Felder, während uns einige Zeit zwei Zitronenfalter folgten, die sich vor der Fensterscheibe spielerisch umflatterten.
Kurz hinter der Station Klein-Ilsede, wo das Gleis zum Kanalhafen abzweigte, ertönte plötzlich ein langgezogener, verängstigter Lokpfiff! Fast gleichzeitig ging ein heftiger Ruck durch den Zug und wir standen. Die alte Bäuerin fiel auf Onkel Hermanns Schoß, ihr Strohkorb krachte auf den Fußboden, das Geräusch von zersplitterndem Glas schreckte uns auf. Die unsanft aus ihrem Schlaf gerissene Bäuerin blickte verwundert zu meinem Onkel hinauf und dann hinunter zum Korb, aus dem eine gelbliche Flüssigkeit sickerte.
„Mein schöner Apfelmost!", klagte sie.
Onkel Hermann stand mit bleichem Gesicht auf und fragte laut:
„Ist jemand verletzt?"
Keine Antwort, nur das Weinen eines kleinen Kindes aus dem zweiten Wagen war zu hören.
„Komm mit, wir werden mal nachschauen, was passiert ist", sagte Onkel Hermann mit düsterer Vorahnung. Ich griff rasch nach seiner Hand und folgte ihm.
Draußen umfing uns ein lauer Sommerwind. Wir stiegen die Gleisböschung hinab und landeten auf einer Blumenwiese. Da sahen wir schon das Unglück: Wenige Meter von uns entfernt war ein unbeschrankter Bahnübergang, auf dem ein Brauereifuhrwerk verdächtig nahe der keuchenden Lok stand. Lokführer und Heizer waren bereits ausgestiegen und diskutierten heftig mit einem dicklichen Mann, der wohl der Fahrer des Gespannes war.
„Verdammt!", fluchte mein Onkel und eilte mit mir zur Lok. Er bückte sich und schaute unter das Triebwerk. Feiner Rauch strömte ächzend aus dem Kolben, aus einer Leitung tropfte Wasser auf den Schotter herab.
„Die hat's rausgerissen", stellte er fest. Auch ich konnte erkennen, dass die Räder der vorderen Achse aus der Schiene gesprungen waren. Die kleine Lok schnaufte und dampfte zwar noch, doch eine Weiterfahrt war nicht mehr möglich.

Onkel Hermann ging mit dunkelrotem Gesicht auf den Fuhrmann zu. Mein Onkel war zwei Köpfe größer als dieser. Der Fuhrmann sah ihn auf sich zukommen, trat einen Schritt zurück und wurde bleich. Mein Onkel baute sich vor ihm auf, holte wortlos aus und gab ihm eine Backpfeife.
„Kannst du denn nicht aufpassen? Einfach gegen unsere schöne Lok zu fahren und uns so einen Schrecken einzujagen!"
Es war das erste und einzige Mal, dass ich ihn so wütend sah. Der Fuhrmann prallte gegen die offene Ladefläche seines Wagens und wagte nicht, zu antworten. Inzwischen war auch der Schaffner zu uns geeilt, schaute ebenfalls zur Lok herab und blickte den Fahrer grimmig an.
„Das war's dann wohl. Ich werde zum nächsten Streckentelefon gehen und der Zentrale Bescheid geben. Kümmerst du dich so lange um die Fahrgäste, Hermann?" Mein Onkel nickte.
Inzwischen hatten sich auch die anderen Reisenden vor der Lok eingefunden. Lautes Stimmengewirr erklang, bis sich Onkel Hermann mit einer Handbewegung Ruhe verschaffte und allen erklärte, dass man nicht mehr weiterfahren könne.
„Ihr müsst zu Fuß nach Peine gehen. Es dauert bestimmt seine Zeit, bis wir Hilfe bekommen."
Ein allgemeines Murren folgte seinen Worten, doch dann ergaben sich die Fahrgäste in ihr Schicksal und wanderten auf dem Gleis Richtung Peine. Auch ich wollte ihnen folgen, doch Onkel Hermann hielt mich zurück: „Ein richtiger Eisenbahner verlässt seine Lok nicht", sagte er. „Wir warten hier, bis die Hilfe aus Peine angekommen ist."
Die Sonne brannte inzwischen erbarmungslos auf uns herab, nirgendwo gab es ein schattiges Plätzchen. Onkel Hermann ging zum Fahrer des Brauereiwagens und meinte gutmütig:
„Wenn wir schon wegen dir in dieser Gluthitze ausharren müssen, könntest du uns wenigstens ein paar von deinen Getränken geben, soviel Anstand muss sein!"
Der Fahrer nickte ängstlich und schleppte aus seinem Wagen Bier und Limonade heran. Inzwischen war auch der Schaffner zurückgekehrt

und verkündete, es würde noch gut eine halbe Stunde dauern, bis man den Hilfszug losschicken würde.

Als dieser endlich erschien, hatten mein Onkel und der Brauereifahrer bereits Brüderschaft getrunken und sich gegenseitig Geschichten von ihren größten Pannen erzählt. Die Arbeiter setzten vorsichtig und mit vereinten Kräften die Dampflok mit einer Hebebank auf ihr Gleis zurück und der gesamte Zug wurde zusätzlich an die neue Lok gekuppelt.

„Na, was meinst du", fragte Onkel Hermann, „wenn jetzt sowieso niemand mehr in den Wagen ist, können wir auch auf der Lok mitfahren, oder?" Ich war begeistert.

Rasch kletterte ich mit ihm auf die neue Lok und schaute fasziniert zu, wie der Lokomotivführer die Regler in Bewegung setzte. Leise knirschend fuhr der Zug an und ich konnte das Tackern der Ventile und die Auspuffschläge hören. Doch gleichzeitig meldete sich nun auch mein knurrender Magen zu Wort.

„Ach, du Armer", sagte mein Onkel, „ich habe ja gar nicht daran gedacht, dass du noch nichts gegessen hast. Na, dann werden wir dir wohl eine richtige Lokführerbratwurst machen müssen."

Er zwinkerte seinem Kollegen zu, der holte aus seiner Aktentasche eine Bratwurst. Rasch wurde sie auf einen Stock gespießt, die Ofentür geöffnet und die Wurst an das prasselnde Feuer gehalten.

„Siehst du, wir sorgen nicht nur dafür, dass die Leute an ihr Ziel kommen, wir lassen sie im Notfall auch nicht verhungern. Das ist halt die Peiner Eisenbahn", sagte er schmunzelnd.

Natur im Kleider-Tausch

Der Mensch als Südsee-Oft-Umrunder
– als Jogger einst, als Radler jetzt –
nimmt wahr gern alle diese Wunder,
die ihm dort die Natur vorsetzt
im Wandel durch die Jahreszeiten –
grad' jetzt beim Umtausch-Vorbereiten.

Die Fliegen tanzen wolkenweise
noch ihre letzten wilden Reigen.
Der Mensch durchteilt wie eine Schneise
den Fliegenschwarm, und ein paar steigen
dabei auch aus aus diesem Tanz.
Dann ist der Schwarm schon wieder ganz.

Manch Baum steht schon vom Laub entkleidet,
hält aber noch die Beeren fest.
Die Welt der Vögel noch nicht leidet,
sitzt naschend sichtbar im Geäst.
Die meisten Bäume aber zieren
sich noch beim Sommerkleid-Verlieren.

Doch insgesamt schon deutet hin
uns die Natur mit manchen Zeichen
auf ihren Kleidertausch-Beginn -
mit Blumen-Blüten/-Blatt-Aufweichen,
mit Nebelbank am frühen Morgen,
die Pferde-Leiber hält verborgen
und nur die Beine lässt erkennen.

Und am Kaninchen-Nessel-Hang,
wo sommermorgens sonst doch rennen
Kaninchen hundertfach entlang –
dort scheint, weil nur ein paar sich trollen,
man länger schlafen schon zu wollen.

Am Südsee auch – wie überall –
beginnt Natur das Kleid zu tauschen.
Es steigert sich der Blätterfall,
vermindert wird das Blätterrauschen,
und in sechs, sieben Wochen dann
hat sie ihr Winterkleid schon an.

Und dann ... ist die Natur auch schön
am Südsee. Und der Mensch wird's seh'n!

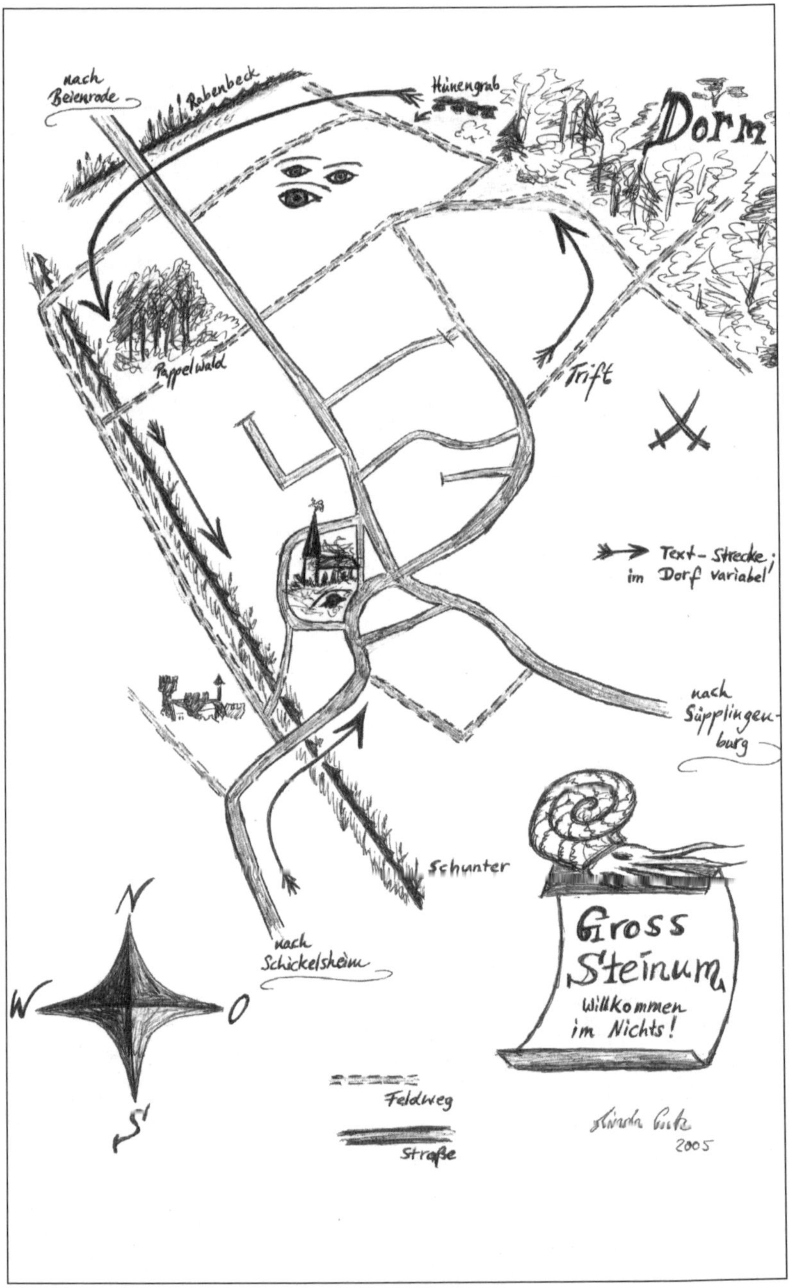
nach Beienrode
Rabenbeck
Hünengrab
Dorm
Pappelwald
Trift
Text-Strecke; im Dorf variabel
nach Süpplingenburg
Schunter
nach Schickelsheim
N
W
O
S
Gross Steinum
Willkommen im Nichts!
Feldweg
Straße
2005

Hier ist nichts
Groß Steinum – ein weißer Fleck auf der Karte?

Wenn du das erste Mal nach Groß Steinum kommst, wirst du noch sehen, was jeder Fremde sieht: Eine Ansammlung von Höfen und Häusern, die älteren schutzsuchend gedrängt an den Kirchenhügel, die neueren weiter entfernt in der kleinen Talsohle, in der das gesamte Dorf liegt wie in einer riesigen Hand.

Wenn du den besten Blick darauf haben willst, dann nimm die Straße aus Richtung Süden, von Schickelsheim her. Von dort kannst du den Wald hinter deinem Ziel in seiner ganzen Breite überschauen, ein grünes, buntes oder im Winter braunweißes Band, das auf seiner Anhöhe Himmel und Erde trennt. Einzig die Spitze des Kirchturms ragt darüber hinaus, ein gotisch mahnender Zeigefinger und Orientierungspunkt.

Ganz nett, wirst du wahrscheinlich sagen, und, wenn du einen redseligen Tag erwischt hast, vielleicht gar mit Worten wie „idyllisch" oder „malerisch" nicht geizen. Ah so, wirst du mit gehobenen Augenbrauen und beifälligem Nicken sagen, wenn du erfährst, dass Groß Steinum sich ganz offiziell sogar „schönstes Dorf im Landkreis Helmstedt" nennen darf.

Und: Schweigen wirst du wohl, wenn du die wenigen Straßen abschreitest, einmal im Kreis, denn dies ist ein Rundlingsdorf, und dann vielleicht noch hier und da ein paar Schritte in eine Nebenstraße hinein, nur um zu sehen, dass auch dort nichts ist.

Nichts eben als Häuser, schöne Fachwerkhäuser oft, oder gepflegte Neubauten mit ebensolchen Vorgärten, Hunde, Katzen, Menschen auf Fahrrädern, spielende Kinder, Jugendliche. Manchmal auch niemand; stille Wege, gut gepflastert oder asphaltiert, bequem zu gehen, keine Frage.

Aber: Hier ist nichts, wirst du weiterhin beharrlich behaupten. Nichts als ein Briefkasten, eine Telefonzelle, die Kirche nur sonntags geöffnet.

Falls du noch Lust hast, wirst du wenigstens die Trift erklimmen, einen steilen, kiesigen Feldweg, der hinauf zum Wald führt, von wo aus sich dir das Dorf wie ein Flickenteppich aus Dächern zeigt; oder du gehst am Wald entlang zum Hünengrab, einer Anlage aus der Jungsteinzeit. Knollen-Quarzite übrigens, das könnte ich dir sagen, aus Knollen-Quarziten dieses Grab und ein weiteres, das beim Bau der neuen Siedlung zerstört wurde; die riesigen Steinblöcke findest du hier überall, deshalb auch der Name: Groß Steinum.

Ja, ich höre dich lachen: Das ist wohl auch das einzig Große hier! Und wenn ich dir sage, dass der Wald Dorm heißt, vermutest du sogleich im Scherz, das müsse von *dormir* – schlafen kommen, ja, du bist dir fast sicher, irgendwo da drin liegt Dornröschen. – Nicht ganz, aber vielleicht der Riese, der die Steine aus seinen Schuhen geschüttelt hat, bediene ich dich wenigstens mit einer lokalen Sage, ehe du wieder zurückkehren willst.

Und wenn du dich dann von der Bank erhebst, oben auf der Trift oder weiter weg am Hünengrab, wenn es wieder hinab in die Ebene geht, durch hohes, raschelndes Gras am Rabenbeck und der Schunter entlang, kleine, schilfgesäumte Bächlein, wirst du weiterhin behaupten, mit den Händen in den Taschen und dem Lächeln dessen, der die Welt gesehen hat: Trotzdem, hier ist nichts.

Ja, du siehst eben, was jeder Fremde sieht. Falls etwas an deinem Ärmel zieht, ist es für dich ein dorniger Zweig und nicht eine um Aufmerksamkeit heischende Hand, falls du über einen Stein stolperst, ist es ein gewöhnlicher Stein und nicht der Mauerrest einer Burg, und falls ein Windstoß in dein Haar fährt, ist es wirklich nur der Wind und nicht der Hauch der Vergangenheit. Vielleicht sollte ich dich still darum beneiden und es dabei bewenden lassen. Aber das kann ich nicht.

Bei jedem deiner unbedachten *hier ist nichts* spüre ich den Protest aus den Tiefen der Erde, jedem deiner Schritte folgt ein warnendes Beben, und jedes deiner Worte zieht ein Echo von tausenden Stimmen nach sich.

Stell dir vor, sage ich daher, als du endlich stehen bleibst und dich fragend umschaust, stell dir all das hier als ein Bild vor, nur die

Grundstrukturen, Hügel und Tal. Alles andere ist Illusion. Verstehst du das? Nein, sagst du nur und lächelst nicht mehr.

Jeder Tag bedeutet eine Veränderung, versuche ich zu erklären, jeden Tag kommt eine winzige Bewegung in alles, was du hier siehst; jeder Tag ist wie eine Folie, die du auf das Bild von Tal und Hügel legst, eine durchsichtige Folie über die andere, und auf jeder Folie sind nur die Spuren dessen verzeichnet, was sich verändert hat. Das Grundsätzliche bleibt, während alles andere wird und vergeht.

Ach so, klar, nickst du und hebst unbekümmert die Schultern: Ja, und?

Was wäre, fahre ich fort und vermeide es, in dein argloses Gesicht zu sehen, was wäre, wenn wir die Folien wieder entfernen? Eine nach der anderen, Tag um Tag, und mit ihnen all die winzigen Zwischen-Folien, die Minuten und Sekunden bedeuten? Was wäre, wenn wir die Folien in großen Blöcken abreißen, damit es schneller geht?

Schneller? Wieso schneller?, fragst du, doch ich antworte dir nicht mehr.

In großen Bündeln lösen sich die Folien der gegenwärtigen Tage in nichts auf und geben den Blick frei auf das, was war.

Erntereife Äcker verschwinden in der Erde und schießen mit neuem Getreide wieder empor, gefällte Bäume richten sich auf, Häuser werden ab- und ältere wieder aufgebaut, Bauern ziehen mit Pferd und Pflug ihre Furchen. Doch das ist es nicht, was ich dir zeigen will, denn all dies konntest du ahnen.

Zwischen Groß Steinum und Beienrode aber, wo du über die Äcker gingst und sagtest *hier ist nichts*, erhebt sich das verschwundene Dorf Rennau aus der Erde, von dem man nichts mehr weiß als seinen Namen, die Untergegangenen stehen wieder auf aus dem *hier ist nichts* und starren dich mit leeren Augen an. Du rufst nach mir, doch ich will dich nicht hören.

An der Kirchmauer, wo du sagtest *hier ist nichts*, tun sich die Öffnungen zu den geheimen Gängen wieder auf und locken dich in dunkle Tiefen. Es zieht dich hinab, doch ich kann dich nicht herausziehen.

Und zwischen Schickelsheim und Groß Steinum, wo du auch sagtest *hier ist nichts*, wuchert das dicke Gemäuer einer Burg wie ein unförmiges Geschwür aus der Unterwelt. Man nimmt dich gefangen, doch ich werde nicht hinsehen.

Wo nichts ist, wirst du den Johanniterrittern begegnen, wirst du Groß Steinum wieder schrumpfen sehen auf acht Höfe, wirst du dich jämmerlich in einem schmutzigen Erdloch verkriechen, um den Hunnen zu entgehen, die sich mit den Einheimischen am Wald eine erbitterte Schlacht liefern. Doch sei getrost, wenn du erst in der Jungsteinzeit angelangt bist und den Tiefstichkeramikern beim Bau ihrer Gräber begegnest, ist es nicht mehr weit, nur noch einige Jahrmillionen, und du treibst in einer flachen See; fort ist der Wald, nur grünliches Wasser umgibt dich und Ammoniten ziehen an dir vorbei, jeder Laut zerfließt zu Stille.

Eines Tages, wenn wir alle nicht mehr sind, wird es vielleicht wieder ebenso sein. Und ein Argloser, wie du es bist, taub und blind für vergangene Ängste, Kämpfe und Hoffnungen, wird dann sein Boot über den stillen See rudern, über die Ebene blicken und sagen: Hier ist nichts.

Trinkende Studenten, eine spukende Katze, ein Kaiser auf der Durchreise und die Hasenschule in Emmerstedt

„Emmerstedt, ist das nicht das langgestreckte Dorf zwischen Süpplingenburg und Helmstedt?" „Der Eindruck entsteht, wenn man durch den Ort fährt, ohne auszusteigen."
Zusammen mit einer Freundin war ich unterwegs mit dem Auto von Braunschweig nach Helmstedt. Bevor wir Königslutter erreichten, sahen wir von der Bundesstraße aus die Stiftskirche Kaiser Lothars von Süpplingenburg, den sogenannten Kaiserdom. Meiner Freundin, die fremd in dieser Gegend war, erzählte ich, dass Lothar von Süpplingenburg der Großvater Heinrich des Löwen war und in meinem Heimatort ein Bach und eine Wiese nach ihm benannt sind. Der Sage nach soll Lothar mit seinem Gefolge auf der Wiese ausgeruht und die Pferde währenddessen im Bach getrunken haben.
„Soso, ein Kaiser ist durch Emmerstedt gekommen", machte sich meine Freundin lachend über meine Ausführungen lustig.
„Ja, und er war nicht der einzige Kaiser."
„Was du nicht sagst!?"
„Wir haben noch Zeit bis zu unserem Termin in Helmstedt. Lass uns über Schickelsheim und Süpplingenburg fahren und in Emmerstedt anhalten. Wir werden dann abseits der Hauptstraße ein Stück durch Dorf und Feld gehen, und ich erzähle dir einige der Geschichten, mit denen mein Vater uns Kinder während der Sonntagsspaziergänge unterhielt.
Abends im Bett habe ich mir die Geschehnisse ausgemalt, die sich vor langer Zeit zugetragen haben sollen. Wenn du willst, zeige ich dir den Ort, an dem ein noch berühmterer Kaiser als Lothar von Süpplingenburg gesehen wurde."
Meine Freundin willigte ein, und sie parkte den Wagen an der Hauptstraße gegenüber der Kirche. Wir stiegen aus, gingen auf den Platz

an der Ecke zur Bergstraße und blieben vor einem zurückgesetzten Fachwerkhaus stehen.

„Dieses Gebäude beherbergte viele Jahre lang eine Gastwirtschaft mit einer Kegelbahn. Zu Zeiten der Helmstedter Universität kamen die Studenten zum Kegeln nach Emmerstedt, bei so einem Kegelabend erhielt die Gastwirtschaft ihren Namen „Zur Emmerstedter Blume". Willst du die Geschichte hören?"

Meine Freundin wollte.

EMMERSTEDTER DIPLOMATIE

Grete saß in ihrer Kammer am offenen Fenster. Die Lindenblüten dufteten, ein Maikäfer ließ sich schwerfällig auf dem Fensterbrett nieder. Sie gähnte, während sie das schwere Haar zu zwei dicken Zöpfen flocht. Die Kirchturmuhr schlug neun Mal und übertönte die anderen Geräusche des Sommerabends, an Schlaf war nicht zu denken, obwohl Grete sehr müde war. Sie hatte gestern bis in die Nacht in der Schankstube helfen müssen und war heute schon kurz vor Sonnenaufgang mit Tante Hede Kräuter sammeln gegangen.

Der Sonntag neigte sich seinem Ende entgegen, die meisten Leute im Dorf schliefen bereits. Einige saßen auf ihren Bänken im Garten, ließen bei einem Glas Most oder einem Bier die Woche ausklingen.

Unten in der Kegelstube des Großen Kruges ging es hoch her, samstags kegelten die Studenten aus Helmstedt und sonntags die Knechte und Bauernsöhne aus dem Dorf. Vater, Mutter und die Brüder hatten alle Hände voll zu tun, denn bei diesem warmen Wetter schmeckte das Bier besonders gut.

Sonntags musste Grete selten helfen, aber am Samstagabend bediente sie die jungen Herren Studenten, der Vater wollte es so. Vielleicht hoffte er, ein zukünftiger Pastor, Richter oder Arzt würde bei dieser Gelegenheit ein Auge auf seine Tochter werfen. Die Studenten sprachen vornehm, trugen elegante Kleidung und sangen andere Lieder als die jungen Männer aus dem Dorf, doch nach vorgerückter Stunde und etlichen Krügen Bier benahmen sie sich nicht besser als die „Dörpschen". Grete ahnte, dass das wachende Auge ihres Vaters sie davor bewahrte, von den Studenten geneckt und gezwickt zu werden. Sollten die Berichte von Meta, der Magd, zutreffen, hatten diese jungen Herren alles andere als ein feines Benehmen.

Grete hörte, wie die Kellerluke geöffnet wurde, ein Fass durch die Diele rollte und Gesang erklang. Sie wunderte sich. Studentenlieder in der Diele? Es war doch Sonntag. Sie ging zur Kammertür, um besser lauschen zu können, da polterte die Mutter schon die Treppe herauf, rief Grete zum Helfen.

Grete steckte die Zöpfe auf dem Kopf fest, band sich eine neue Schürze um, schnappte sich die Holzpantinen und eilte die Treppe hinunter, bereits auf halber Strecke schlug ihr der Geruch von Bier und Schweiß entgegen, aus der Küche roch es nach kochender Grütze. Die Studenten lärmten und verlangten zu kegeln.

Grete rief den Vater, der versuchte den jungen Herren aus der Stadt begreiflich zu machen, dass die Kegelbahn belegt war. Die Proteste wurden immer lauter und unflätiger, der Krüger musste sich etwas einfallen lassen, schließlich waren die Trinkgelage und Kegelabende der Studenten eine gute Einnahmequelle für ihn. Die jungen Männer aus dem Ort würden wiederkommen, wenn sie nicht in andere Orte zum Kegeln wandern wollten. So versprach er den Studenten, sein Bestes bei den Dörpschen in der Kegelstube zu versuchen.

Grete ging hinter dem Vater her, gespannt, wie er es wohl anstellen würde, die fröhliche und ausgelassene Dorfjugend zum Gehen zu veranlassen.

Der Wirt betrat die Kegelbahn, nahm ein Schnapsglas und einen Bierkrug nach dem anderen hoch, hielt sie dem jeweiligen Besitzer unter die Nase und sagte: „Sup ut un scher dik rut!" Verwundert tranken die Gäste aus und verließen das Wirtshaus.

Grete schleppte die leeren Gläser in die Küche. Als sie in die Diele zurück kam, erklärte der Vater den Studenten, die erstaunt darüber waren, wie schnell er seine kegelnden Gäste zum Gehen überredet hatte: „Ik hebbe et den Dörpschen dorch dä Blaume esecht."

Einer der jungen Männer stand etwas abseits im Halbdunkel, er zog eine Grasnelke aus dem Knopfloch seiner Weste und überreichte sie

Grete mit den Worten: „Weil doch in Emmerstedt durch die Blume gesprochen wird. Vielleicht fällt dem Fräulein eine Antwort ein."
Er eilte hinter seinen Freunden her, die schon unterwegs zur Kegelbahn waren. Grete steckte sich die kleine Blüte in das geflochtene Haar. Nach diesem Kegelabend hieß der Große Krug die „Emmerstedter Blume".

Wir gingen weiter und liefen die Bergstraße und den anschließenden Feldweg hinauf, bis wir auf eine kleine Anhöhe kamen, von wo aus man einen guten Überblick in die Landschaft hat. Hier stand vor vielen Jahren eine Windmühle, in der es gespukt haben soll. Wir setzten uns ins Gras und ich ließ mich nicht lange bitten, die Geschichte vom tapferen Müllerburschen zu erzählen.

DER TAPFERE GESELLE

Der Müller stand vor seiner Mühle auf dem Windmühlenberg. Er blickte über die goldenen Stoppelfelder, zuerst nach Barmke, dann nach Süpplingenburg und zuletzt nach Emmerstedt. Eine Gestalt kam auf dem Weg vom Dorf herauf; der Müller schickte schnell ein Gebet mit der Bitte um eine neue Arbeitskraft gen Himmel. Er brauchte dringend einen Gesellen, denn bei ihm hielten es die Burschen nie lange aus. Egal, ob sie faul oder fleißig waren, in der Nacht vor dem Lohntag verschwanden sie auf Nimmerwiedersehen. Durch diesen Umstand sparte er einiges an Geld, doch war es nicht leicht, immer wieder neue Gesellen zu bekommen – besonders in diesem Jahr, wo die Ernte der Bauern reichlich ausgefallen war, stets ein guter Wind zum Mahlen wehte und die Katze jede Maus fing, die sich in der Mühle blicken ließ. Seine Frau erwartete das dritte Kind, die beiden erstgeborenen Jungen waren muntere Kerlchen, vier und zwei Jahre alt, sie konnten noch nicht mithelfen, die Großmutter schlief nachts unruhig, war tagsüber müde, und er selbst fiel abends wie ein Stein ins Bett, da er alle Arbeit allein erledigen musste.
Der Fremde kam näher, er trug ein Bündel über der Schulter. Es war ein Müllerbursche, der Arbeit suchte, allerdings wollte er nur bleiben,

wenn der Müller keine heiratsfähige Tochter in der Mühle hatte. Mit den Müllertöchtern hatte der gutaussehende August seine liebe Not. Er hatte im Dorf gehört, dass es in der Mühle spuken solle, aber nachdem ihm die unruhigen Geister seiner letzten Arbeitsstelle nachts so heftig zugesetzt hatten, dass er das Weite suchen musste, konnten ihm Gespenster keinen Schrecken mehr einjagen. Eine Familie mit kleinen Kindern und einer alten Großmutter war ihm gerade recht, er verhandelte nicht mit dem Müller um mehr Lohn, nahm das Angebot an und zog sofort in die Mühle ein.

August lebte sich schnell in der neuen Umgebung ein. Er liebte es, sich am späten Abend einen Mehlbrei zu kochen und bei einem Schluck Bier den Abend ausklingeln zu lassen. Die getigerte Mühlenkatze streifte um seine Beine oder legte sich schnurrend zu seinen Füßen nieder. Der Müller und seine Familie schliefen zu dieser Zeit, auch die Großmutter ging früh zu Bett.

Eines Nachts sprang die Katze plötzlich auf und versteckte sich unter der Bank, kurz darauf erschien eine fremde schwarze Katze in der Küche, fauchte August an, ehe sie in der Mühle verschwand. Sie machte einen Krach, als wäre sie auf der Jagd nach einer ganzen Mäusearmee.

Am nächsten Abend erschien sie wieder, August kochte sich gerade seinen Mehlbrei. Die Katze fauchte und versuchte, sich an seinen Hosenbeinen festzukrallen. Er nahm eine Kelle mit heißem Brei und schleuderte ihn der tobenden Katze in das Gesicht, sofort verschwand das Tier mit wütendem Gejammer.

Am Abend darauf hackte August Holz, da erschien die schwarze Katze erneut, sie funkelte ihn aus glühenden Augen an, fauchte, krümmte ihren Rücken und setzte plötzlich zum Sprung an. August drehte sich blitzschnell zur Seite, sie verfehlte ihn und landete im Holz. Sie schüttelte die Späne vom Fell und schlug mit ausgefahrenen Krallen nach ihm. August, der gerade das Beil im Anschlag hatte, hieb ihr die rechte Pfote ab. Die Katze verschwand heulend und schreiend. August suchte nach der Pfote, fand sie aber nicht. Er hackte noch etwas Holz, ehe er sich Brei kochte, nur die getigerte Hauskatze leistete ihm Gesellschaft.

Am nächsten Morgen suchte er noch einmal nach der Katzenpfote, die blieb jedoch verschwunden. Er sammelte Holz in einen Korb und brachte ihn in die Küche. August vermisste die Großmutter, die sonst morgens neben dem Herd saß und sich um das Feuer kümmerte, schon gestern fehlte sie auf ihrem Stammplatz. Der Müller erzählte ihm, dass sie krank sei. Daraufhin kochte August der Alten einen Kräutertee und ging damit in ihre Kammer.

Die Großmutter lag im Bett, sie hatte überall blaue Flecken, ein verbranntes Gesicht und dort, wo sich einst ihre rechte Hand befand, hatte sie einen blutigen Verband. August verstand sofort: Immer vor dem Lohntag hatte sich die Alte in eine schwarze Katze verwandelt und den Gehilfen vergrault.

August setzte sich auf den Stuhl an ihrem Bett. Ihm gefiel die Arbeit in der Mühle, der Müller und seine Familie waren gute Menschen und er würde gerne noch einige Zeit bei ihnen bleiben. Er reichte der Alten den Tee, als diese ihn nahm, nickte er ihr zu. Sie trank, und sofort verschwanden die blauen Flecken und Brandblasen in ihrem Gesicht. August wickelte den Verband ab, nahm ihre rechte Hand in die seine und zwinkerte ihr zu.

In der Mühle wurde nie wieder eine schwarze Katze gesehen.

„Jetzt gehen wir den Weg entlang und biegen dann links ab. Dort befindet sich in der Kurve zur Straße nach Barmke der Ort, an dem der andere Kaiser gesehen wurde", schlug ich meiner Freundin vor.

Nachdem wir zehn Minuten gelaufen waren, kamen wir zum alten Haus auf der Brunsole, es beherbergte früher eine Gastwirtschaft.

„Hier soll ein Kaiser vorbeigekommen sein?"

Ich nickte und fing an zu erzählen.

FREMDE IN DER NACHT

Lina stand in der eisigen Schlafkammer und lauschte in die Nacht hinein. Sie hörte das Konzert des Frostes: er ließ das Gebälk des Hauses knacken, draußen fuhr er in die Pappeln, sprengte ihr Holz mit Krachen und brachte das Eis der Gräben zum Knistern. In der Schlafkammer

war es so kalt, dass die Luft nach Metall schmeckte. Die Fenster waren voller Eisblumen, beim Ausatmen schickte Lina Dunstwolken in den Raum, die jeder Tabakspfeife zur Ehre gereicht hätten.
Sie schlug das schwere, klamme Federbett am Fußende zurück und legte die heiße, mit Sand gefüllte Steingutflasche auf die Laken. Vor einer halben Stunde hatte sie eine Flasche etwas weiter oben im Bett deponiert. Sie strich das Deckbett wieder glatt.
Plötzlich hielt sie inne, lauschte, meinte, ein leises Beben zu spüren, dann ein zartes Glockenklingeln zu vernehmen. Sie schüttelte den Kopf, niemand würde freiwillig bei dieser eisigen Witterung unterwegs sein. Sogar die wilden Tiere, die sonst nachts zu hören waren, schwiegen. Was von Ferne klingelte, mussten die Sterne sein, selbst sie schienen bei dieser Kälte zu zittern.
Lina ging zurück in die Gaststube. Minna, die Magd, Alfons, der Knecht und die Katzen lagen oben auf dem gemauerten Herd. Alfons schnarchte leise, Minna rührte sich nicht, ihr gleichmäßiges Atmen verriet einen tiefen Schlaf. Wieder spürte Lina ein leises Beben, hörte zarte Klingeltöne.
Linas Mann Georg schlief im Sitzen auf der Bank neben dem Ofen, auf seinem Schoß lag eine Hose, an der er genäht hatte, Nadel und Faden waren ihm aus der Hand gerutscht. Georg und Lina besaßen den Krug auf der Brunsole, leider fanden bei der anhaltenden Kälte nur wenige Gäste den Weg in ihr Wirtshaus.
Georg war nicht nur Krüger, sondern auch Schneider, denn vom Ausschank allein konnte er keine Familie ernähren. Im letzen Herbst hatte er Lina zur Frau genommen, im Sommer würde ihr erstes Kind zur Welt kommen.
Das Klingeln wurde lauter, es kam von der Lüneburger Heerstraße Richtung Helmstedt. Georg fuhr aus dem Schlaf hoch, eilte zur Tür, öffnete sie einen Spalt breit, sofort fuhr der Frost mit seinem eisigen Atem in die Wirtsstube; das Klingeln verstummte. Vor dem Haus hielt ein Schlittengespann. Ein Mann in Uniform stieg aus dem geschlossenen Aufsatz und kam zur Wirtstür. Er bestellte drei heiße Grogs, bat um Eile und stampfte zum Kutscher, um mit diesem zu reden.

Georg brachte dem Kutscher und dem Uniformierten zwei heiße Grogs, Lina ging zum Schlitten, um dem dritten Fremden sein Getränk zu reichen.
Im Schlitten saß ein kleiner Mann mit dunklen Haaren, eine Locke war ihm in die Stirn gefallen, seine dunklen Augen loderten, sprühten Funken, und er lächelte, als er Lina den warmen Becher aus der Hand nahm. Während er trank, beobachtete er die junge Frau.
Lina fühlte sich von seinen geheimnisvollen Augen seltsam berührt. Sie spürte die Kälte nicht mehr, meinte, den Mann schon lange zu kennen.
Der Uniformierte kam zurück, stieg in den Schlitten, reichte Lina das leere Trinkgefäß und Georg ein Goldstück, rief dem Kutscher einen Befehl in einer fremden Sprache zu. Die Pferde zogen sofort an, mit Schellengeläut verschwand der Schlitten vor den Augen der Wirtsleute.
Georg schloss die Tür. Das Goldstück lag schwer in seiner Hand. Er setzte sich zu Lina auf die Ofenbank, um einen heißen Gewürzwein zu trinken. Lina nahm Georg die Münze aus der Hand, drehte sie in ihren Händen. Ein Goldstück für drei Becher Grog war ein guter Preis. Auf einmal sprang Lina auf, holte die Kerze vom Tisch und besah sich die Münze ganz genau. Sie strich mit der Fingerkuppe über das Porträt eines Mannes, der aussah, wie der geheimnisvolle Fremde im Schlitten.
Aufgeregt zeigte sie ihrem Mann ihre Entdeckung. Georg stieß einen Pfiff aus, der Minna und Alfons weckte. Sie stiegen vom Ofen herunter, schweigend betrachteten alle vier das Geldstück. Alfons stellte schließlich fest: „Dä Kerel is Napoljum!“ Lina und Georg schauten sich an, sie hatten einen Kaiser zu Gast gehabt, ohne es zu wissen.
Im Juli brachte Lina einen Sohn zur Welt, er hatte dunkle Haare und eine Locke fiel im in die Stirn. Das Kind hieß Georg nach seinem Vater, doch wenn niemand dabei war, nannte Lina ihr Baby Napoleon.
Georg junior wurde nicht besonders groß von Wuchs, aber er war fleißig und erwirtschaftete mit seinem Vater soviel Geld, das er Land kaufen konnte und bald zu einem der reichsten Männer der Gegend wurde.

„Soso, kein Geringerer als Napoleon ist hier gesehen worden?"
„Ja, aber willst du noch eine Geschichte von einfachen und armen Leuten hören und davon, wie man in Emmerstedt mit durchdachter Pädagogik Hasen und Polizisten überlistete?"
Meine Freundin nickte, und wir gingen von der Brunsole auf der Barmker Straße bis zum Dorfrand zurück. Die Gebäude hier werden „Spittel" genannt. Früher gehörte zu jedem dieser kleinen Bauernhöfe ein Garten, und der Schauplatz der nächsten Geschichte war der Garten des Hauses auf der linken Seite.

EMMERSTEDTER HASENSCHULE
ODER WIE MAN AUF DEM LANDE ERZIEHT

Auf dem Spittel am Dorfausgang Richtung Barmke lebte eine arme Familie. Die Leinenweberei und der Ertrag des kleinen Bauernhofes reichten gerade so zum Leben. Im Sommer ernährten die Früchte des Gartens und des Ackers die Familie, Kuh und Ziege gaben Milch, Hühner legten Eier, Enten wurden gemästet und ein oder zwei Schweine für das Schlachtfest Anfang Dezember gefüttert.
Mit den Stallkaninchen war das so eine Sache, sie schmeckten hervorragend, doch die Familie fand keinen rechten Appetit an dem Fleisch der Tiere, mit denen die Kinder in den Wochen zuvor gespielt hatten. Die überschüssigen Erträge von Feld und Garten, Eier, die geschlachteten Enten und manchmal auch ein paar Blumensträuße wurden für den Markttag auf den kleinen Wagen geladen, den das Maultier nach Helmstedt zog. Wenn die Kinder keine Schule hatten, durften sie auf dem Wagen mitfahren, dann bekamen sie nach erfolgreichen Geschäften eine Himbeerlimonade in einer Braustube, während sich der Vater ein Bier leistete und mit den anderen Bauern Neuigkeiten austauschte.
Das Leben im Sommer ließ sich gut aushalten, doch so manchen Winter geriet die Familie in Not. Die geräucherten Würste, Speck und Schinken gingen dem Ende entgegen, und nach Weihnachten fehlte es oft an Fleisch. Der Braunkohl und ein wenig Löffelkraut waren das Einzige, was die Natur den armen Menschen zu bieten hatte und,

ja, und natürlich das Wild der Felder und Wälder, aber sie besaßen kein Jagdrecht, und das Wildern war verboten. Sie hatten ohnehin kein Geld zum Kauf von Gewehr und Patronen, nicht einmal genug Geld, um im Winter Fleisch zu kaufen. Doch was sollte die Familie machen? Die Mägen knurrten, und der Braunkohl schmeckte nur mit Fleisch geschmort richtig gut.

In einem Winter war es besonders kalt, der Schnee lag bis zum Küchenfester, sogar Feldhasen und Wildkaninchen litten Hunger, sie kamen bis in den Garten, um vom Kohl zu fressen.

Diesen Umstand machten sich die Familie und ihre Nachbarn zunutze, sie beschlossen, sich das Fleisch im Garten zu besorgen. Damit sie aber nicht dauernd aufpassen mussten, befestigten sie einen Strick, der von der Falle bis in die Küche führte, an einer Klingel. Wenn ein Tier in der Falle saß, klingelte es, und sie konnten es aus der Falle nehmen.

So kamen die Familien reihum zu ihrem Sonntagsbraten.

Im Dorf gab es bald Neider, die dem Dorfpolizisten zutrugen, dass auf dem Spittel auf heimtückische Weise gewildert wurde. Der Polizist musste der Sache nachgehen und ging zum Vater, der am Webstuhl bei der Arbeit war.

„Andreas, du sost hier in jun Gaarn wildern, un ik soll de Sache mal opn Grunne gahn“, sagte der Polizist. Der Vater drehte die Bartspitzen zwischen den Fingern, was er immer tat, wenn guter Rat teuer war, und überlegte, wie er sich aus der Sache herausreden könne. Plötzlich stürmte der achtjährige Alfred in die Webstube, vor Aufregung bemerkte er weder das Hüsteln seines Vaters noch den Polizisten.

„Vader, et hat inne Küche bimmelt, ik glöbe, et sit wedder en drinne!“ mit diesen Worten stürmte er hinaus. Ehe der Polizist etwas sagen konnte, stand der Vater auf, setzte ein vielsagendes Gesicht und seine Mütze auf, zog seine Jacke an und den Gesetzeshüter hinter sich her: „Kumm man midde un sah dik an, wat wi da maket!“

Draußen im Garten folgten sie der Spur im festgetretenen Schnee bis zur Falle. Der Vater befreite einen Hasen, packte ihn an den Löffeln, erhob seinen Zeigefinger, schaute Meister Lampe ins Gesicht und hielt

ihm dabei eine Strafpredigt: „So, dat merke dik, dat is davo, dat de uns nich wedder den Brunkohl wechäten dast!“ Der Hase bekam einen Klaps auf seinen Hasenhintern und wurde über den Zaun gehoben, er raste in schnellstem Hasenzickzack durch den Schnee Richtung Barmke. Der Polizist rieb sich das Kinn, klopfte dem Vater anerkennend auf die Schulter und verabschiedete sich mit den Worten: „Da kann man ja woll nist jejen sejjen!“
Der Vater griente und dachte bei sich: „Jewusst wie!“

„Kennst du noch mehr solcher Geschichten?“
„Es gibt viele Geschichten. Als Kind hatte ich das Gefühl, jeder Stein, jedes Haus, jeder Weg hat eine Geschichte. Einige Geschichten wurden von einem Lehrer zusammengetragen und aufgeschrieben. Als Schulkinder besaßen wir ein Buch, in dem Sagen, Bräuche und Volksreime des Kreises Helmstedt niedergeschrieben waren, viele Geschichten werden auch in ostfälischem Plattdeutsch in den „Emmerstedter Gemeindebriefen“ veröffentlicht. Das Buch und die Gemeindebriefe findet man im Ortsmuseum.“
Vom Kirchturm schlug die Uhr und mahnte uns an unseren Termin. Wir liefen weiter die Barmker Straße entlang, kamen an alten Höfen und neuen Häusern vorbei, bogen links in die Hauptstraße ein, wo wir unser Auto abgestellt hatten.
„In der Kirche ist bei Renovierungsarbeiten eine mumifizierte Menschenhand gefunden worden. Sie liegt jetzt im Ortsmuseum im Museumshof. Zu dieser Hand gibt es natürlich auch eine Geschichte.“
Meine Freundin klopfte auf das Gehäuse ihrer Armbanduhr und ermahnte mich an unseren Termin.
„Wenn ich demnächst durch Emmerstedt fahre, schaue ich mir die Hand an.“
„Vielleicht hast du sogar Zeit für eine Führung.“
Wir stiegen in den Wagen und fuhren nach Helmstedt, wo wir in der Nähe des Juleums, des alten Universitätsgebäudes, parkten. Viele der Helmstedter Studenten sind berühmt geworden, ihre Wege lassen sich

noch heute verfolgen, doch die Geschichten der einfachen Menschen können wir nur erahnen, wenn wir durch die Straßen und Gassen wandern und es zulassen, dass unsere Phantasie und die Überlieferungen mit uns auf Hand in Hand gehen.

„Schwarze Kunst" – Von der Museumstraße zur Georg-Westermann-Allee

Es ist Ferienzeit, die Braunschweiger Malerin freut sich auf den Besuch der Enkelin aus Hessen.
In ihren Arbeitsräumen liegen wichtige und unwichtige Schriftstücke und Skizzen herum. Das muss sich ändern, denn die Enkelin Jule interessiert sich für alles, was es im Atelier zu sehen gibt, also sortiert die Großmutter lieber vorher. Beim Aufräumen findet sie einen vierzig Jahre alten Winkelhaken, noch aus ihrer Zeit als Schriftsetzerin in der Druckerei Stenzel, in der Leopoldstraße.
Sie putzt das Fundstück bis es strahlend blinkt und glänzt. Dabei kommt ihr die Idee, wie sie mit der Enkelin die Ferien in Braunschweig interessant gestalten könnte. Ein Spaziergang zu den Druckereien böte sich an. Es ist so wichtig, den Kindern und nicht nur diesen, die alten Handwerkstechniken nahe zu bringen und nach Möglichkeit in der Praxis zu zeigen.
Nach der Flucht aus der DDR 1954, war sie die erste weibliche Schriftsetzerin in Braunschweig. Sie hat den Beruf in der Druckerei Graphische Werkstätten Leipzig erlernt. Vor dem zweiten Weltkrieg war das die *Druckerei Brandstetter* im größten Verlagsviertel Deutschlands. In Westdeutschland wollten die männlichen Setzer lange keine Frauen an den Setzkästen haben. Erst ab 1955 wurden in Braunschweig Frauen zu Schriftsetzerinnen ausgebildet.
Bei dem Gedanken an diese Zeit schwirren ihr die Lettern im Kopf herum. Sie hat sofort den eigenen Geruch der Druckerei in der Nase. Literatur gemacht mit den Händen, ihre große Leidenschaft für Papiere jeder Sorte.
Als Jule am nächsten Morgen zu ihr in die Museumstraße kommt, zeigt sie ihr den Winkelhaken und einen Satz Setzlinien aus Messing, den sie noch im Atelier aufbewahrt hat. Jule ist sofort interessiert und möchte mehr sehen und wissen.

„Was soll ich mit diesem Ding und den komischen Linien anfangen", fragt sie. Die Großmutter erklärt, dass es Setzlinien in verschiedenen Breiten gibt. Ein Winkelhaken wird auf eine Satzbreite eingestellt, die Linie gibt den Bleibuchstaben einen Halt. Die Buchstaben werden einzeln in den Winkelhaken hineingesetzt und ergeben buchstäblich Worte und Zeilen.
„Und wo sind deine Bleibuchstaben?"
Jules blaue Augen leuchten auf, wie immer ist sie sofort neugierig.
„Hier in diesem Kästchen habe ich nur meine Initialen in einer Frakturschrift aus Blei und ein großes A, sowie ein Z, zur Erinnerung an das Alphabet, Anfang und Ende."
Um der Enkelin Jule mehr zeigen zu können, schlägt die Großmutter einen Ausflug in die Welt der Druckkunst vor.
Sie gehen aus dem Haus in der Museumstraße, einmal um die Ecke, zum Steintorwall. Die Großmutter zeigt der Enkelin das Kulturinstitut: Die Brücke. Am Ende der Straße, auf dem Rasenplatz, begrüßt sie der große Kragenbär. Eine Skulptur von Anatol Sensburg aus dem Jahr 1927. „Ist der dick und rund", staunt Jule.
Einmal die Straße überquert und schon stehen sie vor dem Städtischen Museum, Eingang Magnitorwall. Das Museum wird 2006 einhundert Jahre. Schon jetzt zum Neunundneunzigsten gibt es eine besondere Ausstellung.
„Was hat das Museum mit deinen lustigen Bleibuchstaben und dem Winkelhaken zu tun", fragt Jule nun ungeduldig.
„Das zeige ich dir gleich im Museum. Übrigens werden die Buchstaben auch Lettern genannt und das gesamte Handwerk ist die Schwarze Kunst."
„Toll, dann wird wohl richtig gezaubert?"
„Nein, der Name kommt von der schwarzen Druckfarbe."
Johannes Gutenberg hat den Buchdruck mit gegossenen Lettern erfunden und im 15. Jahrhundert eine Bibel mit zweiundvierzig Zeilen gedruckt. In Mainz gibt es das Gutenbergmuseum und wenn ich heute diese alten Drucke sehen kann, ja dann kommt es mir auch wie Zauberei vor."

Sie waren inzwischen in der ersten Etage im Museum angekommen. Verblüfft bleibt die Großmutter stehen. Sie spricht aufgeregt einen der Aufsicht habenden Männer an. „Wo sind die Lettern, wo ist die Setzergasse?" „Ach ja, die Gasse ist nicht mehr hier im Museum", antwortet der ältere Herr. „Wieso nicht mehr hier? Es ist doch wichtig, den Menschen dieses alte Handwerk zu zeigen. Deshalb bin ich mit meiner Enkelin heute gekommen."
„Das tut mir leid, sie können nur noch die Tiegeldruckpresse besichtigen. Eine Schusterei und andere alte Handwerkstechniken."
Nun zieht Jule ihre Großmutter am Mantelärmel:
„Mir ist langweilig, lass uns gehen."
„Einen Moment noch, schau dir die Glassammlung an, sie war vorher in der Formsammlung am Löwenwall, in der alten Villa. Ich gehe inzwischen zum Museumsdirektor und frage wo die Setzergasse geblieben ist."
„Grossi, eine Gasse kann nicht hier sein und auch nicht verschwinden, das ist doch eine gebaute Straße." Nun muss die Großmutter doch lächeln und erwidert: „Wie eine Straße ja, da haben die Schriftsetzer gestanden und gearbeitet. Das war auch körperlich schwere Arbeit. Die Setzkästen waren mit den Bleibuchstaben gefüllt und auch fertige Sätze mussten getragen werden. Und gebaut, wurde die Gasse mit Regalen und Schriftkästen, auch Setzkästen genannt. Du hast in deinem Kinderzimmer einen originalen Setzkasten aus der Löwendruckerei Braunschweig, dort war 1954 meine erste Arbeitsstelle in Westdeutschland."
„Na gut, dann sehe ich mir eben die langweiligen Gläser an." Immer noch aufgeregt geht Großmutter zu dem Museumsdirektor in das Büro in der ersten Etage. Er erklärt ihr, dass die Typografie, also die Setzergasse, eine Leihgabe war und zurückgegeben wurde. Wie schade um diese Ausstellung, bedauert die ehemalige Schriftsetzerin, sie hat gern in diesem Beruf gearbeitet. Nun blieb ihr nichts anderes übrig, als sich mit ihrer Enkelin Jule weiter auf die Suche nach den Lettern zu begeben.
Nach dem Verlassen des Museums erspäht Jule den Obelisk auf dem Löwenwall. Die vier Bronze-Löwen waren ihr schon von anderen Besuchen in Braunschweig bekannt. So schnell kann die Großmutter

kaum hinschauen, wie Jule auf den Rücken eines Löwen klettert. Der Platz erstrahlt im Sonnenlicht und eine vormittägliche Ruhe geht von ihm aus. Am Nachmittag wird auf dem Platz oft Boule gespielt. Das ist nicht ganz so aufregend wie in Braunschweigs Partnerstadt Nimes. Die Großmutter ruft zur Enkelin: „Jule, sieh hier die goldenen Buchstaben auf der Säule, komm herunter, die Löwen sind doch keine Reittiere. Du bist viel zu groß für solche Spiele."

Das hat sofort gewirkt. Jule geht das erste Jahr in ein Gymnasium und fühlt sich, wie sie sagt, fast erwachsen. Geduldig entziffert sie die goldene Schrift. Danach laufen sie weiter die Leonhardstraße entlang in Richtung Stadthalle. Auf dem Gehweg haben Kinder, mit bunten Malkreiden, Kästchen aufgezeichnet. Himmel und Hölle heißt das Spiel. Die Farbe ist schon etwas verblichen und von den Kindern, die hier gespielt haben, ist nichts zu sehen. Geschwind hüpft Jule auf einem Bein hin und her. Immer und immer wieder.

„Komm Grossi, mach mit", ruft sie dabei. Die Großmutter lächelt und denkt, es würde sicher ein komisches Bild abgeben, wenn sie auch mithüpfen würde. Sie drängt stattdessen zum Weitergehen.

„Komm, ich möchte dir endlich die Setzergasse und die Schwarze Kunst zeigen." Sie kommen zur Leonhardstraße 29a, zum Raabe-Haus. Es ist sehr schön restauriert und lädt zur Besichtigung ein.

„Jule, schau, hier hat der große Schriftsteller Wilhelm Raabe mit seiner Familie vor über einhundert Jahren gewohnt. Er ist 1831 in Eschershausen bei Braunschweig geboren und 1910 in Braunschweig gestorben. Viele Geschichten, Erzählungen und Romane hat er geschrieben. Auch über unsere Gegend hier.

Ich habe vor einigen Tagen ein Reclamheft mit der Erzählung *Holunderblüten* gekauft. Du weißt doch, ich erzählte dir im vergangenen Sommer von den duftenden Holunderblüten."

Im Atelier in Frankreich konnte ich eine Lithografie auf Stein mit Holunderbeeren kreieren. Dazu erklärte ich dir, dass Litho vom Stein kommt und Lithograf der Steinzeichner ist. Es gibt den Steindruck. Heute machen das nur noch wenige Künstler. Auch das gehört zur Schwarzen Kunst.

„Na und was wäre Wilhelm Raabe ohne die Lettern und Gutenberg." Jule schaut interessiert auf: „Jetzt sehe ich ein, wie wichtig die Buchstaben sind, wo ich so gern lese und viele Bücher habe." Sie buchstabiert das Schild am Raabe-Haus *Literaturzentrum Braunschweig*. „Wird in dem Haus auch vorgelesen wie bei uns in der Bücherei? Sitzt du auch dabei wenn vorgelesen wird?"
„Ja, und auch wenn sich die Autoren der Braunschweigischen Landschaft treffen. Mit dir gehe ich ein anderes Mal in das Raabe-Haus. Es gibt noch das erhalten gebliebene Arbeitszimmer und viele Bücher gibt es zu bestaunen. Heute suchen wir zuerst die Blei- und Holzbuchstaben." „Holzbuchstaben, das wird ja immer lustiger mit dir," sagt Jule lachend.
Sie überqueren mit schnellen Schritten den Leonhardplatz und gehen vorbei an der Johanneskirche, über die Kreuzung Helmstedter Straße, in die Georg-Westermann-Allee. Die verschiedenen Alleebäume locken in vielen Farbschattierungen zur Betrachtung. Das helle Frühlingsgrün und die Blüten der Bäume leuchten ihnen entgegen.
„Grossi, Grossi, wie lange wollen wir noch laufen, ich habe Durst." Natürlich hat Großmutter daran gedacht und eine Flasche mit Wasser dabei. Auch Jules Lieblingskekse mit Orangengelee packt sie im Gehen aus. Schon ist Jules Welt wieder in Ordnung.
Ihre Großmutter denkt, dass sie großes Glück haben, da es ein herrlicher Frühlingstag mit blauem Himmel ist, denn der April kann auch anders sein. Vorerst ist die Allee mit blühenden Rotdornbäumen bepflanzt. Erst als sie an der Christopherusschule vorbei sind, können sie unter den wuchtigen, blühenden Kastanienbäumen laufen. Herab fallende Blütenblätter legen ihnen einen weichen Teppich aus. Fröhlich kommen sie am Druck- und Verlagshaus Westermann an. Ohne Vorwarnung rennt Jule zur Pförtnerloge und schreit förmlich in den Glaskasten: „Hier soll eine Setzergasse sein und meine Grossi sucht die Bleibuchstaben."
Die Großmutter spricht den Pförtner ruhig an und erklärt die Lage sachlich. Sie möchte ihrer Enkelin einmal zeigen, wie früher der Satz mit Blei- und Holzbuchstaben aussah, eben die alte Handwerks-

technik, der Buchdruck im Besonderen. Eventuell die alten Handschriften von Wilhelm Raabe einsehen, denn er war einer der Autoren im Verlag Georg Westermann.
Es war sehr schwierig seine handschriftlichen Aufzeichnungen zu lesen und zu setzen. Da ging es oft nicht ohne Streit mit dem großen Literaten ab. Im Archiv werden einige Schriftstücke Wilhelm Raabes aufbewahrt. Der Herr hinter der Glaswand nickt erfreut über so viel Interesse und telefoniert zum Archiv.
„Die Mitarbeiterin könnte dafür zuständig sein“, erklärt er." Sie kann ihnen auch sagen, wann hier Führungen stattfinden.“ Am Ende des Telefonates sagt er: „Sie müssen etwas Geduld haben, denn normalerweise gibt es Führungen nur mit Voranmeldung und in Gruppen.“
Um die Wartezeit zu verkürzen erklärt die Großmutter ihrer Enkelin, dass Georg Westermann 1810 in Leipzig geboren wurde. Sie verfällt ins Schwärmen, denn Leipzig war das größte Druck- und Verlagszentrum vor dem zweiten Weltkrieg, Schwarze Kunst im Übermaß. Nach 1945 siedelten sich viele Druckereien und Verlage in Westdeutschland an. Nach der Wende 1989 kehrten wenige nach Leipzig zurück, einige Zweigniederlassungen sind verzeichnet. Nun sind in Frankfurt, Stuttgart, Berlin und Braunschweig die größten Verlage, besonders für Schulbücher.
George Westermann wurde von Beruf Verlagsbuchhändler und gründete 1838 in Braunschweig eine Verlagsbuchhandlung im Vieweg-Haus am Burgplatz, wo der Braunschweiger Löwe seinen Stammplatz hat. Die Druckerei wurde 1845 gegründet. Es wurden damals schon reich illustrierte Bücher und die Westermann Monatshefte gedruckt. Von den Monatsheften haben wir noch einige Jahrgänge im Kelleratelier aufbewahrt.
Mit Atlanten, Schulbüchern, Lernspielen und vielen Kunstbüchern ist der Verlag weltbekannt geworden. Heute ist Westermann eine große Verlagsgruppe mit drei Druckereien.
„Und liebe Jule, dein Onkel ist Offsetdrucker dort. Dein Vater hat in der Braunschweiger Zeitung Schriftsetzer gelernt. Nicht nur den Handsatz, auch den Fotosatz. Der Fotosatz, auch Lichtsatz genannt,

hat den Bleisatz abgelöst. 1975 wurde auch bei Westermann die Setzerei vom Ballast des Bleis befreit.
Unsere Familie, ist wie du siehst, von der Schwarzen Kunst geprägt."
Endlich werden sie von einer Frau aus dem Archiv abgeholt. Sie ist freundlich und nimmt sich Zeit für die unverhofften Gäste.
Beim Betreten der Räume kommt ihnen der Duft von Druckfarben, Waschmittel, Leim und frisch bedrucktem Papier entgegen.
Jule rümpft ihr kleines Näschen, die Großmutter genießt die Druckereiluft. Zuerst wird ihnen die vielfältige Fotosammlung im Archiv gezeigt. Dabei ist auch eine Setzergasse zu sehen.
Jetzt kommt erneut die Stunde der Großmutter. Sie setzen sich an einen Tisch und vertiefen sich in die Aufnahmen. Jule schaut schläfrig auf die Fotos. „Jule, schließ ganz fest deine Augen und stell dir vor, wir beide stehen nun in der Handsetzerei."
Großmutter erzählt beim Anblick der Fotos. Hier sind die Regale mit den Setzkästen für die Bleibuchstaben und das übrige Material. Große, lange Kästen für die Steckschriften und Holzschriften. Es gibt auch Schiffe für den Satz, was Jule wieder lustig findet und sie greift sofort in eines der Fächer. Sie nimmt einen Bleibuchstaben heraus. Dieser wird von ihr neugierig von allen Seiten betrachtet.
„Weißt du, warum die Buchstaben eine Einkerbung haben? Wenn ich einen Buchstaben neben den anderen in den Winkelhaken setze, ja setze, nicht stelle, muss die Signatur, das ist diese Rille hier, immer nach vorn zeigen." Jule lacht: „Die stehen ja alle auf dem Kopf, wieso das denn?" „Das ist schon richtig, es wird spiegelverkehrt gesetzt und nach dem Druck ist es wieder richtig. Dann kannst auch du den Text lesen."
Ohne auf die Anordnung im Setzkasten zu schauen, nimmt die Großmutter die Buchstaben aus den einzelnen Fächern und setzt sie in den Winkelhaken, den sie in der linken Hand hält. Danach greift sie zu einem Spiegel und sagt zu Jule, dass sie den Text nun lesen kann.
Jule liest im Spiegel die Worte „Schwarze Kunst" und staunt.
„Ist das eine schwere Arbeit, mit dem Computer geht das viel einfacher", sagt sie.

Sie will helfen und die Bleibuchstaben in die unterschiedlich großen Fächer der Holzkästen werfen.
Schnell greift die Großmutter ein. „Nein, das geht so nicht. Für jeden Buchstaben gibt es ein bestimmtes Fach, eine Anordnung. Nicht nach dem Alphabet.
Die Buchstaben wie a, e, m usw., die am meisten gebraucht werden, liegen in größeren Fächern, vorn in greifbarer Nähe. Nur die Großbuchstaben, auch Versalien genannt, liegen ganz oben im Setzkasten und nach dem Alphabet.
Wenn ein Buchstabe im falschen Fach liegt, so wird er als Fisch bezeichnet. Die Schriftsetzer setzen blind, also ohne auf den Buchstaben zu schauen. Sie würden viele Fehler machen, wenn falsch abgelegt würde."
„Ist ja toll", sagt Jule und schaut auf ihre schwarzen Fingerchen, schwarz vom Bleistaub. Nun möchte sie am liebsten sofort ein Buch drucken und fragt, wie es weiter geht, nachdem die Seiten gesetzt und mit einer Kolumnenschnur zusammen gebunden sind.
„Das ist ein großes Feld", sagt Großmutter. „Möchtest du vorerst einmal die Bleiläuse sehen?"
Schnell setzt sie eine Zeile vom Schriftgrad Tertia aus der Schrift Garamond. Am Kopf und Fuß einen Bleisteg und eine Reglette. Ohne aus zu binden kann sie den Satzblock nicht anheben, sie nimmt deshalb einen Schwamm und gibt Wasser auf den Satz.
Das hat sie früher auch getan, um die Zeilen aus dem Winkelhaken zu heben, besonders bei den kleinen Schriftgraden wie *Perl* oder *Nonpareille*. Nun kann sie den Satz auf das Schiff stellen.
„Schau Jule, die Bleiläuse". Als Jule sich fast mit der Nase über dem Satz befindet, drückt Großmutter die Bleistege mit einem Ruck zusammen. Das Wasser spritzt Jule in das Gesicht. Sie schreit auf: „Puh, das sollen Läuse sein."
Ob die Enkelin alles verstanden hat, was ihr die Großmutter zu den Fotos erzählte? Oder war Jule eingeschlafen? Das wird wohl ein Geheimnis bleiben. Beide lachen herzlich über den kleinen Scherz mit den Bleiläusen, der schon viele Jahre alt ist.

Jule reibt sich die Augen und schaut auf ihre Hände: „Witzig, die sind ja gar nicht schwarz, ist es am Ende doch Zauberei?"
Für die ehemalige Schriftsetzerin war es eine Reise in die Vergangenheit, denn schon seit über zwanzig Jahren gibt es keinen Handsatz mehr.
Nur noch in einigen Druckmuseen zur Anschauung.
Die Druckerei Westermann ist eine der größten in Braunschweig.
Atlanten, Kunstbücher, Schulbücher, Museumsführer und viele andere Drucksachen erblicken täglich das Licht der Welt, in dieser modernen Medienlandschaft. Wichtigster Faktor sind die Schulbücher, denn inzwischen sind noch vier Verlage dazugekommen.
Für diesen Tag hat Jule genug gesehen, gehört und spielerisch viel gelernt. „Ich komme bestimmt wieder, es war toll", ruft sie beim Verlassen dem Pförtner zu.
Der Spaziergang geht weiter. Die Westermann-Allee entlang, zur Helmstedter Straße. Von der Kreuzung Adolfstraße-Parkstraße kommen sie wieder zur Museumstraße.
Großmutter zeigt auf den schönen Anblick des Wasserturmes. „Den werde ich dir auch einmal zeigen."
Beim Überqueren der Okerbrücke seufzt Jule erleichtert auf.
Dass Grossi schon wieder vom Herzog-Anton-Ulrich-Museum erzählt, an dem sie vorbeigehen, berührt sie an diesem Tag nicht mehr.
„War das heute eine große Wanderung und alles wegen der verschwundenen Setzergasse," plappert Jule vor sich hin.
Dann etwas lauter: „Morgen schreibe ich eine Geschichte darüber und die drucken wir dann mit Bleibuchstaben oder wir schneiden uns die Schrift aus Holz, wie zur Zeit von Gutenberg". „Na, ja und vielleicht, aber nur vielleicht, mache ich mit dir wieder einen Spaziergang in Braunschweig."

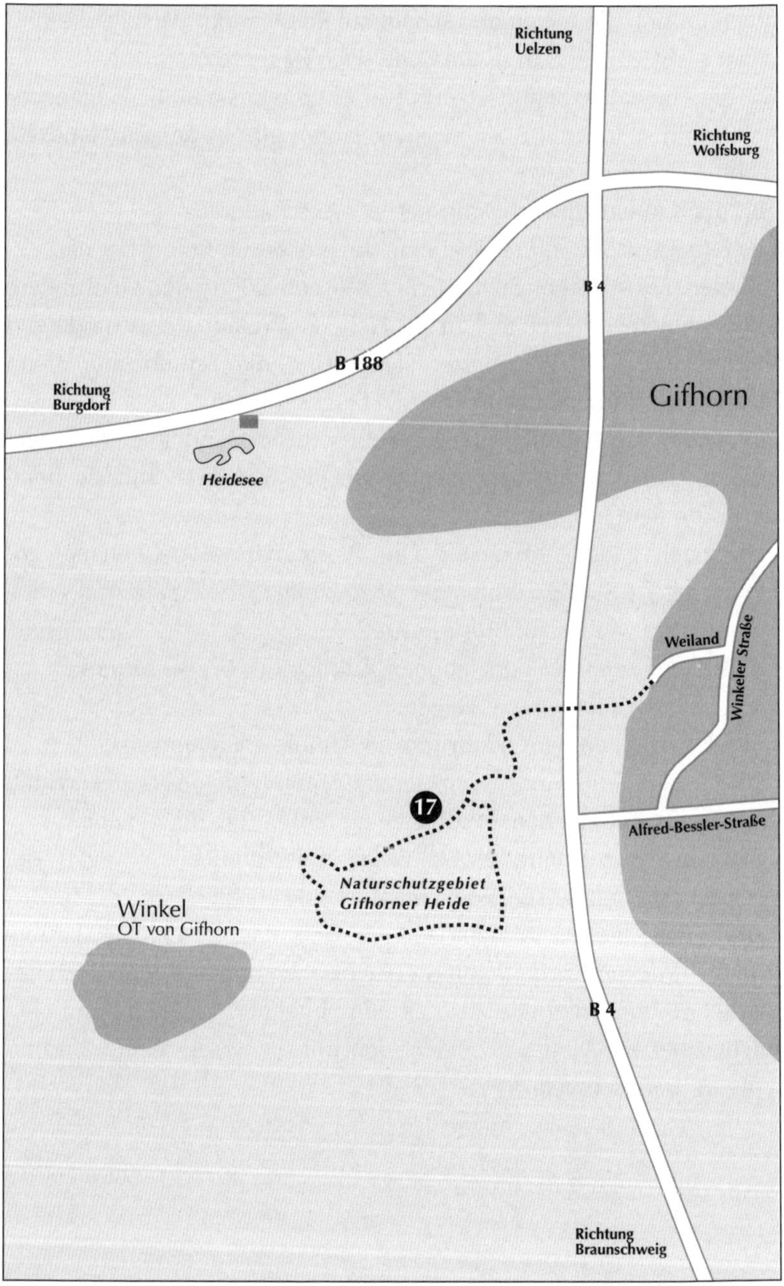

Richtung
Uelzen
Richtung
Wolfsburg
B 4
B 188
Richtung
Burgdorf
Gifhorn
Heidesee
Weiland
Winkeler Straße
17
Alfred-Bessler-Straße
Naturschutzgebiet
Gifhorner Heide
Winkel
OT von Gifhorn
B 4
Richtung
Braunschweig

Literarische Wanderung – Naturschutzgebiet Gifhorner Heide

Am Anfang: Der Blick und der Weg nach Südwesten: die Trommeln rufen den Geist: Natur und Mensch im Einklang: Verbindung von Liebe und Tod.

„Dünen prägen das Gesicht der Heide.
Nacheiszeitliche Winde haben hier am Südrand des
Aller-Urstromtales Sanddünen angeweht – Welle für Welle.
In den Senken bildeten sich vermoorende Tümpel.
Auf den Wanderdünen siedelte das Heidekraut und festigte sie."

Schreibe über das Schreiben: denkbar ist, dass immer alles Denken im Fluss ist; doch jederzeit kannst du es visualisieren und verdichten. Das sind Momente, in denen du dich sehr wohl fühlst und dich selbst vergisst: alles fließt: auch beim Erstellen von Collagen, dem Erfinden neuer Bilder aus alten – in neuer Kombination.

„Ein wertvolles Lebensraummosaik:
… in seiner blühenden Schönheit im
Hoch-Sommer, mit seinen Altweibersommergespinsten
Tauglänzend im frühen Herbst und in seiner
schwermütigen Düsterkeit und Stille im Winter …"

Kommt es dir in den Sinn, wie du einige Zeit zurück über die Gedanken einer Schildkröte schreiben konntest, die vor dir auf einem Katheter stand und dich mit wackelndem Kopf ansah. Was dachte diese Schildkröte: „Komisch, wer da so vor mir sitzt und mich ansieht! Ob der wohl so wie ich öfter mal in Ruhe über sich selber nachdenkt und merkt, dass er in seinem Leben einiges verändern muss? So wie ich allerdings hier in Ruhe verharre und meditiere und meinen Platz nicht verlasse – und doch unablässig in Gedanken auf Reisen bin. Geht es ihm wohl genauso? Ich glaube es sehr; nur er schreibt und verdichtet viel zu selten und behält viele seiner Geschichten in seinem Kopf und Bauch gespeichert: so wie die Gedanken und Gefühle seiner literarischen Wanderungen. Aber jetzt ist es Zeit, einiges davon zu Papier zu bringen!"

„Die sanft-wellige Heidelandschaft ist bis heute erhalten.

Alte, säulenförmige Wacholderbüsche zeugen vom gestaltenden Biss der Schafherden. Dort, wo die Zwergsträucherdecke sandige Lücken zeigt, dringt die Sandegge vor. Wenn es moorig wird, lösen Glockenheide und Rauschbeere das Heidekraut ab. Moosbeeren ziehen ihr Gespinst über Torfmoosschichten. Die Rosmarinheide wächst noch hier – ein Überbleibsel aus der Eiszeit. Wo das Grundwasser zurückgegangen ist, breitet sich das Pfeifenkraut aus."

Kurze aufblitzende Erinnerung als Selbstentdecker, Selbsterfinder: die afrikanische Maske: Ausbruch, Aufbruch aus altem Leben: du hattest ein Haus in Süd-Portugal, mit Blick auf die Lava-Berge und über das Meer, einen eigenen Pool, einen Garten mit vielen bunten Blumen; die Luft war warm und duftete nach Honig …

Doch zurück ins deutsche Zuhause: Pferdekoppeln vor der Tür, wenn du fortgehst, fort von den Findlingen und japanischen Bäumen vor dem Haus, vorbei an den Stallungen, der Reithalle und dem Dressurplatz. Dein Hund begleitet dich, tobt umher und ist glücklich. Über die Brücke, die über die vierspurige Schnellstraße führt; auf dem Asphaltband rasen, wie die Maulwürfe sagen würden, zwei Augen auf vier Rollen: eine Grenze zwischen Natur und Natur.

„Schutz der Schönheit und Eigenart.

Die Gifhorner Heide war lange Zeit „Mietsbürgerkoppel". Die Beweidung bewahrte sie vor der Bewaldung. Als die traditionelle Heidenutzung jedoch eingestellt wurde, drohte die Aufforstung. Die „Gifhorner Heide" wurde daher 1962 in einer Größe von 32 ha als Naturschutzgebiet ausgewiesen. Pflegemaßnahmen sichern die seltenen und gefährdeten Lebensräume mit ihrer besonderen Tier- und Pflanzenwelt."

Hinein in den Bruchwald mit Farnen, Erlen, Eichen und Weiden; Reitpferde kreuzen, Schmetterlinge flattern vorbei: „Bläulinge", „Orange-Falter", „Schachbrett" und Kohl-Weißlinge. Ein Paar Zitronenfalter im Paarungsflug; eine Hummel-Königin sucht summend ihre Erdhöhle. Rechts am Weg versteckt liegen zwei der Hügelgräber der Vorfahren der

Moor-Könige, links die hohe Sanddüne, heute mit Kiefern bewaldet, als Aussichtspunkt der ehemaligen Wächter über das Aller-Urstromtal.
„Die Allerniederung.
Die Aller entspringt bei Wanzleben und mündet in der Nähe von Verden in die Weser: Die Entstehung ihres Flussbettes hat sie der letzten Eiszeit zu verdanken. Denn als das Schmelzwasser der weit bis ins norddeutsche Flachland vorgedrungenen Gletscher in großen Mengen in nordwestlicher Richtung abfloss, schuf es die sogenannten Urstromtäler. Eines dieser Urstromtäler nutzt heute die Aller. Im Laufe der Zeit wurde das natürliche Flussbett vom Menschen in weiten Bereichen stark verändert. Begradigung und Uferbau dienten der Ausweitung landwirtschaftlicher Flächen und ihrer Intensivierung und sollten die Überschwemmungsgefahr bannen; Seitenarme fielen trocken.
Unter anderem im Bereich Gifhorn konnte sich die Aller eines kleines Stück ihrer Natürlichkeit bewahren bzw. zurückerobern. Sie fließt in leichten Kurven durch grüne Wiesen. Im näheren Uferbereich wachsen dank Einsichtnahme des Menschen wieder typische Auenarten wie Weiden und Erlen. Auch einige Altarme sind erhalten und durch Pflegemaßnahmen ökologisch aufgewertet.
Zum Hochwasserschutz wurden in Gifhorn der Mühlensee und der Schlosssee geschaffen, die beide die Funktion von Regenrückhaltebecken erfüllen. Trotzdem tritt im Bereich der Schickebrücke nach starken Regenfällen die Aller über die Ufer, und das nährstoffreiche Wasser düngt die Wiesen des Allertales. Leider verhindern regelmäßige Unterhaltungsmaßnahmen, die den ungehinderten Wasserabfluss in der Aller gewährleisten müssen, die Ausbildung völlig natürlicher Strukturen.
Die Sonne lockt gelbe Mai-Blumen – (Löwenzahnblüten). Findlinge dienen als Wegweiser:
Alte Landmarken zum Kennzeichnen der Wege. In der sumpfigen und moorigen Ebene der Binsen („-weisheiten") fliegt der Eis-Vogel manchmal als blau-bunter Blitz über die Wassergräben.
Vorbei an Brombeersträuchern, dem Brennesselwald, alten verwachsenen Bäumen, der Votiv-Steele (einer verwitterten grauen Stein-Gasmarke; jemand hat Rinde und Moos davor „geopfert") und

der großen „Märchen"-Eiche, in deren Ästen du in verschiedene Geschichten und Lebens-Ebenen klettern könntest, gelangst du zu der Heidefläche mit den vermoorenden Tümpeln, wo du am „Indianer-Platz" im magischen Dreieck der Bäume an die „Smoky-Mountains" denkst und du am Morgen Tautropfen an den Kiefernadeln als Diamanten sammelst. Der Blick über das Braun der Gras-„Bulten" auf das „Victory"-Zeichen der „Indianer-Eiche" und der „Japan-Kiefer".
In Finnland, am Hochschober in Kärnten, auf Sylt und hier trägst du wie Christopherus deinen kleinen Sohn auf den Schultern über das Wasser; der Norweger-Pullover schützt dich vor der nebligen Nässe. Abends Dunst in den Senken; Schnitzeljagd mit Taschenlampen und Laternen. Das Rot-Weiß der Fliegenpilze erzählt schamanische Geschichten. Eichelhäher warnen vor dir; eine Kurve erinnert an die Autofahrt mit einem Freund zur Almhütte in der Steiermark. Eine Krähe hockt auf einem abgestorbenen Kiefern-Ast, ein Specht trommelt seinen Lockruf. Der Kuckucksruf vermisst deine weitere Lebenszeit.
Am Samstagabend: Glockenläuten: Dornen im Kopf. Am Wegrand in Holz geschnitzte Runen-Zeichen. Der melancholische Ruf der Goldammer. Die blauen Wunder-Blumen setzen die Träume frei; die Zauberin kann damit Menschen in Stein verwandeln. Bussarde ziehen Ihre Kreise, Flugzeugkometen ihre Bahn: am blass-blauen Frühlingshimmel. Getupftes Hellgrün und Schwarzweiß der Birken vor dem Dunkelgrün der Wald-Wand. Wind streicht übers Honig-Gras; Die Farben der Wege verändern sich im Lauf der Jahreszeiten. Auf der Bank: Sonne im Rücken; der Blick auf vertrocknete grauglänzende Baumstümpfe; Rufe der Buchfinken und Meisen; das Lied der Lerchen ... Flechten und Moose, Wacholderbüsche, weißblühendes Woll-Gras, „Pfeiffen-Reiniger" – Büschel. Der Kletterbaum als Ausguck: ein Phantasie-Segelschiff der Kindheit; wie oft hast du im Mastkorb gesessen ...?!
Raupe und Käfer im Sand:
„Im Sand lauert der Ameisenlöwe.
Der Ameisenlöwe ist eine Insektenlarve, die im Sand der Dünen lebt und darin kleine Trichter baut. Am Grund gräbt er sich ein, so dass nur noch die Saugzangen herausragen. Ameisen, die in den Trichter

fallen, werden ergriffen und ausgesaugt. Der Ameisenlöwe ist die Larve der Ameisenjungfer (einer Libellenart)"

Vom „Hermann-Löns-Stein": „Es stehen drei Birken ..." über den „höchsten Punkt". Mit seinem glatt-geschliffenen, bearbeiteten, grauen Granitquader der magischen Zeichen in die Senken der „Zauber-Eichen": auf der Borke die Straße der schwarzen Wald-Ameisen. An trockenen Birkenstämmen führt die Baum-Pilz-Treppe in den Himmel.

Drei-Birken-Gedicht

Es stehen drei Birken im Dünengrund
mit schwarzweiß verwitterter Rinde
und komm' ich zu Ihnen
so werd' ich gesund
Die Sorgen verwehen im Winde

Ein schwarz-weiß-Foto mit den realen drei Birken; unter ihnen eine morsche Bank und der Blick auf den „Scheiterhaufen". Gedanken nach München (der Draht-Löwe, Farb-Bilder und Cartoons) und New York (Wandel der Wolken über Manhattan). Ein zweites Foto: ein kalifornischer Pool mit Baum und Plastik-Liegen im Regen.

„Lass deine Augen offen sein,
geschlossen deinen Mund
und wandle still,
so werden dir
geheime Dinge kund.
(Hermann Löns)

Weiße und schwarze Schaf- und Heidschnucken-Lämmer. Am alten Schafstall: Abschied von der „Schindereiche". Zurück: vorbei an blühenden Gärten ... zum Haus mit denn schlafenden Katzen.

Afrikanisches Gedicht

Träumend lieg' ich im Gras / spüre den Wind auf der Haut und die Wärme der Sonne / und ich erinnere mich, wie Frederic, der Jäger aus dem Tschad / uns seine Jagd-Geschichten erzählte ...

Quellen: Schautafeln Landkreis Gifhorn „Natura 2000", Schule für Füchse e. V.

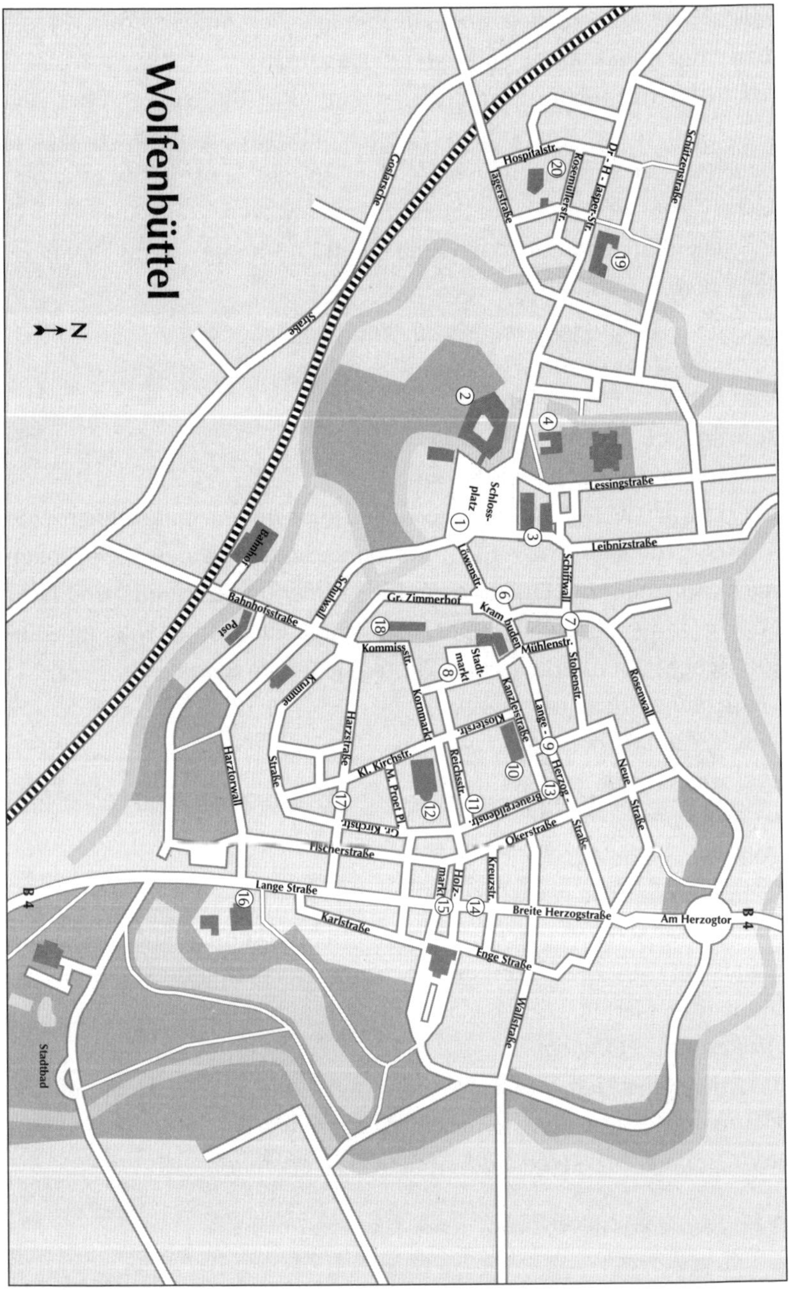
Wolfenbüttel
N
Goslarsche Straße
Bahnhof
Bahnhofsstraße
Post
Schulwall
Krumme Straße
Harztorwall
Harzstraße
Kl. Kirchstr.
Gr. Kirchstr.
M. Proet Pl.
Fischerstraße
Lange Straße
Karlstraße
Enge Straße
Wallstraße
Stadtbad
B 4
Am Herzogtor
Breite Herzogstraße
Kreuzstr.
Holzmarkt
Okerstraße
Reichsstr.
Kornmarkt
Kommissstr.
Gr. Zimmerhof
Löwenstr.
Schlossplatz
Stadtmarkt
Krambuden
Mühlenstr.
Kanzleistraße
Klosterstr.
Lange Herzogstraße
Brauergildenstr.
Neue Straße
Rosenwall
Stobenstr.
Schiffwall
Leibnizstraße
Lessingstraße
Hospitalstr.
Jägerstraße
Rosenmüllerstr.
Dr.-H.-Jasper-Str.
Schützenstraße
1
2
3
4
6
7
8
9
10
11
12
13
14
15
16
17
18
19
20

Wilhelm Raabes „Stopfkuchen": Versuch einer Annäherung, ein literarischer Spaziergang in Wolfenbüttel

ZU FÜSSEN DES BRONZENEN NATHAN GESAGT

Meine Damen und Herren, ich bin dankbar dafür, dass einige aus Ihrer Besuchergruppe meiner Einladung gefolgt sind, und so begrüße ich Sie. Zunächst schulde ich Ihnen eine Erklärung darüber, warum ich das Nathan-Standbild zu unserem Treffpunkt erwählt habe. Wie ich meine, durfte ich Sie nicht einfach aus der Nähe Lessings wegrufen, und ich wollte, dass wir uns hier an dieser Stelle sammeln (in des Wortes doppelter Bedeutung). Vor Ihnen steht also die vielleicht bekannteste literarische Gestalt Lessings. Schauen Sie ihn an, wie er in Bronze gegossen, wenn schon nicht für die Ewigkeit, so doch für eine unabsehbare Zeit gedacht, hier aufgestellt ist, erhöht natürlich, aus der Lebenssphäre von uns anderen herausgehoben.
Sehen Sie seine Mimik: Er spricht zu uns, ruhig aber bestimmt. Und sehen Sie seine Gestik: Wohl hält er seinen rechten Arm nach unten von sich weggestreckt, doch nicht so, als wollte er uns zurückweisen; die Hand ist weit geöffnet, sie scheint etwas aufgedeckt zu haben, das nunmehr offen zutage liegt. Mit der Linken greift er den Saum des über die Schulter geschlagenen Gewandes und zieht es über seinem gestrafften Körper fest. Diese Gebärden haben für mich etwas gewaltlos Entschiedenes, auch Abschließendes, als steckte in ihnen der Verweis auf ein Resultat, das sich aus einem Gedankengang ergibt, eine jedermann einleuchtende und dennoch überraschende Einsicht. Sehen Sie den Ausdruck von Klarheit in dem verhaltenen Lächeln, aus dem die Helligkeit des Gedankens spricht. Gewinnend wird er uns anderen angetragen. Gleichwohl vom Sockel herab, auf den ihn, den Künder allgültiger Humanität, ein bildungsbeflissenes Bürgertum gestellt wünschte, das ihn ja auch in den Schulkanon überführt hat. Mit der bürgerlichen Gesellschaft werden wir es nachher noch zu tun

bekommen. Ich möchte Ihnen aus dem Schluss eines Lessing-Essays etwas vorlesen: *„... wenn rücksichtsloser Mut im Geistigen und der volle Selbsteinsatz eines Mannes in jede einzelne Phase seiner Arbeit, wenn der entsagungsvolle Kleinkrieg eines großen, umfassenden Menschen gegen die kleinlich-allmächtigen Übel der Zeit, wenn Gerechtigkeit des Herzens, Güte, Hilfsbereitschaft und die unbedingte, unkorrumpierbare Reinheit einer Sach- und Lebensführung, wenn stets erneut gelassenes Jasagen zum Leben und zum Augenblick trotz tiefer Freudlosigkeit und schwerster Schicksalseinbrüche, wenn endlich das warmherzige Verteidigen der Geistigkeit des Menschen gegen seine Tiernatur und Massenleidenschaft einen Deutschen zum Vorbild deutscher Jugend machen kann, ist Lessing heute von den praeceptores germaniae* [Lehrern für Deutschland] *der wichtigste.* (...) *Wie ein Leuchtturm steht die Gestalt am Horizonte, im Dunkel der Zeit die Blicke, dankbare und zuversichtliche, all derer auf sich ziehend, die in einer so bestialisierten Menschheit und Deutschheit nicht leben können und möchten (...) Heute marschiert die Gewalt auf, der Geist wird erschlagen. Es war einmal anders: lasst uns arbeiten, damit es wieder einmal anders werde."*
Meine Damen und Herren, das ist im Jahre 1924 gesagt, von einem Juden, von Arnold Zweig, dem Autor des Romans *„Erziehung vor Verdun"*. Ich wiederhole: das so Gesagte stammt aus dem Jahre 1924. Sie alle wissen, was danach kam, dass also Zweigs Aufforderung, es wieder anders werden zu lassen, von den Tatsachen auf das brutalste widerrufen worden ist. De facto auch hier am Ort; nur wenige Straßen weiter gibt es eine Gedenkstätte. Ich weiß nun nicht, ob die *„Tiernatur"* und die *„Massenleidenschaft"* des Menschen überhaupt widerlegbar sind. Der Zusammenbruch der humanen Welt, den Zweig und manche von uns inzwischen erlebt haben, ist viel radikaler, beim Worte genommen: bis an die Wurzeln des Menschseins greifend; Nathans, des Juden Versöhnung der Gegensätze nur noch der Traum von einem Menschen, dessen *„Gerechtigkeit des Herzens, Güte, Hilfsbereitschaft und die unbedingte, unkorrumpierbare Reinheit einer Sach- und Lebensführung"* nur Traum, der über

den *„kleinlich-allmächtigen Übel(n)“* nicht nur der damaligen Zeit schwebt.

Lassen Sie uns nun gehen. Der Versuch, uns *Stopfkuchen* anzunähern, hat bereits begonnen.

WILLKOMMEN WELCOME BIENVENUE

Kommen Sie, wir machen einen kleinen Umweg. Der soll uns ein wenig auf Abstand bringen und nun doch auch der Stadt ihr Recht lassen, wahrgenommen zu werden. *„... langsam! Nur nicht zu hastig.“* Das rät uns Heinrich Schaumann, genannt Stopfkuchen, und seine Frau, die Valentine Quakatz, will es von ihm gelernt haben, *„dass wir für alles Zeit haben. Dass wir für alles die Zeit abwarten können“*. Wie das heute klingt! Wie aus einer sehr anderen Welt gesagt. Sollte heißen: v o n einer anderen her, von der Idylle her, die Schaumann für sich und sein Tinchen geschaffen hat. Denn so ganz anders war die übrige Welt ja wohl nicht, dass wir nicht auch heute noch erschrecken könnten.

Wie dem auch sei, wenn wir jetzt parallel zum Zeughaus der Straße folgen (die den Schlossplatz mit ihrem Getöse und Gestank mittendurch zerschneidet) und uns gleich hinter dem Gebäude links halten, können wir rechter Hand das Haus sehen, in welchem Lessing und Eva König vor ihrem letzten Umzug (ins heute so genannte Lessinghaus) gelebt haben. Ein Stückchen weiter passieren wir die Stelle (heute ein Neubau), wo Leibniz sein Haus hatte. Wohl bemerkt: Domizile der berühmtesten Bibliothekare der berühmten Bibliothek. Aber auch andere Gehobene oder Hohe Hofbedienstete hatten hier ihr repräsentatives Unterkommen. Wir wollen jedoch zum Schiffwall. Der Wortteil „wall“, der in Straßennamen der Stadt häufiger vorkommt, erinnert an die seinerzeit bedeutenden Festungsanlagen, während das Bestimmungswort „Schiff“ uns natürlich ans Wasser verweist, Gelegenheit zu der Bemerkung, dass es die alte Festungsstadt überhaupt mit dem Wasser hatte, dem Wasser der mal so mal so verzweigten und gelenkten Oker. Beim Schloss, einstmals ein Wasserschloss, haben Sie es sehen können. Ein kleines Stück nach rechts jetzt, und wenn Sie auf der Brücke sind, schauen Sie bitte wiederum nach rechts. Was Sie dort sehen, nennt sich

<u>KleinVenedig</u> (Plan Nr. 7). Es ist der letzte Rest einer der wenigen erhaltenen Grachten, von holländischen Städtebauern im späten 16. Jahrhundert angelegt.

Übrigens: Heinrich Schaumann (S c h a u mann!) hatte es auch mit dem Wasser, und das beileibe nicht zu knapp. Am Rande seines erhöhten Standorts, der Roten Schanze (die wir noch kennenlernen müssen) stehend (nicht gerade seine bevorzugte Körperhaltung), weist er seinem Besucher Eduard (den wir auch erst noch kennenlernen müssen) die nähere (wo wir uns jetzt befinden) und weitere Umgebung und erklärt: „Zwischen der Trias und der Kreide nichts als Wasser". So steht er also da auf seiner Schanze, steht wie auf einem Mittelpunkt der Welt, und rings um ihn herum nichts als Wasser, gerade noch, dass (vermutlich) der Brocken in südlicher Ferne seinen bläulich schimmernden Kegel daraus erheben kann. Über dem Eingang des Hauses auf der Schanze aber kann Eduard Worte aus Genesis 8, 15/16 finden: „Da redete Gott mit Noah und sprach: Gehe aus dem Kasten". Wiederholt kommt Schaumann in seinem Erzählen darauf zurück. Es sei sein Lebensmotto, sagt er. Was nun solch ein Kasten außer der Arche noch sein kann, werden wir schon bald vorgeführt bekommen. Lassen Sie uns weitergehen. Wenn wir uns gleich wieder rechts halten, stoßen wir am Ende der kurzen Mühlenstraße (die natürlich an Wassermühlen erinnert; eine neuzeitliche können Sie hier gegenuber ja gerade noch sehen), stoßen wir also linker Hand auf die Lange Herzogstraße, in die wir am ältesten Steinhaus der Stadt vorbei die mannigfaltigen Fachwerkfassaden entlang einen Blick hineinwerfen können. Dann wenden wir uns aber nach rechts und befinden uns nach ein paar Schritten inmitten der

<u>Krambuden</u> (Plan Nr. 6). Die verwinkelte Struktur dieses Bezirkes ist darauf zurückzuführen, dass zur Verteidigung der inneren Residenz es nur handeltreibenden Krämern (daher Krambuden) erlaubt wurde, Verkaufsstände auf einer Laden-Brückenstraße aufzubauen, die bei kriegerischen Handlungen sofort niedergerissen werden konnten.

Die militärische Funktion Wolfenbüttels als Festung brachte es mit sich, dass die Stadt wiederholt Belagerungen und Eroberungen ausgesetzt war. So auch während des Siebenjährigen Krieges (1756-63), in dessen Verlauf das Herzogtum als Bündnispartner Preußens mehrfach Eroberungszüge französisch-sächsischer Truppen über sich ergehen lassen musste. Ein wichtiger Truppenführer war auf französischer Seite der Prinz Franz August Xaver von Sachsen. Teile seiner Truppe bombardierten von den Schanzen aus die Stadt. Über dieses historische Faktum treffen wir uns wieder mit Heinrich Schaumann, der eine in der Mauer des Elternhauses steckengebliebene Kanonenkugel als persönliche Botschaft des Prinzen an ihn interpretierte, als die Einladung nämlich, die Rote Schanze zu „erobern". Der Kuriosität halber sei hier angemerkt, dass die Bevölkerung herumliegende Kanonenkugeln an die Besatzer abliefern musste. Das war 1761. Über hundert Jahre später setzt Schaumann zur Eroberung an, natürlich im Roman. Darauf werden wir einzugehen haben. Jetzt kehren wir erst einmal um und biegen ein paar Schritte zurück nach rechts in den *Stadtmarkt (Plan Nr. 8). Er wurde nach 1600 geschaffen, nachdem hier ein morastiger See trockengelegt war. Das Rathaus befindet sich in einem 1602 gerade fertig gestellten Bürgerhaus. Das folgende Haus ist die 1609 erbaute Ratswaage zur Kontrolle der Maße und Gewichte. Die angrenzenden Häuser sind ehemalige Bürgerhäuser aus dem 17. Jahrhundert.*

Bitte, bevor wir jetzt den Platz überqueren, schauen Sie erst noch nach links in die *Kanzleistraße (Plan Nr.10).* Die hat natürlich ihren Namen von der Herzoglichen Kanzlei, und jedem fällt sogleich das Gebäude dort in der rechten Straßenzeile ins Auge. Kein Wunder, seine an einen italienischen Palazzo erinnernde Architektur hebt es deutlich aus seiner Umgebung heraus, obwohl es durch Umbau im 19ten Jahrhundert Einbußen erlitten hat. Entstanden war es in seiner ursprünglichen Gestalt Ende des 16ten Jahrhunderts, der Baumeister ein Holländer. Heute befindet sich in den Räumen die Abteilung Ur- und Frühgeschichte des Braunschweigischen Landesmuseums. Ja, und damit stoßen wir schon wieder mit Heinrich Schaumann zusammen. Wenn er sich nämlich aufs Urzeitliche bezieht (Sie erinnern sich: *„Zwischen der Trias und der Kreide ..."*), hat er doch dafür auch was vorzuweisen. Auch er nennt ein „Museum" sein eigen, das bestückt ist mit urzeitlichen Knochen, ihm zugeführt von aufgeworfenem Erdboden seiner Schanze. Wir lernen ihn im Hinblick darauf tatsächlich als einen „Gelehrten“ kennen: denn mit keiner geringeren Einstufung, liebevoll vorgetragen, überrascht Frau Valentine Schaumann, geborene Quakatz, den Besucher Eduard und mit dem zusammen auch uns. Und von ihm, dem Paläontologen selber, erfahren wir etwas von einer *„Abhandlung über das Mammut und seine Beziehungen zu der Roten Schanze, dem Prinzen Xaver von Sachsen und dem Bauer Andreas Quakatz* [da haben wir endlich auch Tinchens Vater] *nebst angehängtem Exkurs über das Megatherium* [Riesenfaultier]*“. „Wer weiß“,* sagt der Gelehrte in ironischer Selbstbezüglichkeit seinem Besucher, *„ob das Riesenfaultier ihr* [seinem Tinchen] *nicht noch den Kranz der Unsterblichkeit auf die (...) die Locken drückt!“* So steht es also mit den beiden, und ich will Ihnen verraten: Hier ist einem Bilde vorgearbeitet, das wir uns für den Schluss aufheben wollen. Sie denken jetzt vielleicht, wir haben es mit einer Liebesgeschichte zu tun. Das stimmt nicht. Der Urheber nennt den Roman eine *„See- und Mordgeschichte“,* und das klingt doch sehr anders. Wir haben noch allerhand abzuklären. Gehen wir weiter. Den Herzog August der Jüngere und sein Pferd (N.N.), die ja, wie Sie bemerken werden, beide recht nachdenklich von ihrem Sockel heruntersehen oder auch sinnend vor sich hinblicken, wollen wir nicht stören. Auch Schaumann hatte wohl mit den Herzögen nichts weiter im Sinn, mit ihnen nicht (statt ihrer mit dem Prinzen Xaverius und dem Alten Fritz) und überhaupt mit den Leuten hier unten in der Stadt (von der Schanze aus gesehen) nicht. Da haben wir noch nachzufragen. Sehen Sie, am gegenüberliegenden Ende des Platzes befindet sich rechts in seiner Schmalseite ein Durchgang. Den müssen wir noch passieren, dann gelangen wir, vorbei an einem Ausläufer Klein Venedigs, zur

Kommisse *(Plan Nr. 18). Sie wurde 1588 als Mühle errichtet. Bald darauf wurde daraus ein Herzogliches Verkaufsmagazin für Lebensmittel und ein Spiel- und Hochzeitshaus. 1705 bis 1879 befand sich in dem Haus die alte Lateinschule, die Hochfürstliche Große Schule.* Meine Damen und Herren, wir sind an unserem ersten Ziel angelangt.

DER BRADYPUS

Das Adjektiv „bradys" ist griechisch und deckt so etwa das Bedeutungsfeld „langsam, schwerfällig, träge" ab. Wie Sie also bemerken werden, stehen wir jetzt vor einem Gymnasium, das heißt, wir stünden davor, wenn es noch die Zeit der beiden Schüler Eduard und Heinrich wäre. Das muss vor das Jahr 1879 gedacht werden, denn danach ist die „Große" oder „Hohe Schule" umgezogen. Auch ihr Zögling Raabe war dann ja schon lange kein Schüler mehr. Versetzen wir uns also zurück in die Schulzeit der beiden oben Genannten. Vielleicht gelingt es unserer Phantasie, wenigstens von ferne uns das Gebrummel und Gegrummel und Gesummse zu Gehör zu bringen (uns damit zugleich der Lautmalerei Raabes annähernd) und altgymnasiale Atmosphäre zu erschnuppern. So sollten wir wissen, dass „Bradypus" eine Zusammensetzung ist, die „brady(s)" zum Bestimmungswort hat und der Zoologie zum Ordnen dient. Diese nämlich benennt damit ein Lebewesen, das uns dem Namen nach als „Faultier" geläufig ist. Soviel sei vorausgeschickt, weil wir Eduard und seinen Mitschülern (Heinrich Schaumann müssen wir dabei außen vor lassen) an Bildung gleichziehen wollen. Für alles, was nun folgt, ist das wichtig. An herausragender Stelle kommt da die Ansprache des Pädagogen und Oberlehrers Doktor Blechhammer (!) zu stehen. Sie wird vermutlich den Schülern in zahllosen Wiederholungen dargeboten worden sein, und daher ist es wohl nicht zu viel verlangt, wenn wir sie uns auch einmal anhören. Sie geht so: *„Seht ihn euch an, ihr anderen, den Schaumann, das Faultier. Da sitzt er wieder auf der faulen Bank, der Schaumann, wie der Bradypus, das Faultier. Hat fahle Haare, wie welkes Laub, vier Backenzähne. Klettert langsam in eine andere Klasse – wollt sagen: klettert auf einen Baum, auf dem es bleibt, bis es das letzte Blatt abgefressen hat […] Und dem soll man klassische Bildung und Geschmack an den Wissenschaften und Verständnis für die Alten beibringen."* Das sei vorweg gesagt: In diesem Zitat haben wir die komplette Außenansicht Heinrich Schaumanns, genannt „Stopfkuchen". Wenn wir auch zu einer abweichenden, vielleicht sogar (das hoffe ich) gegensätzlichen Bewertung kommen werden, der Doktor Blechhammer sei gleichwohl bedankt für die Anregungen, die uns seine Ansprache vermittelt. Eigentlich müssten Sie die Rede dieses Pädagogen wirklich h ö r e n, damit Sie den Hautgout aus Lust am Niedermachen, aus Lust an der Vernichtung des Wehrlosen herausschmecken können, dieses Ätzende. Hier nun haben wir den Dicken als das Opfer, auf das der Hammer beißender Verspottung niederfährt; und der ihn schwingt, der Dr. Blechhammer, heimst den Beifall „der anderen", der Mitschüler Schaumanns, ein. Wir sind am Kern: Stopfkuchen und die anderen.

Fragen an den Herrn Pädagogen und Doktor Blechhammer.

Was verstehen Sie, Herr Doktor, unter „Klassischer Bildung"? Welchen Nutzen sehen Sie im „Verständnis der Alten"? Welche Bedeutung hat das eine, hat das andere, wenn in ihnen der Satz „Die Würde des Menschen ist unantastbar" gar nicht vorkommt? Und wenn Schaumanns Kameraden den Dicken, den (wie Sie wissen) *„auf seinen Füßen Schwachen"* von ihren Spielen, von ihren jugendlichen Abenteuern ausgrenzten und *„unter der Hecke liegen ließen"*, hatten Sie nichts dazu zu sagen? War denn gar nichts in der Mottenkiste Ihrer Bildungsvorstellung, was Sie davon abhalten konnte, sich zum Komplizen der „anderen" zu machen?

Warum lässt der Autor geschehen, dass „die anderen" den Heinrich „Stopfkuchen" nennen?

(Ein vielleicht nicht überflüssiger Exkurs). Für die Antwort besteht eine kleine Schwierigkeit; der Begriff hat nämlich eine durchaus positive Bedeutung. Fragen wir im Wörterbuch der Brüder Grimm nach; dort steht: *reststück von kuchenteig, in welches die übriggebliebenen rosinen, butter- und zuckermengen hinein gestopft werden.* Ich möchte nun den unter „den anderen" sehen, der sich danach nicht die Lippen leckt. Insofern sollte der Name doch etwas Versöhnliches haben. Gleichwohl fungiert er im Roman als Beschimpfung eines Kameraden, den man sich als sehr dick vorzustellen hat, als einen, der an Beweglichkeit nicht mithalten kann und den die „anderen" deshalb *„unter der Hecke liegen"* lassen. (Dieses Bildes bedient sich der Ausgegrenzte häufiger und spielt damit auch auf die Umhegung der Schanze an). Die Vorstellung körperlicher Unförmigkeit kann nur an der Teilbedeutung „stopfen" im Sinne von ungezügelter Gefräßigkeit haften. Heinrich wäre in dieser Hinsicht als eine abstoßende Erscheinung zu denken, die obendrein noch abstoßende Essgewohnheiten zeigt. Nun ist es aber so, dass er auf uns Leser wie auch auf seinen Besucher keinesfalls abstoßend wirkt. Zwar tritt seine Beleibtheit wiederholt zutage, sie wird aber überspielt von einer Art Behäbigkeit, die viel mit Behagen zu tun hat (dieser Ausdruck wird öfter gebraucht), ja, in diesem Behagen aufgehoben ist und Züge eines fülligen inneren Reichtums annimmt. Hiermit treffen wir auf eine eher symbolische Bedeutung der Heinrichschen Korpulenz. Eduard drückt sie so aus: *„Endlich doch einmal ein Mensch, der ein vorgesetztes Ziel erreicht hat, ohne dass es ihn nach dem Anlangen enttäuscht hat"*; genauer hören wir es von Stopfkuchen selber, wenn er sagt, dass *„wir* [er und Tinchen] *hier an des Herrn Prinzen von Sachsen Wallböschung der endlich gewonnenen Freiheit, wirklich Mensch sein zu dürfen, uns erfreuen"*, und an anderer Stelle: *„... den ihr Stopfkuchen nanntet. Er hat wenigstens ganz und gar nach seiner Natur gelebt, hat getan und hat gelassen, was er tun oder was er lassen musste"* und dass doch *„etwas Vernünftiges dabei herausgekommen"* sei. Dieses Vernünftige ist die Rote Schanze, Stopfkuchens Antwort auf seine und seines Tinchens Ausgrenzung, nämlich was er aus ihr gemacht hat. Ein Loblied auf das Füllig-Runde wäre hier angebracht; wir müssen es uns leider versagen.

Raabe hat aber auch seinen Roman „Stopfkuchen" genannt. Aus Sympathie für die von ihm erfundene Figur? Die hat sie wie auch die anderen Ausnahmemenschen in seinem Werk. Man kann aber noch etwas anderes vermuten: Da Raabe zur Zeit der Abfassung dieses Romans glaubte, er werde sein Letzter sein, sollte dieser noch aufnehmen, was in einem analogen Sinne *übriggeblieben* war, im Laufe seines Arbeitslebens Liegengebliebenes, gleichwohl ihm Wichtiges. Ob diese Vermutung zutrifft? Ich weiß es nicht, aber sie hat etwas für sich.

Noch eine überfällige Auskunft: Wer ist Eduard?

Er ist der Besucher, durch dessen Niederschrift wir von Stopfkuchen und seinem Handeln erfahren, also auch vom Bauer Quakatz und dessen Tochter und vom Briefboten Störzer (auf den wir bald kommen werden), desgleichen von einem, der Kienbaum heißt, ja, und am

Rande von den „Philistern", welche die Stadt Wolfenbüttel bevölkern. Eduard hat auch zu verantworten, dass der Autor den Roman eine *Seegeschichte* untertitelt hat. Denn die fiktive Niederschrift entsteht während der Heimreise im Schiff. Von dieser Seereise erfahren wir allerdings nicht viel, denn der Schreiber sitzt die meiste Zeit in der Kajüte an seinem Manuskript. Als Südafrikaner (Stopfkuchen nennt ihn mal den *„dürren Afrikaner"*, was sich nicht nur auf seine andersartige Körperlichkeit zu beziehen braucht), also, obwohl er Südafrikaner ist, hat er rein äußerlich eine gewisse Ähnlichkeit mit jenem Eduard, den Goethe am Anfang seiner „Wahlverwandtschaften" einen reichen Baron nennt; denn auch unser Eduard besitzt ein Gut (eine Farm) und hält vermutlich einem Vergleich mit den Zuckerbaronen der Wolfenbütteler Gegend stand. Er war, wie wir wissen, ein Mitschüler Heinrichs, und deshalb soll dieser jetzt etwas über ihn sagen: Den *„biedern Heinrich Schaumann hast du jenerzeit auch nicht gefunden, sondern ihn nur mit den übrigen von uns als Stopfkuchen unter der Hecke belassen (...) bei dem Bauern Quakatz und seinem verwilderten, zerzausten Kätzchen (...) Ich kann es nur immer wieder von neuem wiederholen, Eduard: ihr habt mich verkannt, die Schätze in meinem Busen lagen euch, offen gesagt, dummen Jungen viel zu tief ..."* Und nun hören Sie bitte noch das Folgende an: Sich auf die Rote Schanze und deren Bewohner (insbesondere der Bewohnerin) beziehend fährt er nämlich fort: *„...da erklang die Zauberharfe, da griffen die Geister der Roten Schanze hinein und entlockten ihr die Töne, welche euch europäischen gezähmten Eseln, Affen und Rhinozerossen, so das Fürstliche Gymnasium alle Nachmittage um vier aus dem Kulturpferch herausließ, auf – wie ihr es freundlich ausdrücktet – auf kompletten Blödsinn hinzudeuten schienen. O Eduard ..."*. Ja, meine Damen und Herren, da haben Sie ihn und die Schule wieder, da haben Sie die ganze Situation. Anschließend beschreibt Stopfkuchen seinen, wenn Sie mir das folgende Wortungetüm erlauben, Anti-Blechhammer-Bildungsgang, der natürlich ganz und gar nicht auf den Bahnen des Schulkanons entlang führte. Was dabei herausgekommen ist, davon werden wir noch mehr erfahren.

Die Schar der Stadtbesucher erregt sich.

„Wann kommen wir denn nun endlich zur Roten Schanze?" wollen einige wissen. „Wer ist denn dieses zerzauste Kätzchen?" fragt eine Teilnehmerin. „Ja, und überhaupt dieser Quakatz! Auch schon wieder so ein schrecklicher Name." ruft einer. „Sie können doch so einen Fettkloß nicht als Standbild aufstellen!" moniert ein anderer. „Was ist eigentlich mit dem Mord, wo bleibt der denn?" fährt jetzt einer dazwischen. „Ja, der Mord! der Mord! Wo bleibt der Mord?" fallen mehrere ein, und schon herrscht ein ziemliches Stimmengewirr, eine nahezu aggressive Unruhe. „Was geht uns eigentlich dieser Fettkloß an?" dringt eine männlich-kräftige Stimme durch, hinter der sich vermutlich eine sportliche Figur würde entdecken lassen. Und da nun dieser Einwand, wie sich dem jäh abfallenden Geräuschpegel abspüren lässt, nicht ohne Resonanz bleibt, fügt ihm der schlanke Rufer gleich noch etwas an: „Also, wir damals in meiner Schule ... hätten wir etwa mit solch einem vollgestopften Vielfraß herumschleichen sollen? Nee, bloß immerzu warten, bis so einer sich bequemt?" Und in das Murmelgemisch aus Zustimmung und Widerspruch verschafft ein anderer seinem Unwillen recht unwirsch Luft: „Wozu stehen wir denn eigentlich hier noch herum?"

Ein rettender Gedanke.

„Meine Damen ... meine Herren ... bitte ... bitte, beruhigen Sie sich. Ich mache Ihnen einen Vorschlag!" Tatsächlich, einige Ruhe-Rufer springen mir aus der Gruppe zur Seite; und so kann ich, zumal mir in diesem Augenblick ein rettender Einfall beschert wird, mit sicherer, mit führungsgewohnter Stimme neu ansetzen: „Meine Damen, meine Herren ..., uns hier gegenüber befindet sich ein Café. Sie haben es sicherlich schon bemerkt. Wie wär's, wenn wir uns hinüberbegäben und uns dort hineinsetzten? Wir können dort das Weitere gewiss in Ruhe, auf jeden Fall besser als hier draußen besprechen." – „Das ist in der Tat der erste vernünftige Gedanke, den ich heute zu hören bekomme", ermuntert die männlich-kräftige Stimme von vorhin, und um seiner Ermunterung noch eine passende Unterstützung zu geben, fügt er, in versöhnlichem Ton jetzt an mich gewendet, hinzu: „Ich bin sicher, Ihrem dicken Freund

Stopfkuchen wäre das auch lieber." Nachdem er mit dieser einfühlsamen Bemerkung einige Lacher auf seine Seite gebracht hat, lockert sich unser Pulk auf und setzt sich in einzelnen Grüppchen der angegebenen Richtung folgend in Bewegung.

INTERMEZZO: (AUSSER)-PLAN-GEMÄSS

Meine Damen und Herren, bevor wir uns ins Zentrum der *Mordgeschichte* begeben („Hört hört!"), müssen wir uns vergewissern, wo es überhaupt liegt. Ich meine natürlich das Zentrum im topographischen Sinne. Im Hinblick darauf finden Sie mich nun in keiner geringen Verlegenheit. Fragen wir Herrn Eduard, der es ja wissen muss, weil er immerhin ja dort seinen Besuch abgestattet hat, und fragen wir Herrn Schaumann, der dort schließlich als Eroberer aufgetreten ist und als Besatzer Ordnung in die nicht gerade zum Besten stehenden Dinge gebracht hat, so erhalten wir von beiden die einhellige Auskunft: In der Roten Schanze. Na, gut, denken wir. Nun kommen aber andere, die die Mordgeschichte gelesen und sich mit unserer Frage beschäftigt haben, und behaupten, mit der „Roten" könne der Erzeuger und Ziehvater unserer beiden Gewährsleute nur die „Weiße Schanze" gemeint haben. Beide gibt und gab es, müssen Sie wissen. Sie liegen sich weit von einander entfernt ziemlich gegenüber, die Stadt zwischen sich. Wir fragen uns: Wie kann denn einer eine Schanze die „Rote" nennen, wenn er die „Weiße" meint? Um Argumente ist es nicht gut bestellt. Die „Weißen" (eine Mehrheitspartei) sagen, Herr Eduard habe seinen Weg zur Schanze so beschrieben, dass man noch heute erinnerte topographische Gegebenheiten damit identifizieren kann, und der führe nun mal zur Weißen Schanze. Die Frage, warum sie dann nicht so im Roman benannt wird, klammern sie aus und sagen, das wisse allein der Autor. Die „Roten" (eine klägliche Minderheitspartei, der man kaum mal begegnet) beziehen sich auf eine von den Weißen gern übersehene oder unterdrückte Tatsache, dass nämlich folgende präzise Angabe des Herrn Eduard sich keinesfalls auf die Weiße Schanze beziehen könne. Diese Angabe lautet etwa so: Er, Eduard, habe die beiden [Heinrich und Tinchen] bei seiner Abfahrt vom Wolfenbütteler Bahnhof nach eineinhalb Fahrminuten noch einmal als *„winzige Figürchen auf dem Walle der Roten Schanze"* gesehen. Das kann nun kaum die Weiße Schanze gewesen sein, denn diese liegt und lag zum Bahnhof so, dass Eduard die beiden (damals natürlich) viel eher von dort hätte sehen müssen als eineinhalb Minuten später. Anders stellt sich die Sachlage dar, wenn man an die Lage der Roten Schanze denkt, nur hätte unser Gewährsmann dann die falsche Fahrtrichtung gewählt, in die Richtung nach Schöppenstedt statt nach Braunschweig, wo der Zug nach Hamburg auf ihn wartet. Sie sehen, dass wir so zu keiner Entscheidung kommen. Nun gibt es noch einen Weg, den bisher noch keiner gegangen ist, den ich aber mit Ihnen gehen will. Es ist der Weg unwiderlegbarer Evidenz. Ich zeige Ihnen dazu ein Bild, eine Zeichnung von 1912:

Erwarten Sie nicht, dass Sie diesen Anblick heute noch haben können. Es gibt ihn nicht mehr; Vorder- und Mittelgrund sind bis über den Hügel und die Schanze hinaus zugebaut. Ich gestehe Ihnen: Wenn nicht „Die Weiße Schanze" unter der Zeichnung stünde, würde ich sofort sagen: Das ist sie! Die „Rote" nämlich. Das ist genau die Situation. Über die sollten wir uns jetzt einiges anhören. So sagt Eduard, *„... dass er* [Stopfkuchen] *weit draußen im Felde wohnte"*, und Valentine Schaumann, das ehemals zerzauste Kätzchen (vorhin fragte jemand nach ihr), erläutert: „[um] *in Sicherheit da auf dem Walle zu sitzen und (...) die Stadt und die bösen Blicke und bösen Worte und das Geflüster und Gucken (...) unter sich zu haben"*. Sehr anders drückt das allerdings Schaumann selber aus: *„Bombardieren werde ich noch mal vom ihm* [dem Wall der Schanze] *aus das Philistertum da unten"*. „Da unten", bitte, lassen Sie mich das sagen, das sind sozusagen wir hier. Philistertum, das meint geistige Enge, dünkelhafte Borniertheit, ein Spießertum, das jeden eigenständig denkenden und handelnden Mitmenschen zum outcast macht. Hören Sie Schaumann weiter: *„Da sitzen sie nun auf ihren Bockstühlen (...) und haben keine Ahnung davon, von welcher Höhe aus Stopfkuchen sie betrachtet* [und sich] *der endlich gewonnenen Freiheit, wirklich Mensch sein zu dürfen,* [erfreut]". Das ist schon starker Tobak. Man weiß nicht so recht, ob in solcher Äußerung nicht auch etwas Philiströses steckt.

Ich sagte vorhin beim Blick auf die Zeichnung: „Das ist sie“, und ich denke, dass es gar nicht wichtig ist, ob da nun „Rote Schanze“ oder „Weiße Schanze“ drunter steht. „Das ist sie“ meint nicht die äußere Übereinstimmung von Namen und lokaler Tatsächlichkeit, sondern eine innere von erzähltem Raum und erzählter Figur. Das Abgehobensein der Schanze auf dem Bild, dieses Auf-sich-hin-Abgeschlossensein beschreibt im Roman die Daseinsweise des einen Menschen, um den allein es geht, der sich selbst lebt, indem er die Ausgrenzung d u r c h „die anderen“ in tätige Unabhängigkeit v o n den anderen umformuliert. Und so hat das Gerundete auf dem Bild seine Entsprechung in dem Auf-sich-zu-Gerundetsein der Stopfkuchen-Figur, in der souveränen Ruhe ihrer Rundheit. Wenn Sie den von weit hergereisten Eduard daneben halten: Wie blass erscheint er doch, nahezu gewichtslos; seine südafrikanische Herkunft verdünnt sich angesichts dessen, was ihm sein letzter Besuchstag in der Heimat seiner Kindheit offenbar macht. Er war eben einer der „anderen“.
Nun ist die Schanzenwelt nicht ohne Aggressivität, also nicht in einem absoluten Sinne in sich gerundet und gesättigt, und ist ihre Ruhe keineswegs eine statische. Ihre Aggressivität ist indessen Antwort auf Aggressionen, die von außen gegen sie gerichtet sind und sich in dem Gerücht von einem Mord versteckt halten. Der liegt lange zurück, geschah lange vor Stopfkuchens Eroberung der Schanze. Wir haben ja schon gehört, dass es um den Bauern auf der Schanze nicht geheuer war. Damals nun war der Viehhändler Kienbaum erschlagen aufgefunden worden, und da man keinen Mörder hatte, konnt's eigentlich nur der Quakatz, den man sowieso nicht mochte, gewesen sein. Wenn diesem auch nichts nachzuweisen war, avancierte er dennoch zum Mordbauern, wurde er, zusammen mit dem zerzausten Kätzchen, ausgegrenzt und von den „anderen“ mit Steinen beworfen, der Bauernhof auf der Schanze zur Quakatzenburg. Ja, und dann kam er, der ebenfalls ausgegrenzte Stopfkuchen, durchbrach als einziger die Mauer der Verfemung und eroberte die geächtete Quakatzenburg, indem er sie im Sinne von Menschlichkeit und Gerechtigkeit veränderte.
Meine Damen und Herren, damit haben wir uns nun bis ins Innere der Schanze, dem gesuchten Zentrum, vorgearbeitet, und zwar unabhängig

davon, ob es in Wirklichkeit die „Rote“ ist oder die „Weiße“. Ich gebe zu: allzu flüchtig nur und ziemlich eilig, also ganz und gar im Widerspruch zu der uns bekannten Schaumannschen Devise : *„… langsam! Nur nicht zu hastig“.* Ich kann und will Ihnen jedoch die Lektüre des Romans und seine „Magie der Langsamkeit“ (wie Romano Guardini gesagt hat) nicht ersparen. Wer sich ihr verweigert, versteht Stopfkuchen nicht. Jetzt bitte ich Sie, sich noch einmal der Schanze auf der Zeichnung zuzuwenden. Was wir bisher, verkürzt nur, wahrgenommen haben, ist deren Außenseite, ihre aggressive Abgewandtheit, nicht zu unrecht, denn schließlich wurden Schanzen in der Regel auf Abwehr hin konzipiert. Diese quasi natürliche Seite hat nun in unserem Falle ein Komplement, auf das sich Stopfkuchen in seinem ausgreifenden Erzählen wiederholt bezieht, man darf vielleicht sogar sagen: dessen er sich, den umständlichen Erzählablauf unterbrechend, wiederholt versichert, so als solle es von der Rede, von deren Inhalt, nicht aufgestört oder gar zerstört werden. Dieses Komplement ist die Idylle. Ein Hügel, wie Sie ihn ja deutlich auf der Zeichnung vor sich sehen, ist schon im Altertum bevorzugter Idyllenort gewesen; er grenzt einen oftmals heiligen Platz heraus, wir wollen sagen: einen beruhigten Raum, in welchem anderes zur Geltung kommen kann, als was sich drum herum im lärmenden Getriebe der Menschen tut. Ein beruhigter Raum: Dieser ist in unserem Falle das Werk des Eroberers Stopfkuchen; und Valentine Quakatz, das ehemals zerzauste Kätzchen und jetzt seine gesetzte und ihn mit vollem Verständnis begleitende Frau, bezeugt es vor dem Besucher Eduard. Ein niederländischer Literarhistoriker (Herman Meyer) hat das einmal so zusammengefasst: „Der Krampf hat sich gelöst und seelischer Gesundheit und Lebensbehagen Platz gemacht. Das ist der Sinn von Stopfkuchens Eroberung der Roten Schanze.“ Gewiss, aber es bleibt ein unausgesprochener Rest, dem wir uns nicht verschließen wollen: Die Rede muss hier von dem Sich-Zurückziehen sein, von der Einsicht, dass nunmehr an die Stelle der Ausgrenzung von außen die Abgrenzung von innen getreten ist. Nur in der Abkapselung wollen sich Befriedung und Menschlichkeit, und, wagen wir es zu sagen, Freiheit und Glück verwirklichen lassen. Aber die Idylle, die Stopfkuchen gegen die Gesellschaft geschaffen hat, ist nun mal seine Antwort. Und wenn Sie den Roman lesen, werden sie deutlich zu spüren bekommen, wie sehr sie, die Idylle der Roten Schanze, Ausdruck der Souveränität Stopfkuchens ist. Eine bemerkenswerte Konsequenz sei noch gestreift, das ist die Souveränität, die sich Stopfkuchen in seiner Isolation im Umgang mit der Zeit geschaffen hat. Der Idyllenort „Rote Schanze" hat gewissermaßen seine eigene Zeit. Ich denke hier jetzt nicht an den tätigen Kontakt, den der „gelehrte" Stopfkuchen mit Zeugnissen der Vorzeit pflegt (und für den es einen realen Bezug zum Weichbild von Stadt und Schanze gibt); ich denke auch nicht an sein immer wieder bezeugtes Interesse am Prinzen Xaver von Sachsen, dessen während des Siebenjährigen Krieges in die Stadt gesandte und im Gemäuer des elterlichen Hauses steckengebliebene Kanonenkugel für ihn zum Ruf nach der Roten Schanze wurde – all das, was sich durchaus abhebt von dem „kleinlichen Gegenwartsgewirre" (Meyer), gehört dazu –, ich denke jedoch an das, was sich hinter der von Valentine vermittelten Äußerung: *„Dass wir für alles die Zeit abwarten können",* verborgen hielt. Seine Äußerung ist eben nicht nur Rede, sondern meint die Tat. Ihr werden wir in der letzten Etappe unseres Spazierganges nachgehen müssen.

FÜNFMAL RUND UM DIE ERDE

Wir kennen inzwischen zwar den Mord, wir kennen aber noch nicht den Mörder. Indessen bin ich Ihnen zunächst noch eine Erklärung schuldig. Sie wundern sich sicherlich, warum ich Sie nicht zur Schanze führe. Dazu sei gesagt: Von der realen „Roten" (in Linden) finden Sie gerade noch eine (zum Teil überbaute) eher verwirrende Terrassierung des Geländes, die zwar irgendwie mit der ehemaligen Schanze zu tun hat, in der sich jedoch die Situation, wie wir sie besprochen haben, überhaupt nicht darstellen lässt. Anders steht es mit der „Weißen", zu der wir uns ja auch bekannt haben. Wenn Sie beim Bahnhof über die Bahn hinweg geradeaus weitergehen, stoßen Sie nach einiger Zeit rechter Hand auf eine Straße, die den Namen „An der Weißen Schanze" trägt. Folgen Sie ihr solange, bis Sie auf der linken Seite ein auffällig gewelltzerklüftetes Geländestück sehen, das sich unter einem schütteren Baumbestand befindet. Durch den hindurch können Sie auf der Höhe Häuser entdecken. Kurz: Sie stehen jetzt vor der ehemaligen „Weißen Schanze". Da rings herum Straßenzüge ihre Häuserzeilen gezogen haben (es sind zumeist einzeln stehende Häuser), finden Sie auch hier die Situation, auf die es uns ankam, eher nur noch von fern abgebildet. Verstehen Sie bitte von daher, warum ich Sie nicht eigens dorthin geführt habe. Ein Besuch dort mag jedem überlassen bleiben. Eine Kuriosität verlangt allerdings noch erwähnt zu werden. Kurz vor der Straße „An der Weißen Schanze" geht ebenfalls nach rechts eine kurze Sackgasse ab. Ein leicht aus dem Lot geratenes Straßenschild trägt den Namen „Stopfkuchen". Dieses Schild wirkt hingestellt wie zum Vergessen, so, als wolle sich darin die Ausgrenzung dieses erfundenen Mitbürgers zeigen.

Meine Damen und Herren, ich bitte Sie jetzt, wieder mit mir zu kommen. Wir wenden uns draußen vor dem Café nach rechts, um zum Kohlmarkt und damit zur Hauptkirche zu gelangen.

Haupt- und Marienkirche (Plan Nr. 12). Mit dem ersten bedeutenden Kirchenbau des Protestantismus hat die Altstadt Wolfenbüttels (Heinrichstadt) ihre überragende Dominante erhalten: Beatae Mariae Virginis. Der Bau wurde 1608 begonnen. Bis zu seinem Tode hat hier der bekannte Hofkapellmeister Michael Praetorius gewirkt. Er ist in ihr begraben, wie es auch Mitglieder des Herzoghauses sind.

Bewegten wir uns auf Wilhelm Raabes Spuren, würden wir uns für das Eckhaus rechts der Kirche interessieren. Von dort nämlich führte er 1862 seine Braut in die Kirche, Da wir aber hinter Stopfkuchen her sind, der ja wie auch Eduard Raabe gar nicht gekannt hat, werfen wir statt dessen einen Blick nach links hinüber zu den Häusern hinter den Bäumen. Die Zeile prächtiger Häuser, die Sie dort sehen, ist die Reichsstraße.

Reichsstraße am Kornmarkt (Plan Nr. 11). Die prächtigen Hofbeamtenhäuser sind alle um 1600 beim Bau der „Heinrichstadt" entstanden. Unregelmäßige, auf den Erdboden herabgezogene Ausluchten und Erker, aufgesetzte Zwerchhäuser [quer zum Giebel aus dem Dach hervortretender Gebäudeteil] und vielfältiger Ornamentschmuck geben dieser Straße ihr besonderes Gepräge.

Wie Sie gehört haben, lebten hier Hofbeamte, mit Sicherheit die besser gestellten. Gleichwohl soll dort, laut Stopfkuchen, auch ein subalterner Beamter gewohnt haben, und zwar in einem alten schwarzen Haus, von dem die Leute sagten, es spuke darin, und Stopfkuchen fügt hinzu: *„… in dem alten Herrn auch“*. Der Mann heißt Schwartner, und es überrascht uns nicht, dass dieser alte Herr der alternative Lehrer Stopfkuchens ist, von dem dieser insbesondere in die Geschichte des Siebenjährigen Krieges eingeführt und mit Xaverius von Sachsen bekannt gemacht worden war. Man kann sagen: Was dem Stopfkuchen sein Schwartner, das war dem Eduard ein anderer Beamter, jedoch niederster Kategorie, nämlich der Landbriefträger Störzer. Zu dem wollen wir jetzt, und dazu müssen wir der sozialen Topographie der Stadt folgend hinabsteigen in das Viertel der „Kleinen Leute“. Lassen Sie uns hinten um die Kirche herumgehen. Vielleicht verhalten wir dort einen Moment, wo uns der Verkehr weniger stört, und nehmen uns die Zeit, einiges Notwendige über Störzer zu hören.

Er ist tot, erfährt Eduard bei seinem Besuch in der Heimatstadt. *„Volle einunddreißig Jahre ist er gelaufen“*, und die Herren von der Post haben es ihm *„postamtlich nachgerechnet (…) dass er hätte rund um die Erde herumgewesen sein können“*, und zwar: *„Fünfmal. Rund um den Erdball.“* Eduard, der Sohn eines Postrats, ist als Junge oft mit ihm mitgelaufen, und sie beide haben dabei viel über Afrika geredet, denn dieser *„treu(e) und redlich(e)“*, doch auch wieder recht einfältige Briefbote kannte Le Vaillants *(„Levalljangs“)* „Reisen in das Innere Afrikas“; und so wurde e r es (Störzer), der Eduard nach Afrika auf den Weg brachte; und so ist e r es, dessentwegen die Niederschrift in der Schiffskajüte auch erfolgt. Dem mitlaufenden Eduard ist nichts Besonderes dabei aufgefallen, dass Störzer ihn bei seinen Botengängen immer wieder mit der Post zur Roten Schanze hinaufgeschickt hat zum Bauern Andreas Quakatz, dem „Mordbauern“. Er weiß nicht, was passiert war, und alle anderen wissen es auch nicht. Eines Tages aber kommt Stopfkuchen dahinter, der von der Unschuld des gerade verstorbenen Bauern Quakatz überzeugt ist. Nun also weiß es außer dem Täter noch einer, und der sagt nichts. Dass es Störzer gewesen ist, der, vom Viehhändler Kienbaum immer und immer wieder mit Erniedrigungen gepeinigt, diesen schließlich mit einem ungezielt geworfenen Stein tödlich traf, das sollen sie jetzt, nach Störzers Tod, erfahren, die Herren Honoratioren nämlich vom Stammtisch und mit ihnen dann gleich das gesamte „ Philisterpack". Diese Leute sollen jetzt erfahren, dass sie einen Unschuldigen mit ihren Gerüchten und ihrem Geraune verfolgt und in die totale Isolation getrieben haben. Ja, und das nun bekommt Eduard am Tage seiner Abreise noch zu sehen: Niemand mit Ausnahme der engsten Angehörigen folgt der Leiche Störzers zum Friedhof.

Meine Damen und Herren, Stopfkuchen auf der Roten Schanze ist souverän genug, dass er die Zeit abwarten kann, ehe er es die „Philister" in der Stadt wissen lässt, welches Unrecht sie, wie sie nun einmal sind, einem Menschen angetan haben; und er ist auch souverän genug, über einen Totschläger zu schweigen, der zu klein war, als dass er den Mut gefunden hätte, für seine Tat einzustehen. Juristisch ist Stopfkuchens Verhalten zweifellos fragwürdig. Aber von woher will man den Maßstab nehmen, den man an einen solchen Ausnahmemenschen heranhalten kann? Sein Erzeuger gibt dem Leser des Romans durch diese Figur viel zu bedenken, und ich meine, auch heute zu bedenken. Der in seiner neuen Heimat anlandende Eduard stellt sich vor, wie bald Frau und Kinder ihn in Empfang nehmen werden, und dann steht da die Frage: *„Vader, wat hebt gij uns mitgebracht uit het Vaderland, aus dem Deutschland?"* Es ist dies der letzte Satz des Romans.

Wir machen jetzt noch, wie angekündigt, einen kleinen Rundgang durch das Viertel der Kleinen Leute.

Während die Harzstraße noch den soliden Wohlstand der handeltreibenden und arbeitenden Bewohner erkennen lässt, waren in den, die einstigen Festungswerke begrenzenden Straßen Krumme Straße, Lustgarten, Maurenstraße die sozial schwächeren Schichten angesiedelt. [Aus einem Stadtführer. Auf dem Plan unterhalb von Nr. 17].

Ich glaube, es ist jetzt auch gegeben, den Autor Raabe durch den fiktiven Erzähler Eduard diese Welt beschreiben zu lassen, wie er sie aus seinen Zeiten in Wolfenbüttel gekannt haben wird. Während wir also jetzt die Große Kirchstraße hinunter zur Krummen Straße gehen, nicht ohne dann einen Blick auch in die Maurenstraße und in den Lustgarten zu werfen, hören wir, wie er diese kleine Welt mit eigentümlichem Leben bevölkert: *„Dieser Wall, den einst der Prinz Xaverius von der Roten Schanze aus beschossen hatte, war jetzt in allerliebste Spaziergänge umgewandelt worden. Teile des früheren Stadtgrabens waren auch noch vorhanden, zu hübschen Teichen auseinandergezogen, umkränzt von Pappeln, Trauerweiden und Lustgebüsch.* [Wer Zeit und Lust hat, mag sich nach Nr. 16 (s. Plan) begeben, um sich anzusehen, was auch heute noch davon vorhanden ist.] *Es liefen vom Kern der Stadt Haupt- und Nebenstraßen auf diese Lustwege hinaus, und eine der Nebenstraßen führte gleich hinter den Baumreihen und dem Zierbuschwerk auch zu dem Viertel der „kleinen Leute". Wir nannten das zu meiner Zeit „Matthäi am letzten", und es hieß wohl auch noch so (...) Es gibt viele Unmündige in jenem durchaus nicht nach dem Muster größerer Städte unfreundlichen, unheimlichen Stadtteile, und sie befanden sich um diese liebe Abendstunde natürlich alle in den Gässchen und Sackgässchen. Vollkommene Rührung überkam mich nun, wie ich daran dachte, wie lange und doch wie kurz es her sei, dass auch ich, und zwar unter den Augen Störzers hier die Rinnsteine abgedämmt und den Leuten den Weg versperrt habe. Und noch immer standen die Mütter mit den Kleinsten auf dem Arm in den Haustüren, und noch immer roch es nach Eierkuchen und Ziegenställen, und noch immer wurde Salat gewaschen. Der symbolische Begleiter des Evangelisten Matthäus ist ja eigentlich ein recht schöner Engel, aber im Sankt-Matthäus-Viertel da war und da ist das nicht der Fall. Da ist es das Schwein, das Haupt-Segens- und -Glückstier des „kleinen Manns", und man hörte es behaglich grunzen aus einem nähern oder fernern Stall. Es roch auch wohl nach ihm; aber – mir sollte einer im Viertel Matthäi am letzten mit Kölnischem Wasser und dergleichen kommen, zumal in einer Zeit, wo auch die türkische Bohne noch blühte – rot, das schönste Rot der Erde – ein Wunder von Schönheit und Nutzbarkeit, wenn sie sich zwischen den Häusern des* *kleinen Manns über die Zäune hängt oder hinter denselben an ihren Stangen sich aufrankt. Man muss freilich eben für dies alles riechen, sehen und fühlen können."*

Wir sind am Ende unseres gemeinsamen Spaziergangs. In welcher Weise die Stadt die Erinnerung an diese bedeutsam-merkwürdige Romanfigur neben der an Nathan pflegen sollte, diese Frage möchte ich Ihnen mitgeben. Ich versprach Ihnen, ein Bild bis zum Schluss aufzuheben. Hier ist es: Aus seinem Zug, der mit *„schrille(m) Pfiff", „Zischen", „Schnaufen und Schnauben"* und einem *„immer beschleunigtere(n) Atemholen und Ächzen"* angefahren ist, blickt Eduard noch einmal zur Schanze hinauf. Und was sieht er? *„Es waren nur zwei helle Pünktchen, aber sie waren da in der sonnenhellen, grüngoldenen Heimatlandschaft. Er stand auf seinem Wall in seinem Sommerschlafrock und hatte sein Tinchen bei sich – ebenso sicher wie seine lange Philisterpfeife. Sicherlich auch hatte seine Frau ihren Arm in den seinigen geschoben …"* Ja, das ist er: Kein Weltverbesserer wie der andere neben dem Lessinghaus. (Er hält wohl nicht viel von den Menschen). Als die *„anderen"*, die unter dem *„Blechhammer"* Geschmiedeten, ihn *„liegen ließen"*, machte er sich auf den Weg zu sich selber auf der Schanze, wo er menschlich sein konnte zu dem vergrämten *„Mordbauern"* und dem *„verwilderten, zerzausten Kätzchen"* eine lebbare Welt schuf.

Gehen Sie jetzt hier weiter bis zum Harztorplatz. Wer zum Bahnhof will, wende sich nach links; die anderen finden geradeaus den Weg zurück zum Schlossplatz: wer sich rechts hält, gelangt wieder zum Kornmarkt und dann zum Stadtmarkt. Nun leben Sie wohl. Kommen Sie wieder, es gibt hier noch viel mehr zu sehen.

Sonne und Erde

Der Mensch fährt wieder einmal seine Runde
am frühen Morgen um den nahgeleg'nen See.
Die Sonne ist schon warm – trotz früher Stunde,
und strahlend gibt sie davon Kunde,
wie gut sie's meint – mit Mutter Erde ganz per se.

Die Erde nämlich schloss noch einmal ihre Poren,
die feuchten Stellen ihrer Haut wirken zu glatt.
Dagegen sieht man bei den Fahrradspuren
– es hatte in der Nacht gefroren –,
dass Mutter Erde dort jetzt manche Runzeln hat.

Doch selbst mit etwas struppig aufgestellten Haaren
mit deren eingeschrumpften Nebenhärchen
sieht man – an Bäumen und an dem, was Blätter waren -
die Mutter Erde offenbaren,
wie schön sie ist – auch ohne „Wintermärchen".

Und schon erlebt der Mensch auf seiner Fahrt zurück,
wie jetzt die Ahne Sonne ihre Tochter Mutter Erde
erlöst aus Nachtfrost-Starre, Stück für Stück.
Und dieses Menschen erdverbund'ner Blick
fand, was er suchte – dass sie nämlich werde

von sprödem winterlichem Charme
erneut erweckt zu weicheren Konturen.
Und Ahne Sonne mit dem ursprünglichen Warm
nahm nicht nur ihn in ihren Arm –
sie löste auf gefror'ne Fahrradspuren,

die allzu glatte und auch harte Haut
und auch das etwas steife Haar.
Der Mensch begrüßt jetzt, dass es wieder taut
und „seine" Erde wieder so ausschaut
und Wärme hat, wie sie vor Tagen schon mal war.

Der Mensch kommt fröhlich in sein Heim zurück
und schreibt es auf – sein „Sonne-mit der Erde-Glück".

Mit Dichtern und ohne Lorbeerkranz durch den Harz

Das 21. Jahrhundert ist erreicht, wir schreiben das Jahr 2005, Anfang Mai, beginnender Frühling. Eine Gruppe unternehmungslustiger Frauen beschloss im Winter vorm Kaminfeuer in gemütlicher Runde durch den Harz, der nunmehr über 15 Jahre wieder mitten in Deutschland liegt, hinunter in die malerischen Täler und hinauf auf den Brocken, den Berg der Deutschen, zu wandern.
Nun ist es soweit. Treffpunkt ist die Stadt Heinrich des Löwen am Parkplatz vor dem Hauptbahnhof. Vier reisen mit dem Zug aus Berlin und eine aus Hamburg an. Fröhlicher Empfang von den drei Freundinnen aus Braunschweig und Salzgitter: „Das Abenteuer kann beginnen!" Auf dem Parkplatz verstauen wir in unsere bereit stehenden Autos Rucksäcke und zünftige Wanderschuhe. Blicke zum grau-trüben Himmel, wie wird es da im Harz sein? Aufschub will niemand. Über die Autobahn 395 geht es schnell über Harzburg auf die B4 zum Parkplatz Torfhaus. Im Nationalparkhaus Altenau-Torfhaus fragen wir nach, wie das Wetter auf dem Brocken ausschaut. Die junge Frau telefoniert und strahlt uns an: „Es klart auf, Sie können rauf, der Goetheweg beginnt über die Straße links! Viel Spaß und erlebnisreiches Wandern!" Wir lachen: „Der Brocken ruft!"
Wir sind intellektuell und emotional nicht allein auf dem Wege, denn die Welt dieses rauen Mittelgebirges hat Dichter der Klassik, der Romantik und der Moderne angezogen und sie hinterließen ihre Spuren in der Natur und verdichteten ihre Erlebnisse zu poetischen Texten. Was war für die großen und weniger großen Geister so anziehend und was zieht die Menschen der modernen Wissensgesellschaft immer noch in dieses Zauberreich?
Wenden wir uns den Dichtern zu, allen voran Johann Wolfgang von Goethe (1749-1832). Wir finden, fast auf Schritt und Tritt Merktafeln, von den Nachgeborenen zur Erinnerung an ihn angebracht. Wir Frauen nennen ihn schließlich der Einfachheit halber: W.v.G! Drei

Reisen führten ihn im Auftrag des Herzogs von Weimar in den Harz. Als Minister hatte er die Bergleute und die Ausbeute in den Bergwerken zu überwachen. Also ein kontrollierender Auftrag. Aber er wäre nicht Goethe, wenn er die Welt des Harzes in ihrer öden Rauheit nicht für sich genutzt hätte. Die enge Welt in Weimar mit den langweiligen Alltagsaufgaben und die Ansprüche der höfischen Gesellschaft und der einfachen Menschen, die ihn kannten und von ihm Fürsprache und Hilfe in ihren Kümmernissen erwarteten, lähmte seine kreative Einbildungskraft. Deshalb brauchte er die großartige Natur in den damals noch unwegsamen Sümpfen, Wiesen und Wäldern mit dichtem Unterholz und wilden Bächen, Flüssen und Seen und grandiosen Felsen aus hartem Granit. Der sagenumwobene Brocken, mit 1142 Metern höchster Berg im Harz, der kein Gipfel, sondern eine stürmisch-windige Kuppe oder ein Plateau ist, hatte es ihm angetan. In nebliger Verhülltheit empfing er den erschöpften Wanderer. Es war und ist immer Glück, wenn die Wolkendecke über dem Brocken aufreißt, das strahlende Sonnenlicht den Himmel in glasklarer Bläue frei gibt und Berge, Städte und Dörfer ihm wie eine Perlenschnur zu Füßen liegen. Der Brocken ist doppelter Natur: dramatisch-finster und von wunderbarer Schönheit, nicht zuletzt wegen seiner viel gepriesenen Sonnenaufgänge und Sonnenuntergänge.

Für dichtende der Sprache mächtige Menschen und auch für schlichtere Gemüter vermittelt der Harz eine besondere Art der Befreiung und Freiheit tiefster Gefühle und Gedanken und regt die Fantasie an.

Goethe hielt seine Erlebnisse in Tagebucheinträgen und Briefen an seine Freundin Charlotte von Stein fest. Er zeichnete seine bildlichen Eindrücke und widmete sich seinen geologischen Studien, besonders des harten Granitgesteins in dem malerischen Bodetal und den Tiefen des Bergbaus, zu denen er mit kenntnisreicher und lebenslanger Erfahrung der Bergleute geführten Zugang hatte. In seinem Gedicht „Harzreise im Winter" verdichtete er seine Ende November 1776 gewagte abenteuerliche Reise allein zu Pferde in Schnee und eisiger Kälte. Motive und Symbole der Sprache erscheinen rätselhaft, geheimnisvoll und werden von ihm selbst „bizarr" genannt. Er lässt die Nachgeborenen

den Triumph auf dem Brocken-Plateau, den er „am 7. Dezember in der Mittagsstunde erreichte“ mit erleben – und wir Heutigen können seine Gefühle nachvollziehen, denn die Natur dieses Berges ist nur scheinbar gezähmt, auch wenn wir mit weniger Mühsal hinaufgelangen.
Wir wandern den Goethe-Weg gemächlich hinauf durch Fichtenwald. Der Waldboden wird von einem gitterartigen Betonüberzug bedeckt, Reste vom Krieg für den Transport mit Militärfahrzeugen. Wir durchqueren das große Torfhausmoor und staunen über kleine Birken und dunkelgrüne Torfmoose, vorjähriges dürres Wollgras und Ebereschen, die auf dem Quitschenberg zusammen mit Fichten wachsen. Auffallend sind die vielen abgestorbenen grauweißen Baumstämme, die ihre gebrochenen Äste gespenstisch herunterhängen lassen. Im Nationalpark wird wieder Naturwald entstehen. Nutzwald für den Bergbau wie vor zweihundert Jahren ist nicht mehr gefragt. Unseren Füßen tut jetzt der hölzerne Bohlenweg mit Treppenstufen gut. Lautes Pfeifen und Schnaufen – die Brockenbahn überholt uns. Fröhliche Menschen winken uns und wir grüßen freundlich zurück.
Die Kuppe des Brockens liegt vor uns – immer noch im nebligen Dunst. Wie weiland Goethe stehen wir nach knapp dreistündiger Wanderung mittags auf dem Brocken. Die dunkelgraue Düsternis mit der dicken Wolkendecke reißt auf. Die Sonne wärmt und wir schauen weit in die Landschaft des Harzes.
Wir besuchen das Brocken-Museum und lernen viel in der anschaulichen Darstellung der Natur über Fauna und Flora im Harz. Dann erreichen wir auch die Räume, die uns an das Ende des Zweiten Weltkrieges und die Eroberung des Brockens durch die amerikanischen Truppen am 20. April 1945 und die Dauerbesetzung durch sowjetische Soldaten und die totale Abgrenzung durch die Demarkationslinie durch ganz Deutschland ab 13. August 1961 erinnern. Wir stehen plötzlich vor einem „Mauerstück“, Ella sagt ganz erschrocken: „Wie die Mauer in Berlin…“ und Marita, die die DDR in der Hauptstadt Berlin erlebt und durchlitten hat, betrachtet das dahinter stehende Foto der russischen Soldaten: „Zu beneiden waren die auf diesem Berg bestimmt nicht. Niemand hat sich diese schreck-

liche Grenze wirklich vorstellen können und schließlich haben wir in Ost und West uns alle daran gewöhnt. Die Folgen sind noch lange nicht überwunden, auch wenn wir jetzt ein Deutschland sind."
Wir atmen frische Luft und gehen auf Goethes Bildnis zu und erinnern uns an den großen deutschen Dichter: Die Ausgeburten Goethes dichterischer Fantasie in seinem „Faust" zur Walpurgisnacht zwischen Schierke und Elend, auf dem Hexentanzplatz bei Thale und auf dem Brocken lassen uns schon beim Lesen, noch mehr im Theater und nun in der Natur den Atem anhalten. Was für eine Sprache, wenn er die jungen und alten Hexen mit Mephistopheles tanzen und Schabernack spielen lässt, und dazwischen der sterbliche Faust. Heute tanzen Hexen und Teufel in der Walpurgisnacht durch den ganzen Harz und von allen Seiten steigen abenteuerlustige Menschen den Berg hinauf. Ihre Blechkarossen bilden eine buntfarbene, metallene Schlange am Fuße des Brockens. Immer noch ist es so: „Der ganze Strudel strebt nach oben; du glaubst zu schieben und du wirst geschoben." Und das Schnäpschen „Schierker Feuerstein" verstärkt die Illusion der Wanderer.
Wir schauen ins Ilsetal. Vor uns ein großer Fels mit dem Heine-Bildnis und seinen Lebensdaten.
Abseits auf Steinen sitzend stillen wir unseren Hunger. Hannelore schaut nachdenklich in Richtung Heine-Weg: „Ich habe eben in meine Wanderkarte geschaut. Wir werden etwa 4-5 Stunden für die sicher sehr schöne Wanderstrecke benötigen." Gesine fügt hinzu: „Meine Füße schaffen das nicht mehr. Wohin fährt die Brockenbahn?" Alle gucken mich erwartungsvoll an, sie glauben, ich hätte den Harz mehrmals bereits zu Fuß durchwandert. Stimmt natürlich nicht. An der Bahnstation steht eine Schmalspurbahn, die Harzquerbahn. Ich frage eine der netten Schaffnerinnen, wir können bis zur Haltestelle Drei Annen-Hohne fahren. Hinein in die ehrwürdige, alte Brockenbahn! Die Schaffnerin kommt zum Kartenverkauf und bietet uns verschmitzt lächelnd aus ihrer Tasche Drinks an: „Wollen Se 'nen Bahnerschluck oder lieber ein' Heizerschluck, des hebt mit sofortiger Wirkung die Stimmung und des brauchen Se, weil Se noch weit zu laufen haben." Veronika sagt ganz trocken: „Ik kenn nur

Schierker Feuerstein," – „Ah", entgegnet die Bahnerin, „Sie sind wohl aus Berlin, leider is der Feuerstein ausgegangen." Wir nehmen vier Bahner – und vier Heizerschlucke, die nette Frau freut sich und gibt uns tolle Wandervorschläge. Nach dem Genuss des Harzer Gesöffs wollen alle von Heine hören und was der im Harz suchte.
Auch der Dichter Heinrich Heine (1797-1856) hatte innere Gründe, sich auf eine beschwerliche lange Wanderung zu Fuß durch den Harz zu begeben. Mit bissiger Ironie beschreibt er Göttingen und das ihn längst anödende Universitätsgebaren. Das Studium der Jurisprudenz mit seinen langweiligen Gesetzen und ewiger Auswendiglernerei hinderte ihn am Dichten. Auch ihm fehlte es an Inspiration. Die Stadt Goslar durchquerte er schnellen Fußes, sie hatte ihm nichts zu bieten. Er bewegte sich in seinem Denken und Schreiben zwischen Aufklärung und Vernunft, die oberstes Prinzip waren. Mit Ironie lässt er seine Leser an seinen Gedanken über Kant, das Christentum und die Vorzüge der Deutschen teilnehmen. Mit Inspiration und Gefühlen, die er zu schwärmerischen Beschreibungen nutzt, wird die Natur grandios und lieblich. Wir lassen uns nun leiten von dem romantischen Dichter:
Warme Sonnenstrahlen erheitern das Gemüt. Auch wir schauen die Tannen und Fichten mit den grünen Fingern und hören die Bäume rauschen. Aus dem Waldboden treiben auch für uns Wunderblumen. Die weißen Sterne der Buschwindröschen schmücken den Wald und erfreuen unser Herz. Munter springen wir über die Bächlein und geraten in das Reich der Prinzessinnen und Ritter, über uns ihre zu Ruinen verfallenen Burgen. Die Flüsse Bode, Selke und Ilse und Wasserfälle rauschen im lieblichen Gleichklang und unsere Einbildungskraft gaukelt uns das Völkchen der Wichtel und Zwerge vor.
Eine Brücke führt uns bei Thale über die Bode vorbei am Aufstieg zur plätschernden Schnurre. Uns zieht es zur Teufelsbrücke. Wir schauen staunend hinauf zur Rosstrappe. Da setzt doch wahrhaftig die edle Prinzessin Brunhilde auf ihrem starken weißen Ross über die Felsenschlucht zur Burg ihres Herzensprinzen. Sie sind in Liebe entbrannt. Der Riesenfürst Bodo aus dem hohen Norden ist wahnsinnig vor Eifersucht. Auf seinem Rappen reitet er ihr in Windeseile nach und

springt zu kurz! Reiter und Pferd stürzen in die Schlucht. Vorbei der Spuk, nun bloß nicht noch tanzende Hexen!
In Thale überschreiten wir Frauen wieder eine hölzerne Brücke und genießen in dem rustikalen Restaurant des Hotels „Bodeblick“ am Hexenstieg gelegen ein köstliches Mahl.
Gestärkt wandern wir durch das kleine Städtchen Thale und werden Heine eine Weile untreu, um uns nun dem märkischen Dichter Theodor Fontane (1819-1898) und der traurigen Geschichte seiner Cécile zuzuwenden. Aus den Gesprächen der Hauptpersonen entwickelte Fontane gesellschaftskritische Betrachtungen seiner Zeit und zeigte uns die seelische Verfassung der jungen Cécile. Für uns ist aber die sehr genaue Beschreibung bereits bei der Ankunft von Cécile und ihrem Gatten aus Berlin auf dem Bahnhof in Thale wichtig. Wir finden den Kurpark und die Hotels „Hubertusbad“, „Waldkater“ und einen Hinweis auf das Hotel „Zehnpfund“, in dem der Roman spielt. Auch die Felsen und die Natur um die Bode beschrieb der Dichter und er verwies auf Feueressen und Rauchsäulen einer Fabrik und damit auf die beginnende Industrialisierung. Sie sind noch heute zu erkennen.
An unserem Wege Richtung Blankenburg und der über dem Ort liegenden Burg Regenstein kommen wir an einem Café Fontane vorbei und durch das Dorf Heimburg. Die Familie von Heimburg aus dem deutschen Uradel hatte auch eine stolze Burg, in der ihre Vorfahren lebten und litten. Aber davon gibt es nur noch Reste auf einem Felsen über dem kleinen Ort.
Links oberhalb der Straße sehen wir die aufragenden Felsen der Teufelsmauer, die sich bis nach Böhmen ziehen. Hier ist Mischwald aufgeforstet. Das lichte zarte Maiengrün der Laubbäume und die frischen Zapfentriebe der Nadelbäume geben den Blick frei. Heine erlebte die Natur verzaubert und lieblich und wir nun auch: „Eichhörnchen ... klettern auf den Zweigen der Tannen. Allerliebst schießen die goldenen Sonnenlichter durch das dichte Tannengrün. Eine natürliche Treppe bilden die Baumwurzeln. Überall schwellende Moospolster. Liebliche Kühle und träumerisches Quellengemurmel. Vögel singen abgebrochene Sehnsuchtslaute, Bäume flüstern wie mit tausend Mädchenzungen“.

Wie wir bei unserem Aufstieg auf den Brocken, sah auch Heine, je höher es hinauf geht, desto kürzer und zwerghafter werden Tannen und Fichten. Granitblöcke bilden wunderliche Gruppen und erwecken in unserer Fantasie die Blocksberggeschichten von bösen Geistern und dem Herrn mit dem Pferdefuß samt seiner Hexenschar. Heine ließ sich beim Brockenwirt bei köstlichem Wein ein fulminantes Mahl gut schmecken. Für ihn war damals der Brocken ein „Deutscher". Mit deutscher Gründlichkeit zeigte er uns klar und deutlich, wie ein Riesenpanorama Städte, Dörfer, Berge, Wälder, Flüsse, Flächen unendlich weit dem Brocken zu Füßen lagen. Die Flüsse Bode, Selke und Ilse wurden für den Dichter und nun auch für uns zu Prinzessinnen, die Schönste ist die liebliche Ilse:

„Ich bin die Prinzessin Ilse
Und wohne im Ilsenstein;
Komm mit nach meinem Schlosse,
Wir wollen selig sein."

Mit den Augen des Dichters schauen wir den Granitblock des Ilsensteins und auf die an der Nordseite liegende Ilsenburg und den Flusslauf der Ilse und träumen die Sage von der lieblichen Prinzessin Ilse und ihrem Ritter von Westenburg und die Erfüllung ihrer Liebe.

Wir reißen uns aus unseren romantischen Gefühlen und stellen nun unsererseits ironisch fest, Heine hätte ganz tollen Kitsch verfasst, aber schön sei seine Sprache trotzdem. Eiligen Schrittes geht es nach Ilsenburg, wo wir den Bus nach Wernigerode erreichen. In einem historischen Fachwerkhaus-Hotel genießen wir Harzer Gastlichkeit und eine geruhsame Nacht. Am frühen Morgen fahren wir mit dem Bus über Darlingerode – Drübeck – Ilsenburg – Plessenburg – Drei-Annen-Hohne – Elbingerode. Das Wetter ist trüb und der Himmel bewölkt. Da laden uns die Berghöhlen, Baumannshöhle und Hermannshöhle, des Harzes ein. Neben der Bundesstraße 27 wandern wir auf einem Waldweg bis nach Rübeland, einem Harzjuwel im Bodetal, wie es uns in Wernigerode von der freundlichen Bedienung beim Frühstück genannt wurde.

Zwischen den beiden Tropfsteinhöhlen entscheiden wir uns für die Baumannshöhle. Bereits 1646 gab es Führungen durch diese Höhle. 1668 stellte Rudolf August, Herzog zu Braunschweig und Lüneburg diese wunderbare Höhle unter Schutz. Der berühmteste Gast war 1711 Zar Peter I., der Herrscher aller „Reußen". Goethe, der Dichterfürst aller Deutschen, besuchte sie auf seinen drei Reisen durch den Harz 1777, 1783 und 1784. Er hat sich von den bizarren Formen der Gebilde der Höhle inspirieren lassen. Uns regt sie an, sich Feen, Berggeister und Trolle vorzustellen.

Der große dänische Dichter Hans Christian Andersen (1805-1875), dessen 200. Geburtstag wir am 2. April 2005 feierten, wanderte auch im Harz. Er ließ sich von Städten, Dörfern und Bergen mit den Nebelgestalten der dunklen Fichtenbäume anregen. 1831 schrieb er eine Geschichte „Reiseschatten". Er erlebte die Dunkelheit im Bergbau des Rammelsberges unter Tage. Die Luft kam ihm sonderbar drückend vor und „der Bergwerksduft hatte für ihn Ähnlichkeit mit dem Duft, mit dem der Teufel sich parfümiert, wenn er einen Ort verlässt". Ihm fiel zu dem bedrückenden und einengenden Leben der Bergleute das abwechselungsreiche Leben des Seemanns seiner dänischen Heimat ein: „Mit geschwellten Segeln fliegt der Seemann von Küste zu Küste über das herrliche Meer und schaut vom Mastkorb in den unbegrenzten Raum zwischen Meer und Himmel." Hans Christian Andersen musste sehr erleichtert gewesen sein, als er dem Dunkel, nur durch das Grubenlicht erhellt, entronnen war und erfreute sich an der Sonne, die über die grünen Fichten schien und einen klaren Himmel frei gab. Wir kennen viele tiefsinnige Märchen des großen Dänen.

Miriam weiß, dass diese Märchen niemals mit dem üblichen „Es war einmal" beginnen, sondern immer direkt in das Geschehen hineinspringen und Leser oder Zuhörer jeden Alters in den Bann ziehen. Andersens Märchen spielen zwischen Wirklichkeit und Wahrheit des Lebens und dennoch in einer zauberischen Märchenwelt. Sie üben versteckte Kritik an seiner Zeit zwischen Prächtigkeit und Wohlleben am Königshof und in den Herrenhäusern und bitterer Armut der Menschen aus der unteren Gesellschaftsschicht.

Ella ist erstaunt, was wir heute aus den Märchen herausfinden. Für sie sei es mit der Geschichte „Reiseschatten" ganz ähnlich: „Der Dichter beobachtet auch im Bergwerk das harte Leben der Grubenarbeiter und mildert dieses dann ab, wenn er nach dem Ausstieg aus der Grube sich an der Natur erfreut." Wir werden sehr nachdenklich. Schließlich stellt Gesine fest: „Für mich sind diese Märchen immer nur wunderbare Geschichten mit einer versponnenen Traurigkeit gewesen. Durch den 200. Geburtstag von Hans Christian Andersen und unsere Wanderung erfahre ich nun, dieser dänische Dichter ist nicht nur Märchenerzähler, sondern hält seinen Zeitgenossen mutig den Spiegel vor." Die bizarren Formen der Stalagmiten, der vom Boden aufsteigenden Tropfsteinsäulen, und des Stalaktitengewölbes, der von oben abtropfenden Gebilde, im zauberischen roten, orangefarbenen oder grün bis violetten Licht werden zu Trollen und Riesen und lassen uns erschauern. Auch wir sind froh, als wir wieder unter freiem Himmel von der Sonne beschienen frei atmen.

Vor uns liegt noch eine lange Wegstrecke. Von Rübeland laufen wir einen Schlenker zum Rappbodestausee, außer Staumauer ist nichts los. Es gab hier mal ähnlich wie in Torfhaus Frittenbuden, Geschenke- und Postkarten- und Zeitungskioske. Zwei Leute treten aus dem Kiosk heraus und schauen uns verwundert an, winken uns mit einem Küchentuch zu: „Ohne Moos nix los! Das kennt ihr Wessis doch!" Weg sind sie und knallen die Tür zu.

Wieder zurück nach Rübeland: Wir verlassen die Straße und laufen auf weichem Wiesenboden durch den Wald. Über Elbingerode geht es nach Elend und Sorge. Hier ist die Grenze, die sich durch den Harz zog, noch nicht ganz von der Natur überwachsen. Erinnerungen werden wach an viele Fahrten über die Transitstrecke von Berlin nach West-Deutschland und die übergenauen Kontrollen und die nie vorhersehbaren Überraschungen an den Grenzen.

Schweigend wandern wir weiter und erreichen nach einer Stunde Braunlage. Ein ziviler Ort mit einer durchgehenden Straße. Cafés und Restaurants laden zum Verweilen ein. Unsere rundliche, gemütliche Marie-Luise erklärt kategorisch: „Wenn wir hier einkehren, werde ich mich nicht wieder vom Stuhl erheben können. Also weiter – marsch – marsch!" Wir verlassen das für uns ungastliche Harzstädtchen und legen uns, so lang wir sind, vom Wald sichtgeschützt auf den moosigen Teppich. „Tief einatmen – und – ausatmen, Arme beugt – Arme streckt und Beine beugen und strecken und schütteln!" kommandiert die sportliche Marita. Es tut wirklich gut.

„Waren das schon alle Dichter, die im Harz wanderten und sich inspirieren und ihre Fantasie anregen ließen?" Miriam ist literarisch interessiert und möchte niemanden auslassen.

Auch der Dichter Joseph von Eichendorff (1788-1857) wanderte im Harz und ließ sich von der Urtümlichkeit der rauen Landschaft anregen. Seine schlesische Heimat mit bergigen Laubwäldern erschien ihm lieblicher. In seinen schönen Gedichten, von denen wir viele als Lieder kennen, erleben wir ein „spätromantisches Bilderbuch". Vermutlich gibt es noch mehr Schriftsteller, die durch den Harz wanderten.

Interessant ist der moderne Schriftsteller Thomas Rosenlöcher (Jg. 1947) aus der ehemaligen DDR. Sein kritisches Buch „Die verkauften Pflastersteine, Dresdner Tagebuch", machte ihn auch in den alten Bundesländern bekannt. Mittlerweile ist dieses Buch zu einem literarischen Geschichtsprotokoll geworden. In seiner Erzählung „Die Wiederentdeckung des Gehens beim Wandern – Harzreise" lässt er den Leser in einer witzigen Sprache an seiner Entdeckung westlichen Lebens in der Auseinandersetzung mit seinen Erfahrungen in der DDR teilnehmen. Er braucht die Wildnis des ganzen Harzes, um nach der deutschen friedlichen Revolution sich mit der Veränderung zurechtzufinden und will zu Fuß durch den Harz wie die Dichter, die es vor ihm taten. „Es war der 1. Juli 1990. Die Deutsche Mark war eingeführt worden und stand, von den Bewohnern Dresdens, mit Freudenfeuerwerk empfangen, tatsächlich in Form eines riesigen Mondes über den Häuserblocks." So beginnt seine ironisch – satirische Geschichte.

Seit Wochen redete er davon, dass er für ein paar Tage durch den Harz wandern gehen wollte, um wenigstens andeutungsweise wieder Gedichte schreiben zu können wie es sich für Dichter gehört. Seine Frau fühlte sich so genervt, dass sie ihn weckte und ihn unerbittlich hinaus in den Harz beförderte. Er hatte sich vorgenommen nur gehend zu wandern und kein einziges Vehikel zum Fahren zu benutzen. Er fand in dem ersten Jahr nach dem einigen Deutschland keine Herberge, die ihn aufnahm und schlief in den dunklen Nächten im rauen Harzwald und wurde wie vor ihm Heine von heftigen Träumen geplagt. Er nimmt seine Leser wie der Geheime Rat mit in seine Geschichten hinein und alle erleben dann „den Anstieg von Völkermassen aus Ossis und Wessis auf den Brocken ... Die Russen waren hinter dem Drahtzaun soeben dabei, ihr Weltreich abzureißen. Klägliche Ziegelbaracken, in denen die Soldaten sommers wie winters hausten und Offiziere allein oder zu zweit im Gelände, ihre Zigaretten rauchend. Und starr geradeaus schauten, um in dieser äußerst schwierigen Lage, den Überblick zu behalten; von flachen Mützen getellert wie für die Ewigkeit. Doch draußen standen die Deutschen und fotografierten heimlich und schienen gerade jetzt, vor diesem Russenzaun, so etwas wie eine Nation zu sein."

Thomas Rosenlöcher hinkte vom Brocken mit schmerzenden Füßen bis Torfhaus. Er fiel durch sein merkwürdiges Gehen beim Wandern auf. Aus einer Motorradgruppe sprach ihn einer an: „Du bist aber alle!"

Da das stimmte, konnte er nicht widerstehen und schwang sich auf Anweisung des schwarz Behelmten auf den Rücksitz. Er sagte: „Nach Goslar!" und erlebte diese westdeutsche Stadt im Fußballtaumel und begriff nur langsam, was hier vor sich ging. In einem winzigen Zimmer übergab er sich mit seinen schmerzenden Gliedern und wirren Gedanken und Gefühlen der Nacht. Mit der Wiederentdeckung des Gehens beim Wandern in den rauen Wäldern des Harzes fand Thomas Rosenlöcher wie seine großen Dichterkollegen zu sich selbst und kämpfte nun nicht mehr mit dem Tatbestand, dass es „Ossis oder Wessis" gab, sondern fand zur Kunst des Dichtens zurück.

„Wirklich sehr eindrucksvoll," stellt Marita fest, „leider habe ich ihn bisher nicht entdeckt, aber ich werde seine Bücher bestimmt lesen. Nun wollen wir sein ein einzig Volk von Brüdern ..."

„Nun lässt du es auch noch „schillern", der war nun nicht in den dunklen Wäldern des Harzes und auf dem Berg der Deutschen, aber er war der Dichter und Denker der Freiheit! Er hat uns auch im 21. Jahrhundert noch viel zu sagen," schulmeistert Miriam. Unsere beiden hinkenden Geherinnen beim Wandern fordern ein fahrbares Vehikel. Bis zur Haltestelle Bus 120 Oderbrück reichen ihre Kräfte noch. In

Torfhaus warten unsere beiden roten Golfs auf uns. „Rucksäcke ab und Wanderstiefel aus! Meine Füße dampfen!" Gesine ist ganz verzweifelt und erhält von allen Lob für ihr tapferes Durchhalten.
Ich verspreche noch eine Überraschung. Kurz vor Bad Harzburg biege ich rechts auf einen Parkplatz und Miriam folgt mir. Ich führe die leicht angeschlagenen Wanderinnen in ein schönes Café. Wir laben uns an frischen Waffeln mit Kirschen, Vanilleeis und Sahne und aufmunterndem Kaffee oder Tee. Begeistert fassen wir die Anregungen der Dichter, die uns auf unserer Wanderung durch die Natur und Orte des Harzes begleiteten, zusammen.
Die freundliche Bedienung sieht uns verwundert an: „Von so vielen Dichtern im Harz habe ich noch nie gehört, stimmt das denn nun wirklich?" „Was denken Sie denn, das können wir doch nicht einfach so behaupten, wir haben recherchiert, wie es bei Literaten heißt." Wir reden heftig durcheinander und sie zieht sich kopfschüttelnd zurück.
Über die Autobahn erreichen wir mit beschleunigtem Tempo Braunschweig. Noch 15 Minuten Zeit bis zur Abfahrt des ICE nach Berlin, den die vier Hauptstädterinnen unbedingt noch erreichen wollen. Unsere Hanseatin bleibt noch ein paar Tage in der Löwenstadt.
Wir sind uns einig, es waren zwei erlebnisreiche, geistreiche Tage: Auch unsere Harzreise bleibt „Fragment mit vielen bunten Fäden, hübsch hineingesponnen und plötzlich abgeschnitten." Deshalb werden auch wir wieder wandern und das Gebirge der Deutschen ergründen.

Literaturverzeichnis

Andersen, Jens: Hans Christian Andersen, eine Biographie. In Deutschland auf die Knie, S.175 ff., Frankfurt/M.; Leipzig: Insel 2005

Andersen, Hans Christian: Märchen und Historien, 4 Bände. Frankfurt/M.: Ellermann 1966

von Eichendorff, Joseph: Werke: Lyrik-Prosa-Drama. Hamburg: Hoffmann und Campe Verlag 1965?

Fontane, Theodor: Cécile. Stuttgart: Philipp Reclam jun. 1982

von Goethe, Johann Wolfgang: München, 1981, Hamburger Ausgabe 14 Bände dtv, Band 1 Gedichte und Epen, S. 50 und 392 ff. Band 3, Faust I. Teil, S. 121 ff.

Heine, Heinrich: Die Harzreise. Stuttgart: Philipp Reclam jun. 2003

Hubrich-Messow, Gundula: Sagen und Märchen aus dem Harz. Husum 6/2001, Druck- und Verlagsgesellschaft

Müller, Horst: Auf den Spuren der schönsten Harzsagen. Quedlinburg 2004, Q-Druck GmbH

Richter, Wolfram: Der Brocken – ein deutscher Berg. Clausthal-Zellerfeld, 2004, Piepersche Druckerei und Verlag GmbH

Rosenlöcher, Thomas: Die Wiederentdeckung des Gehens beim Wandern. Harzreise. Frankfurt/M. 1991, Suhrkamp

Als die Bilder laufen lernten oder Auf nach Salzdahlum!

ANTON ULRICH

„So öd", kam eine Stimme von der linken Wand, „öd, öd, öd!"
„Was ist denn nun schon wieder? Ständig hast du etwas zu meckern."
„Weg, ich muss hier weg, einfach nur weg!"
„Zugegeben, wir haben schon mehr Publikum gehabt."
„Und, wenn es gestattet ist sich einzumischen, hochkarätiger Natur, mit Verlaub!" Das war der vornehme Herr von Rubens, gleich gegenüber. Er erhielt Beifall.
„Genau, genau, genau! Wir haben mehr verdient. Eingesperrt sind wir. Hinaus soll´s gehen. Zur Freiheit. Freiheit. Freiheit. Ins Auge des Betrachters."
„Langsam, junger Freund. Wir müssen strategisch vorgehen. Ein solcher Schritt will wohl bedacht werden."
„Okay, okay, okay! Bedenkt es ruhig, bedenkt – aber bedenkt: ich bin dabei."
„Wenn wir wirklich eine Flucht erwägen wollen, kömmt nur ein Datum deretwegen in Betracht".
„Wieso wir?"
„Natürlich werde ich euch begleiten, meine Herren."
„Aber der Kopf, liebe Judith, der bleibt hier!"
„Der gehört ebenso zu mir wie die Alte – entweder wir alle oder gar nicht. Und prophezeit sei euch: Ihr werdet mich brauchen."
„Lass' gut sein, Mädchen", krächzte die Alte. „Ich bleibe. Ich werde noch in einem anderen Bild gebraucht."
„Schweigt still", schallte es von gegenüber in diesen verschwörerischen Dialog, „der Aufseher naht mit leisem Schritte!"
Und mit schmatzendem Geräusch, möchte man ergänzen. Denn Dieter – die Bilder nannten ihren Lieblingsaufseher mit Vornamen – genoss seine Mittagspause mit einer Stulle wie immer bei seinen besten Freunden. Und weil die Einsamkeit des Museumswärters

grenzenlos ist, deklamierte er vor sich hin, bis sich die Krumen im Schnurrbart verfingen. Dass er nichts aus den Augen lasse. Dass er mit den Bildern lebe. Dass er als ihr Bewahrer selbst Teil des großen Erbes Anton Ulrichs sei. Deshalb zitierte er ihn gern, meist allerdings falsch: „Wenn du die Kunst ernährst“ (jetzt biss er wieder in die Stulle), „so gibt die Kunst dir Raum!“

„Ruhm“, korrigierte Christian aufgebracht, „Ruhm, Ruhm, Ruhm!“

Als Dieter wie üblich ins Suppenkoma fiel, hatte sich der Trupp formiert. Der Marchese Ambrogio Spinola, den sie Spy nannten, vorweg, gefolgt vom ungestümen Christian, dem tollen Halberstädter, weil … aber das ist eine andere Geschichte. Weiter der Maler Lucas van Leyden, der Kaufmann Cyriacus Kale und der Kunstsammler Uffel, der feine Herr von Rubens im schwarzen Samt, das behalskrauste Ehepaar vom Rembrandt, das sich so sehr mochte, dass der Künstler dafür zwei Leinwände benutze (auf eine gemeinsam wollten sie nicht und sich anschweigen konnten sie auch gut); natürlich war Judith mit Holofernes dabei oder genauer: mit einem Teil von ihm. Schließlich Francois und Magdalena mit den drei Kindern (die das Volk als Rembrandts Familie bezeichnet, was sie nicht ist) und Cranachs erste Menschen, seit einem halben Jahrtausend splitternackt, aber immer noch knackig.

ADAM UND EVA

Der 6. Februar war in jenem Jahr, von dem hier berichtet wird, ein Sonntag. Und wie jeden Sonntag vor Rosenmontag fand in der närrischen Hochburg Niedersachsens der große Karnevalsumzug statt. Ob es einfach nur Glück oder Kalkulation, Zufall oder Absicht war, ließ sich hinterher nicht mehr entscheiden – doch dies war der Moment und die Chance des Aufbruchs, der Tag, an dem die Bilder laufen lernten. Eine 16-köpfige, seltsam, kaum oder gar nicht bekleidete Personengruppe machte sich auf den Weg, der das Ziel sein sollte. Denn einen wirklichen Fluchtpunkt gab es nicht. Man wollte nur ausbrechen. Die verschlossene und bewachte Enge war allen zuviel geworden. Sie wollten sich zeigen, denn das war ihre Bestimmung, sie brauchten Publikum – und wenn es nicht zu ihnen kam oder vordringen konnte, weil allzu beflissene Museumsleute dies trotz Kulturhauptstadtfieber zu verhindern wussten, dann musste man eben selbst sein Publikum suchen. Und so zog die Gruppe zunächst recht ziellos umher, bis einer – es soll der Stratege Spinola gewesen sein – das Paulinerkloster anpeilte. Dort habe er immerhin auch Goethe getroffen (oder der ihn), meinte er zu Christian. „Goethe? Wer ist Goethe? Meine Goethe!“

Der Schlosspark war in jenen Tagen schon Teilbaustelle. Dort sollte ein Kaufhaus entstehen. Event-Shopping-Center. Konsum als Erlebnis. Emotionalisierung des Vertriebs (Vertrieb kommt von vertreiben). Cyriacus Kale zeigte sich dennoch interessiert. Selbst in der Handelswelt seiner Londoner Metropole kannte man so etwas nicht. Noch dazu mit einer derart imposanten Verkleidung versehen, die zum übrigen Baustil gar nicht recht passen wollte. Aber auch er war schließlich – was die Mode anging – nicht auf der Höhe der Zeit. Adam und Eva war dies egal, sie begannen zu frösteln. Obgleich es endlich einmal wieder anlässlich des großen Umzugs ein sonniger Tag war, kamen die Temperaturen doch nur wenig über Null Grad. So schmiegte sich das Paar aus dem Fränkischen eng aneinander, was ihm trotz der närrischen Zeit empörte Blicke einhandelte. Am Ritterbrunnen endete der Park, aber die Menschenmengen waren hier so groß, dass ein Durchkommen unmöglich schien. „Haltet ein“, rief van Uffel in Richtung des Feldmarschalls: „Lasset uns hier ein wenig verweilen – solch Publikum war nie!“. Spy klärte den Kunstbeflissenen auf, dass das Spektakulum kaum ihnen gelten mochte und mahnte zum Fortschritt. Christian indessen hatte von Passanten ein Getränk gereicht bekommen und registrierte mit großer Freude, dass dies im wahrsten Wortsinn ein Ritterbrunnen war.

Als der voran marschierende Spy an der Kreuzung Stein- und Bohlweg im Stillen durchzählte, fehlten zwei. Er bemerkte, wie ungefähr 500 Fuß retour Adam und Eva von seltsam uniformierten Gestalten der Weg versperrt wurde; gleichwohl gaben sie den beiden Decken, in die sie sich einhüllen konnten, und weil er froh war, sie jetzt in gewärmter

Obhut zu wissen, ließ er es geschehen. Er ahnte nicht, dass er sie niemals wiedersehen würde. Die Begrifflichkeit des Erregens öffentlichen Ärgernisses hatte in seinem Vokabular keinen Platz. Als die Gruppe vor einem riesigen Schatzhaus zum Stehen kam, an welches sich ein Porzellanhandel anschloss, wurde Spy gewahr, dass das Paulinerkloster, welches dereinst seine Heimstatt bildete, verschwunden war. Der Mosthof, kam es ihm in den Sinn: „Auf zur Burg!"

LUCAS VAN UFFEL

Die ehemalige Burg Dankwarderode war 250 Jahre zuvor als Mosthof Aufbewahrungsort der Kunstwerke aus dem Schloss Salzdahlum, bevor man sie ins Paulinerkloster verbrachte. Man erreichte den Burgplatz durch eine Straßenflucht und über den Rufhäutchenplatz, indem man quasi das Schatzhaus umrundete. Und noch während der Feldherr über die Werte nachdachte, die dieses Bankgebäude wohl behütete (und vielleicht hing er auch dem Gedanken nach, wie man jene Schätze zur Mehrung des eigenen Vermögens – und selbstverständlich auch der spanischen Krone – befreien könnte), standen sie auf dem Platz, der in der Mitte von dem Bronze-Löwen auf einem Sockel beherrscht wurde. Er hatte Reisende davon reden hören, sich jedoch dessen natürliche Wahrheit so nicht vorgestellt.

Hier war es ruhiger, mit einer Ausnahme: Zwei einheimische Kultur-Originale, der Galerist und der Magister. Der eine groß, gesund, behäbig und buntkravattig, der andere kleiner, aber wortgewaltig, mit Fliege und Schal. Sie hatten sich, als sie unserer Reisegesellschaft gewahr wurden, aus einem Disput zwischen dem Unternehmer und dem Bildhauer abgewandt, die abseits einer Pappsäule über Banalitäten stritten (so jedenfalls erschien es Uffel, und der verstand etwas davon). Der Magister war PR-Profi und erkannte sofort die Schlagzeile: „Gemälde auf der Flucht! Landesmuseum gewährt Obdach!" Seiner Konkurrenz blieben nicht nur die Besucher aus, jetzt rannten ihr sogar die Kabinettsmitglieder weg. „Ihr habt die vornehmste Kunstanstalt des Landes verlassen", sagte der leitende Direktor, den wir hier der Einfachheit halber mal M.A. abkürzen. „Kommt zu mir!"

Weil er alles über die Braunschweiger Herzöge wusste, konnte er nicht an sich halten, sein Magisterwissen über unsere kleine Reisegesellschaft auszuschütten (vermutlich würde man dies später unter Ziffer 1538 seiner gesammelten Vorlesungen in seinem Publikationsverzeichnis aufgelistet finden): „Christian ist ein Ritter, ein Räuberhauptmann, ein Fürst, der die galantesten französischen Briefe schrieb und auch, wenn der Wein sein blasses Gesicht rötete, sich an den brutalsten Reden ergötzte, vermutlich, um seine Männlichkeit zu akzentuieren." „Würde mich interessieren, wo er das abgeschrieben hat", murmelte van Uffel vor sich hin. „Weiß doch jeder, dass der Däne eher ein Herr der Faust, denn von der Feder ist", rechtfertigte M.A., dem nichts entging, und an die ihm durchaus attraktiv erscheinende Judith gewandt meinte er nur knapp: „Was hältst du davon?"
Hals war ihr Stichwort, aber noch hielt sie inne. Inzwischen hatte der Magister dem Galeristen, der – nomen est omen – mit Oje unterschrieb, zugeflüstert, wer Uffel war, und der Buntkravattige witterte sofort ein Geschäft. „Auch Sie handeln mit Kunst, wie mir der Magister sagt: Da kann ich Ihnen den rechten Rahmen liefern" umarmte den Holländer und zog ihn in die Schuhstraße, wo sich sein Geschäft befand. Uffel ließ es geschehen.

CYRIAKUS KALE
„Geht nicht in die Burg – ich führe euch zum Paulinerkloster. Folgt mir", rief der Magister jovial, denn der Chor des Kirchenschiffs gehört heute zum Ausstellungszentrum des Landesmuseums Hinter Aegidien. Spy sah zu, dass er mit dem Tempo Schritt hielt und zischte den Magister an: „Das Kommando habe immer noch ich!"
Die Gruppe zog durch die Münzstraße und wenig auf – zu wenig für M.A.s Geschmack. Vorsichtshalber ließ er für die „neue braunschweiger" ein Foto schießen. Wahrscheinlich wieder eine unterschwellige PR-Aktion vom Magister. Sie überquerten den Waisenhausdamm und schlängelten sich Hinter Liebfrauen durch, was in Christian ein Signal auslöste. „Vielleicht hätten wir Weiber mitnehmen sollen, Weiber, ja Weiber! Die enggeschnürte Johanne

Salome zum Beispiel, die stammt doch von hier – oder von der Asseburg – zugegeben etwas pastellig, aber was für ein Dekoleté! Guckt mit ihrem 25 Jahren ganz schön erfahren, war ja auch schon mal verheiratet und verwitwet, und schlau, schlau, schlau", leckte sich Christian leicht über die Lippen. „Leider aber auch fehr fromm und für Aufflüge diefer Art völlig ungeeignet. Auferdem schwächelte fie fchon beim letften Mal, nicht fehr gefund die Kleine", entgegnete der Maler. Man konnte sich des Eindrucks nicht erwehren, dass Lucas van Leyden lispelte.
Aber er war auch ein Schlitzohr: In einem Laden mit Aufschrift „Art Plakat" hatte er Zeichenpapier und Stifte geklaut. Und Cyriakus Kale damit ganz schön in die Bredouille gebracht. Was weder der notgeile Raubritter noch seine Anführer bemerkten, war das Fehlen des Kaufmanns; er musste in einem der Läden hängen geblieben sein.
Die einen sagten später, er sei von Mitgliedern des Werbeausschusses Innenstadt engagiert und dann von den cleveren ECE-Leuten abgeworben worden. Wieder andere behaupteten, ein Kaufhausdetektiv habe ihn in seine Fänge gekriegt. Plausibel erschien die Erklärung, dass man Kale den Diebstahl des Malers in die Schuhe geschoben hatte und ihn deshalb festhielt. Vielleicht obsiegte aber auch nur seine Begeisterung für die umliegende Kaufhauswelt, die er so noch nie gesehen hatte. Jedenfalls blieb er verschwunden.
„Oder die 16-jährige Holländerin mit den tollkirschigen Lippen, Lippen, Lippen", schlug Christian jetzt vor. Doch dann besann er sich eines Besseren: „Aber der hätten die Verrückten hier vermutlich sofort ihre hübsche Halskrause weggerissen. So brav wie die aussah, war sie sicher nicht, sicher nicht, ne, sicher nicht."
Er dachte weiter darüber nach, wen er gesehen hatte von denen, die sonst noch in Frage kämen für eine Sause, wie er es nannte; und er knüpfte an die vermeintlich fehlenden Tugenden der Holländerin an. „Schon gar nicht die Kokette mit dem Weinglas aus Delft. Das wäre die Rechte gewesen, um einmal zünftig gegen die guten Sitten (Sitten? Sitten?) zu verstoßen, wie es meinem Geschmacke geziemt."
„Wahre das Maß! Das Herz weiß das Maß nicht zu wahren und den

Gefühlen Zügel anzulegen, wenn es vom Glückshauch getroffen wird", ging jetzt der besonnene Herr von Rubens dazwischen. „Versuche er sich zu beherrschen. Bedenket, was unser Ziel ist, auch dass wir Kinder mit uns führen und allesamt zu Gast in diesem Lande sind, deren Freundschaft wir erbitten. Und also haben wir uns auch wie Gäste aufzuführen."

Die Künstler, die ihre Ateliers im Gebäude des Allgemeinen Konsumvereins hatten, durchschauten sofort, was da wie eine Prozession an ihnen vorbeizog und jubelten den alten Meistern mit der Warnung zu: „Lasst euch vom Magister nicht vereinnahmen! Zu viele schon hat er eingewickelt, und die sind dann daran erstickt." Spy sah sich sofort nach Judith um, konnte sie aber nirgends entdecken.

JUDITH MIT DEM HAUPT DES ...

Die barbusige barocke Frau, die den Kopf ihres Geliebten wie in einem Einkaufsnetz mit sich trug, war zum Karnevalsumzug abgedriftet und stand jetzt dort, wo der Bohlweg in die Georg-Eckert-Straße einbog. „Geiles Kostüm", rief einer der Narren von dem Fahrzeug zu ihr herunter, und etwas verschämt verhüllte sie jetzt ihre Brust. „Wie heißt du, Mädel?"

„Ich heiße nicht Mädel, ich bin Judith!"

„Judith, und weiter?"

„Was weiter?"

„Man trägt heute Vor- und Zunamen." Und kurzentschlossen rief sie zum Wagen hinauf: „Holofernes. Ich heiße Judith Holofernes!"

„Kenne ich", rief der Narr, „Wir sind gekommen um zu bleiben".

„Mitnichten", entgegnete Judith. „Für Euch mag das stimmen, mein Herr, für Helden wie wir es sind, nicht."

„Gibst du mir deine Handy-Nummer?" wollte der Jeck noch wissen, dessen Fahrzeug sich jetzt entfernte. Was Handy war, wusste Judith nicht. Aber im Museum hatte sie die Nummer GG 87. Also rief sie dies ihrem Verehrer hinterher, doch der schüttelte nur den Kopf, den sie ihm verdrehen wollte. Worauf sie ihm den Rest des Holofernes hinterher warf.

Die Gruppe war inzwischen am Lessingdenkmal angelangt und lauschte dem Wortschwall des Magisters, der kein Ende nehmen wollte. Als Judith wieder Anschluss gewann und das Spektakel sah, ließ sie jegliche Toleranz vermissen. Vermutlich wurde sie überdies von den Atelierkünstlern noch aufgestachelt. Jedenfalls wollte niemand von den Bildern das Museum betreten, wofür M.A. leidenschaftlich warb. Judith, die schon lange kein Haupt mehr, aber immer noch den Dolch in der Hand hielt, fackelte nicht lange und setzte den Schnitt ebenso überraschend wie fein säuberlich genau unterhalb der Fliege an, so dass diese rotgefärbt zu Boden fiel. Triumphierend reckte sie ihre Trophäe empor und schrie: „Wir sind Helden!" Empört fiel die Schar Schaulustiger über Judith her, andere wiederum applaudierten. Unsere Helden ließen sie stehen und machten schleunigst, dass sie weiterkamen; denn in Verhöre verwickelt zu werden, hatten sie weder Lust noch Zeit. Das war nach Adam und Eva, van Uffel und Kale jetzt schon ihr vierter Verlust auf ihrer Flucht; und es sollte nicht ihr letzter sein.

FAMILIENBILD

Hinter dem Kennedyplatz hatte unsere historische Wanderschar den lärmenden Braunschweiger Karneval hinter sich gelassen. Das Hinweisschild auf ein Restaurant stand in seiner klaren Knappheit im elementaren Gegensatz zu dem Magister-Geschwafel, von dem sie nunmehr befreit waren: „Nächste raus, dann links" stand da als Verzierung eines gelbgeschwungenen Ms, und dieses Stakkato deutete an, welcher Art die angebotenen Speisen sein mochten. Mehr noch wunderten sich unsere Wanderer über die großen Kutschen, die hier auf Schienen glitten, besonders der namenlose Rubens'sche Herr zeigte sich sehr interessiert.

Am Rande des Windmühlenbergs bot sich eine Verschnaufpause an. Man ging über die Okerbrücke ein Stückchen die Wolfenbüttler Straße entlang und bog gleich links vor einer großen Villa in ein parkähnliches Anwesen ein. Francois van Bijlert oder jedenfalls jener Mann, von dem man annahm, er könnte es sein – schob seine Familie

– oder diejenigen, die man dafür hielt – in Richtung einer Bank vor hinreißender Busch- und Baumkulisse.
Dieses Grün, diese Farben, dieses Licht – so hätte es der Meister malen müssen. Cornelia blickte ihn scharf an. Lucas hingegen war entzückt und arrangierte die Gruppe wie auf dem berühmten Familienbild: „Daf hervorragendfte Juwel, waf Menfenhände gefaffen haben!" Francois war der Vormund von Titia, Rembrandts Enkelkind, denn Titus, ihr Vater und Rembrandts Sohn, war verstorben. Er nahm seinen Sohn auf den Arm und gesellte sich zu der Witwe und deren Kind. Cornelia van Rijn hatte Zoff mit ihrer Schwägerin, Rembrandts Schwiegertochter, die nach Titus' Tod, infiziert von katholischen Freimaurern und der Farbe blau ein völlig umnachtetes Dasein fristete.
Aber auch das ist wohl eher Poesie. Jedenfalls schwärmte sie unaufhörlich von Paris. 1806 hatte Napoleons Bruder die Kunstwerke Anton Ulrichs nach Paris verschleppt. Was den meisten eine leidvolle Erfahrung war, den Braunschweigern eine mehrjährige Besatzung bescherte, anderen wie eine Befreiung erschien und als Französische Revolution in die Geschichtsbücher Einzug hielt, war für Magdalena der Duft der großen weiten Welt.
Nie wieder hatte sie sich irgendwo so wohl gefühlt. Besonders die Parks hatten es ihr angetan, und deshalb gefiel es auch dem Rest ihres Ensembles an diesem Ort. Rimpeaus Garten nannte sich diese Grünfläche, und der französisch anmutende Name rundete die Entscheidung ab: man wollte bleiben.
„Paris, wenn ich das schon höre, Paris. Forget Paris", warf jener ein, der alles Wesentliche dreimal sagen musste. Offensichtlich hatte er auch im Französischen manche Niederlage einstecken müssen. „So schön es hier auch sein mag – wir können hier nicht bleiben", warf Spy jetzt ein und schlug vor, nach Salzdahlum zu wandern, in das Schloss, das sie zusammengeführt hatte, dem sie entsprungen waren und das jetzt ihr Fluchtpunkt werden sollte. „Auf ins Salztal", rief er laut. „Wer kommt mit?" Und weil die anderen zögerten, meldete sich der Maler. „Die Hunde folgen dem Herrn, wenn er ein guter Jäger ift!" – Und Spy entgegnete: „Dann fangt schon mal an zu bellen!"

Als die Gruppe jetzt durch das Krähenfeld zog, ein Gebiet, das vom berühmtesten Dichter der Stadt ausführlich besungen wurde und dessen Straßennamen heute recht literarisch klingen – Campe, Vieweg, Autor –, gab sich Spinola Gedanken an die Verlorenen hin. Er dachte an die Ordnungshüter, die hier und heute wahrscheinlich auch nur ihre Pflicht tun müssen. Wie sie jetzt zwei Nackte, einen vermeintlichen Kaufhausdieb und eine blutrünstige Schwertschwingerin verhören müssen. Die eine sprach Aramäisch oder Hebräisch, der andere mindestens Deutsch, Englisch und Latein.

Aber was konnten Adam und Eva zu ihrer Verteidigung vorbringen? Und vor allem: wie? Das Straßengewirr nahm ein Ende und öffnete sich auf einen Platz hin, der das Herz des technikbegeisterten Herrn von Rubens höher schlagen ließ. Über die Anlage ging ein geradezu grenzenloser Verkehr. Gegenüber wartete ein riesiges Zelt aus Glas. Und dahinter ragte ein so großes Gebäude empor, das wie ein Ostindienfahrer am Horizont anmutete. „Was fällt dem Herrn von Rubens dazu ein?" wollte Spy nun wissen. Doch der winkte ab und murmelte bloß: „Ich heiße anders." Angezogen von dem Bahnhof, von dem er glaubte, dass man den ihm hier bereiten würde, verschwand er schnurstracks auf die Bahngleise zu. Und wenn er später die Ansage gehört haben würde, die einen Zug nach Amsterdam aufrief, dann wohl könnte es möglich sein, dass auch er ein Zuhause gefunden haben wird.

„Fo grofe Ftifte fah ich nie", lispelte Lucas angesichts zweier imposanter blau- und orangefarbener Griffel vor einem Schatzhaus, die sich wie ein Kiel in den Fußweg fraßen.

Aber es löste auch Minderwertigkeitsgefühle in ihm aus, denn er war nur ein kleiner Maler, und die Künstler heutzutage offensichtlich richtig große Tiere, dass sie derartiges Maluntensil handhaben konnten.

Spy indessen trieb die Gruppe an, und als er das Schild mit der Aufschrift „Salzdahlumer Straße" las, riss er den Maler aus seinen Träumen. „Mjinher van Leyden, hier entlang!"

EINE DAME, EIN HERR

Es ging nun unter den Eisenbahnbrücken hindurch, von denen keiner der immer kleiner werdenden Gesellschaft wusste, dass es Eisenbahnbrücken sind. Es war beängstigend dunkel und laut darunter, und die dröhnenden Kutschen, die offenbar ohne Pferde fahren konnten, stanken hier besonders stark. Dem tapfer voranschreitenden Spinola folgte die Gruppe im Gänsemarsch, erst Christian, dann das schweigsame Rembrandtsche Paar, das sich mutschöpfend an den Händen hielt, und schließlich Lucas van Leyden, der schon bessere Motive gesehen hatte an diesem klaren Sonnentag, der hier im Tunnel abwesend war.

Spy zog es vor, sich dem Verkehr und der johlenden Menge zu entziehen. Vielleicht suchte man sie bereits, und da war es sicher angezeigt, ein wenig in Deckung zu gehen. Links bogen sie in die Borsigstraße ein, marschierten an einer hohen Mauer entlang, die teilweise von Kinderhand bemalt schien. „Nicht ſehr profeſſionell", urteilte Lucas. Schließlich gab die Schwartzkopfstraße nach rechts eine Ahnung von Grün an ihrem Ende, und so zogen sie nach Süden über die Autobahnbrücke, ohne zu wissen, dass es eine war.

Rembrandts Herr und Rembrandts Dame, die man als Eheleute einstufte, entdeckten hier ein Handicap ganz besonderer Art, das sich Golfplatz nannte. Sie hatten von diesem vorzüglichen Sport schon gehört und interessierten sich sehr. Umso mehr, als sie von Leuten in karierten Hosen und mit noch seltsamerer Kopfbedeckung angesprochen wurden, als Lucas van Leyden sie zu tragen pflegte.

Der Restaurator und ein Arzt aus dem Städtischen Klinikum hatten sich mit dem einstigen Universitätspräsidenten zu einem „Flight" verabredetet. Da letzterer jedoch seine aktuelle Begleitung mit sich führte, wurden zwei weitere Spieler für eine gegnerische Dreiergruppe benötigt.

„Die Frau haben wir auch schon einmal restauriert", meinte der Museumsmensch mit Blick auf die Dame von Rembrandt.

„Ich wusste nicht, dass Sie auch Chirurg sind, Herr Kollege."

„Wieso Chirurg?"

„Na, wenn Sie an der Dame rumgeschnippelt haben."
„Ach so, jetzt verstehe ich."
„Ihr Team im OP scheint aus Künstlern zu bestehen – jedenfalls habe ich niemals einen solchen Halsverband gesehen."
Bei solchen Frotzeleien wollte der Unipräsi nicht hintan stehen: „Und ich dachte, es sei eine Schwester aus Ihrer Station – mit der Haube!"
Spy sah keinen anderen Ausweg, als die beiden abzuschreiben und trieb seine stark dezimierte Mannschaft weiter an.

LUCAS VAN LEYDEN

Nun waren es nur noch drei, und wen wundert es schon, dass neben dem Künstler lediglich die beiden Feldherren durchkamen.
Sie gingen außen um den Golfplatz herum, immer am Zaun entlang, den Siechenholzweg, dann rechts zum Sportplatz der Lindenbergsiedlung, zwischen Kleingartenkolonien hindurch (freilich ohne zu wissen, was das ist) und gerieten schließlich auf den Möncheweg (mit grundsätzlicher Ahnung, aber ohne tatsächlichen Beweis).
Spy erkundschaftete ein merkwürdiges Gemäuer, das wie ein Bunker wirkte, doch ein Gotteshaus darstellen sollte, und als er las, dass dort Martin Chemnitz wohnte, rief er laut: „Martin, alter Gesell, hebe die Beine und spute dich schnell: wir ziehen wieder in Salzdahlum ein!"
Aus der Tür trat entgegen allen Erwartungen ein schöner, sportlicher Mann mit leicht ergrauter Kurzfrisur, in Bluejeans und weißem Oberhemd, so weit aufgeknöpft, dass es keck das Brusthaar freigab. Sein elegantes dunkles Sakko hatte er leger über die Schultern geworfen. So ging er auf die kleine Wanderschar zu und erläuterte, nur der ehrenamtliche Glöckner dieser Kirche zu sein.
Wenn man einen Hirten brauche, wäre „unser Pastore Tedesco" geeigneter. „Keine Haustiere aus Italien", wehrte Spy ab und marschierte davon.
Als die Bebauung endete und findige Gaukler kilometerlange Hochseile in den Himmel gehängt hatten, öffnete sich weites Feld und gab den Blick frei auf einen kleinen Höhenzug, den man so in den Niederlanden nicht kannte. Lucas war begeistert.

Wieder rühmte er Licht und Farben: Hätte es einen bislang nicht gepackt – hier müsste man malen! Nichts da, weiter, trieb Spinola an und zog es vor, den Straßen jetzt möglichst fern zu bleiben. Sie gingen übers Feld, und weil vor ihnen schon wieder Häuser drohten, vermieden sie auch diese Siedlung, die sich Rautheim nannte. Oberhalb des Friedhofs nahmen sie Kurs auf den Waldrand, der Schutz vor Blicken und auch sonst Geborgenheit versprach.

Sie schlichen gut eine halbe Stunde zwischen Wald und Ziergärten, die hier größer waren als in der Stadt, und sie wirkten wie die Gestalten am Ende des Grundstücks.

Die Gemarkung hier Rautheimer Holz, später Niederdahlumer Holz, aber nichts deutete darauf hin. Sie passierten Mascherode östlich. Spinola sprang gelegentlich aus dem Forst, als er keine Häuser mehr sah.

Doch Salzdahlum kam noch nicht in Sicht. Nach Westen hin, wo sich die Sonne allmählich zur Ruhe begeben wollte, waren zwei seltsame Ritterburgen zu sehen, und Christian, der keinerlei Ermüdungserscheinungen zeigte und immer noch abenteuerlustig war, wünschte sich jetzt einen Haufen Soldaten herbei, um rüber zu reiten und zu schauen, ob es in den Befestigungen etwas zu holen gab. Doch er hatte ja nicht einmal ein Pferd. (Und dass die Burgen nur das I-Punkt-Hochhaus am Heidberg und die Silos von der Mühle Rüningen waren, die wie toskanische Geschlechtertürme in den Himmel ragten, wussten sie nicht.)

Als der Wald regelrecht verwunschen wurde, hörten sie Lärm. Es waren wieder diese bunten, brummenden, pferdelosen Kutschen. Und als Spy jetzt aus dem Wald schritt, sah er vor sich – oh, Wunder – vielleicht höchstens zwei Kilometer entfernt den Kirchturm von Salzdahlum, der ihm vertraut erschien. Hinter einem Spalier großer Linden ging´s übers Feld.

Für Lucas van Leyden gab es hier kein Halten mehr. Links der Elm, vor ihnen das geliebte Salzthal vor der Kulisse der Asse, daneben die Atzumer Höhe. Das Grün und Braun der Landschaft fand im Rot der Dächer seine Kontrapunkte. Wer hier nicht malte, malte nimmermehr. Spy ließ ihn zurück.

Früher oder später würde er sich in ihrer Schlossgalerie einfinden. Die Legende berichtet davon, dass der Maler die Landschaften zunehmend abstrahiert und sich unter dem Namen Mikaele Benningo in einem hiesigen Bauernhaus niedergelassen hätte. Beweisen kann dies jedoch niemand.

CHRISTIAN DER JÜNGERE, HERZOG ZU BRAUNSCHWEIG UND LÜNEBURG

So waren es nur noch der Feldmarschall und der tolle Halberstädter, die Salzdahlum erreichten. Am Ortseingang ließen sie das Gewächshaus rechts liegen und näherten sich dem Dorfkern. Alles erschien zwar größer, als sie es erinnerten; aber etwas ganz Wesentliches konnten sie nicht finden.

Herzog Anton Ulrichs einstiges Versailles war verschwunden – die Palastanlage schien in Wiesen und Weideland versunken zu sein. Eine Sportanlage, eine Pferdeweide, Gebüsch und Rapsfelder, ein paar alte Kastanien und Pappeln, das Halbrund des Gartenendes, die Alte Wache, heute Wohnhaus, in dem ein gewisser Herr Knigge lebt. Leibesübungsplatz statt Lustschloss, die Prioritäten hatten sich geändert. „Vor dem Schlosse" hieß die Straße, aber es war nicht dahinter!

Christian, als er des Wegweisers nach Wolfenbüttel gewahr wurde, bog rechts ab in die alte Residenzstadt. Ob er sie alleine erobern oder nur dort sterben wollte, war nicht klar. Offenbar mochte er mit einer erneuten Niederlage nichts zu tun haben. Zu viele Verluste hatte er einstecken müssen, um das mit ansehen zu müssen, was Spinola nun vor Augen trat.

Was dereinst Paris, Rom und Amsterdam als Holzschnitzerei und Laubsägearbeit Paroli bieten wollte, war Brennholz geworden. Leibniz'scher Geist – vom Winde verweht. Das gewaltige Lustschloss, die atemberaubende Illusion, die wilde Baumischung, das barocke Himmelfahrtskommando hätte zum eben verklungenen Karneval gepasst (und hatte wohl auch darin seine Wurzeln).

Vielleicht war die Reise der Bilder auch nur eine Inspektionsfahrt durch sie umgebendes Terrain und in eine Vergangenheit, die sie nirgends

mehr fanden. Verfault, verschimmelt, vergammelt und abgerissen: diese genagelte Symphonie der Lebenslüge, der Pleitebau des Anton Ulrich. „Wenn du die Kunst ernährst, so gibt die Kunst dir Ruhm", war des Siegprangenden Botschaft an die Fruchtbringende Gesellschaft.
Mag sein, doch es kann auch dein Ruin sein, dachte sich Ambrogio Spinola selbstkritisch. Immerhin hatte der Alte so viele Personen in seine Dramen hineingestopft, dass er selbst unsicher wurde, wer in wessen Scheinwirklichkeit welche Rolle spielt. Das galt auch heute. Waren wir nicht die Beweise dafür gewesen, dass einmal ein mittelloser Herzog es verstanden hatte, die ganze Region aus der Provinzialität herauszuheben – ebenso wie es heute nur wenigen visionären Oberbürgermeistern zu gelingen scheint, indem sie (nicht nur) Luftschlösser bauen lassen, sondern die Gegend zur Kulturmetropole ganz Europas zu erheben?
Spinola hätte daran gerne generalstabsmäßig mitgewirkt; stattdessen ließ man all die guten Ideen und Ansätze fallen wie jenes heiße Gemüse, das es hierzulande zur Genüge gab. Erneut war Braunschweigs Geschichte zu einer kommunizierenden Röhre von Höhenflug und Ohrfeige geworden.
Das prächtige Salzthal wäre ein guter Ort gewesen, doch das Schloss war nun nicht mehr. Spinola bliebt allein zurück und zweifelte an seiner Mission: Einige hatten den Tod, andere ihr Glück gefunden, alle waren frei – doch waren sie, die so gar nicht in diese Zeit passten, nicht besser im Museum aufgehoben?
Immerhin war es dort warm und sauber, es fehlte ihnen an nichts, höchstens an Publikum. Aber draußen in der Stadt war es dann doch derart lärmend gewesen, dass man sich am liebsten verstecken wollte.
Man sagt, Ambrogio Spinola, Feldmarschall Philip II von Spanien, hätte sich im Landkreis Wolfenbüttel niedergelassen und hat – da er schon immer den geistigen Getränken nicht abgeneigt war – einen Kräuterlikör erfunden, der von hier aus die Welt erobern sollte.
Doch wer in den alten Büchern, Archiven und Sagen danach sucht, wird kaum Entsprechendes finden. Aber sieh, sogar das ist nur scheinbar.

Vitae

GERNOT BISCHOFF, geb. 3. Febr. 1933 in Pößneck/Thür., Jugend in der DDR, Flucht, Germanistikstudium in Frankfurt/Main, 1963-1997 Lehrer am Gymnasium SZ-Bad. Seit 1977 Leiter einer Amateurbühne und eines Literaturzirkels, seit 1992 Sprecher der Arbeitsgruppe Literatur der Braunschweigischen Landschaft e. V., Mitglied des Schriftstellerverbandes (VS). Veröffentlichungen u. a. im Deutschen Theaterverlag Weinheim, dazu Lyrik und Epik. Im vorliegenden Buch vertreten mit „Herbstwanderung durch die Altstadt von Salzgitter-Bad" und „Wanderung längs der Innerste nach Ringelheim".

LINDA ENTZ, geb. am 31.07.1976 in Helmstedt, 1996 Abitur ebenda, Ausbildung zur Fliesen-, Platten- und Mosaiklegermeisterin im elterlichen Betrieb; Mitglied in der Interessengemeinschaft deutschsprachiger Autoren (IGdA) und der Arbeitsgemeinschaft Literatur in der Braunschweigischen Landschaft. Bisherige Veröffentlichungen: Gedichte in der Zeitschrift ZILLO und in der Literareon Lyrik Bibliothek, sowie in der Verbandzeitschrift der IGdA; Prosa in Regionalzeitschriften, in den Anthologien „Begegnungen" (Appelhans-Verlag) und „Holzhäuser Heckethaler" (Pro Libris Verlag), und in der Zeitschrift für Literatur „Gegenwind"; Augsburg sowie in der Zeitschrift für Kultur „Zeichen und Wunder", Frankfurt am Main.

REINHARD FÖRSTERLING, geb. 1948 in Dardesheim, Sachsen-Anhalt, 1966 Abitur in Wolfenbüttel, Arbeit in einer Maschinenfabrik, auf dem Bau, ab 1970 Ausbildung zum Bundesbahninspektor und Tätigkeit bei der Deutschen Bundesbahn, Ende der 1970er Jahre Lehramtsstudium, zehnjährige „ABM-Karriere", dann Festanstellung bei der Stadt Salzgitter als wissenschaftlicher Mitarbeiter. Anfang der 1970er Jahre Mitglied im Werkkreis Literatur der Arbeitswelt, seit 1979 Mitglied im Verband deutscher Schriftsteller (VS), zahlreiche Lyrik- und Kurzprosaveröffentlichungen, u.a. in Literaturzeitschriften und Anthologien (auch der Braunschweigischen Landschaft).

MARIANNE HAVELKA, 1934 in Braunschweig geboren, Sachbearbeitung im Finanzamt, ca. ab 1963 Photographie im Blick. Seit 1981 Lichtbild-Vortragstourneen. 1997 Taschenbuch „Die alte Laterne", 2002 „Kinderreiseführer Harz" veröffentlicht. In Arbeit: Kinderbuch (inzwischen fertig/Verlagssuche), Familiengeschichte und Gedichte.

SIGRID ELISABETH HERRMANN, geboren 1967 in Braunschweig, freiberufliche Journalistin und Werbetexterin, Studium der Kommunikations- und Wirtschaftswissenschaften, Veröffentlichung von Zeitungsberichten, Reportagen, Anekdoten, Reiseerzählungen, Beiträgen zu historischen Themen, Kurzgeschichten in Zeitungen und Zeitschriften, sowie in der Anthologie „Begegnungen" der Braunschweigischen Landschaft und Teilnahme an Lesungen.

JOSEF HERZOG wurde 1960 in Seesen geboren und wohnt in Salzgitter. Er ist Dipl.-Verwaltungswirt und schreibt am liebsten skurrile Kurzgeschichten und Märchen. Neben zahlreichen Veröffentlichungen in Anthologien und Literaturzeitschriften erschien 2004 sein erstes Buch mit dem Titel „Grenzlandbesuch – Märchen und andere Absurditäten" im Appelhans-Verlag. Er ist Mitglied des deutschen Schriftstellerverbandes und Preisträger des Literaturwettbewerbes der Braunschweigischen Landschaft 2001 sowie des Literaturwettbewerbes zu den Norddeutschen Büchertagen 2004.

PETER-MICHAEL JANDER, geboren 1949 in Seesen/Harz, Ausbildung und Studium in Augsburg, München, Kiel, Hamburg und Marburg, lebt zur Zeit als Apotheker und Schriftsteller in Gifhorn.

CHARLOTT RUTH KOTT, geb. 1937 in Leipzig. Ausbildung zur Schriftsetzerin in der Gutenbergschule Leipzig. 1981-85 Gaststudium an der HBK Braunschweig, Teilnahme an Editionen, Studienaufenthalte in der Provence. Stipendium für die Internationale Sommerakademie Salzburg, Stipendium des Landes Niedersachsen für Malerei in Frankreich. Mitglied der Gemeinschaft Deutscher und Österreicher Künstlerinnen GEDOK Niedersachsen, Gruppe Bildende Kunst und Literatur. Seit 1991 im Kunstverein Séguret. Mitglied im Bund Bildender Künstler BBK und im IGBK, Internationale Gesellschaft der Bildenden Künstler. Arbeitet als Freie Malerin und Bildhauerin in Braunschweig. Teilnahme an zahlreichen Gruppen- und Einzelausstellungen im In- und Ausland. Arbeiten im öffentlichem Besitz und Museen. Kleine literarische Arbeiten zu Bildern und für Zeitungen. In der Anthologie „Begegnungen" vertreten mit der Erzählung „Wie schmeckt Blau?" Erste Buchveröffentlichung 2004 „ICH WERDE ..." Wege der Malerin.

FRIEDEL NÜSSE, geb. 1932 in Nikolai/OS, Hausfrau, Amateurschauspielerin und Autorin, wohnt in Salzgitter-Bad. Veröffentlichungen im Appelhans-Verlag: „Bergbau in Salzgitter", Beiträge in drei Anthologien der Braunschweigischen Landschaft und anderen. Preisträgerin des Autorenwettbewerbs in 2005 der Stadt Salzgitter und der Salzgitter AG: „60 Jahre danach" (das Ende 1945). Beitrag im vorliegenden Buch: „Auf den Spuren der Salzgitter-Erzbergbau".

ELISABETH POSNER: In Hamburg geboren und aufgewachsen. Von 1960 bis 1980 in Berlin verheiratet und berufstätig, seit 1976 selbstständig in eigener Praxis für Psychosozialtherapie. Sie lebt seit 1980 in Braunschweig und ist seit 1991 verwitwet. Seit 2001 Mitglied in der AG Literatur der Braunschweigischen Landschaft. Veröffentlichungen in Fachzeitschriften zum Thema Psychosozialtherapie; 2003 Literarische Visitenkarten Nr. 3 „Weggeschickt – Zurückgekommen". Schreiben von Erzählungen und biografischen Texten.

HARALD RIEBE, geb. 1923 in Frankfurt (Oder); Dr. phil.; Lehrtätigkeit z. T. im Ausland; zuletzt (bis 1985) Prof. am Fachbereich „Sozial- und Kulturwissenschaften" der FH Darmstadt. Veröffentlichungen: Literaturdidaktisches zum Roman und zur Erzähltheorie, zur Dokumentarischen und zur Arbeiterliteratur, zum Sachbuch und zur SF-Literatur (1972-1979); Essays / Aufsätze: „Literatur der Tatsachen (1973), „Versuch zu einer philosophischen Anthropologie der Technik" (1982), „Die Uraufführung von Lessings ‚Miß Sara Sampsen …'" (1986), „Anmerkungen zu Wedekinds ‚Der Stein der Weisen'" (2001), „Michael von Derenburg. Hofjude in Frankfurt an der Oder" (2003). Belletristisches: Erzählungen (1986, 1988, 2002), zwei Romane: „Das Unternehmen Günter Pagel" (1996) „Qualsallulwaba oder Beschreibung einer Eisenbahnfahrt durch Deutschland" (1999), Gedichte (1991), „Goldfischgeschichten und andere Erzählungen" (2004). Harald Riebe lebt in Wolfenbüttel.

SIGRID SCHWARTZ-DIEFENBACH, geboren 1944 in Magdeburg. Nach der Bombardierung fanden ihre Eltern mit ihr im Haus der Großeltern in Wolfenbüttel ein neues Zuhause. Nach dem Abitur dort studierte sie in Braunschweig, Marburg und Göttingen Germanistik und Geografie. Seit 1969 lebt sie als Realschullehrerin mit Mann und Kind in Mascherode. Ihre erste Veröffentlichung erschien im R.G. Fischer Verlag 1997, die zweite in der Anthologie „Begegnungen" 2002. Ein Jahr später erschien im Rahmen der „Visitenkarten" das Bändchen „Zu kleine Helden". Dazu kommen diverse Lesungen im Raum Hannover und Braunschweig, neuerdings unter dem Namen „Federleicht".

BERNHARD SELKER; Jahrgang 1938 – spät, aber offensichtlich noch nicht zu spät zu ironisch-humorigem Kopf-Hand-Werk gelangter Mensch, der sich selbst, aber vor allem auch dem „Aberwitz in dieser Zeit" mit Produkten aus eigner Verseschmiede begegnet. Bei seinem Beruf „Betriebswirt" war das nicht unbedingt zu erwarten. Außerdem ist er lustvoller Rezitator und Vorleser eigener und vorgegebener Texte, besonders der hinter-, zwischen-, vor-, nach- und gar auch un-sinnigen Art und zunehmend gern tätig als Rollen-Sprecher.

LUTZ TANTOW, geb. 1956 in Braunschweig, studierte Germanistik in Saarbrücken, Dr. phil., war wiss. Mitarbeiter, Lehrbeauftragter, Kulturjournalist, Pressesprecher, Sponsoring- und Kunstbeauftragter, arbeitet in der Unternehmenskommunikation einer großen norddeutschen Bank und lebt mit Frau und Sohn heute wieder in Braunschweig – schrieb neben Kurzerzählungen und literarischen Reisereportagen Bücher über Kafka, Dürrenmatt, Frisch und gab den Stadtführer „Braunschweig zu Fuß" heraus.

HELGA THIELE-MESSOW, geboren 1955 in Helmstedt, wohnhaft in Braunschweig, verheiratet, zwei Kinder, pharmazeutisch-technische-Assistentin und Diplom-Biologin. Mit der Kurzgeschichte „Das rote Cabrio" nominiert für den Agatha-Christie-Krimipreis 2004, erschienen in der Anthologie „Verdächtige Freunde" im Scherz Verlag; mit der Kurzgeschichte „Gänseblümchen-Schroeder" vertreten in der Anthologie „gute acht geschichten – braunschweiger literatur aus der textwerkstatt kasernenstraße", erschienen im Oktober 2005.